人類學 1

神聖的媒介

一個佛教寺院媒介實踐的民族誌研究

馮桂華 著

本書受到了四川外國語大學重點科研項目（SISU201601）的經費資助

 蘭臺出版社

神聖的媒介

一個佛教寺院媒介實踐的民族誌研究

·目錄·

·前 言·

　　從歷史傳統來看，人類學對媒介的關注並不多，早期的人類學家們更多地只是將媒介用作田野實錄的工具，因此有學者說：「多年來，大眾傳媒幾乎是人類學的一個禁忌性的話題」，[1] 原因可能在於彼時的媒介沒有像今天這般成為我們日常生活的重要組成部分。當代社會，幾乎每個群體、每個人都與媒介密不可分，尤其是數位媒介。可以說，媒介已經滲透到人類生活的每個角落，媒介實踐就像吃飯穿衣一樣尋常，現代人的生活也因此變得不可思議。如今，媒介早已脫離了初期作為某一社會現象和社會事件的見證人這樣一個初級功能的階段，在今天，媒介是以更積極的和更富有策略性的方式和人們緊緊聯繫在一起。很難想像，如果各式各樣的媒介突然消失，今天的社會和生活會進入什麼狀態。

　　越來越多不同學科領域的學者們都參與媒介研究，因為當代任何研究似乎都無法避開媒介在場的現實，如果故意對其視而不見，只會給研究造成天然的缺陷，使之無法全面真實的反映現實生活。

　　我們能確定，整個社會與媒介緊密纏繞，但同時也應瞭解，在不同的文化場域中，相同的媒介往往被賦予不同的意義，不同文化背景下的人們對同一種媒介的使用方法、使用目的，以及對媒介的

1　費·金斯伯格等著，丁惠民譯，《媒體世界》（北京：商務印書館，2015），頁12。

理解，和媒介帶來的影響都是各不相同的，這不僅僅取決於媒介的獨有特性和使用者的主體性，還取決於使用群體的社會結構、文化差異等具體的語境。因此對媒介的研究，須將其與某個使用群體的日常生活與文化背景相結合，如果將媒介抽離於具體的生活方式和文化環境，可能只會成為一場技術上的分析。技術當然值得注意，但在技術與資訊的浪潮中，「人」的反應如何，是陷入迷狂，還是試圖保持冷靜，是歡呼雀躍還是沉默抗拒，這也非常值得關注，正是因為不同「地方」的「人」，媒介實踐才會產生豐富而又有差異的群體意義。所以觀察媒介，不僅要研究媒介的功能和作用，同時也要關注媒介在特定時空中的獨特呈現以及不同文化系統中的人們是如何創造性的理解和使用媒介的問題。[2] 而後者，正是媒介人類學近年來的研究重點內容之一。

（一）

我們首先簡單回顧一下媒介人類學的歷史，這很重要且非常有必要，因為相對其它研究領域來說，人類學對媒介的研究起步似乎較晚。目前人類學界關於何為「媒介人類學」的概念和內涵似乎也還未形成統一的認識，在借鑒了一些具有代表性的觀點之後，本文傾向於這種表達：媒介人類學是對與媒介相關的社會實踐的民族志研究，[3] 即關注在某一具體文化語境中的人們對媒介的理解和應用，並嘗試對其媒介實踐活動和文化意義進行闡釋。

媒介人類學的研究大約可分成三個特徵明顯的階段，[4] 在上世

---

2 孫信茹、楊星星，〈媒介在場、媒介邏輯、媒介意義〉，《當代傳播》，第5期（2012.10），頁15–20。

3 郭建斌，〈媒體人類學：概念、歷史及理論視角〉，收入鄧啟耀著，《媒體世界與媒介人類學》，（廣州：中山大學出版社，2015），頁34。

4 李飛，〈西方媒體人類學研究簡述〉，《社會科學》，第12期（2006，12），頁105–112。

紀70年代以前，人類學學者主要是將媒介當作田野考察的工具，側重於對媒介技術的使用，如瑪格利特・米德、本尼迪克特等早期聞名於世的人類學家們，都曾使用相關的媒介工具來參與田野過程，這時「媒體人類學」的概念內涵主要是指「人類學家應該如何操作才能成功地借助媒體走向公眾」。[5] 20世紀90年代以來，越來越多的人類學學者關注媒介，研究隨即進入了一個新的階段，表現為關注研究對象的媒介實踐，並從文化整體觀出發來考察其與文化的對接，有學者總結說：「這個時期，媒體人類學的研究議題十分廣泛……視野不僅限於某個狹小的範圍，而是拓展到了民族國家的層面，把具體的接收（或觀看、使用）行為與國家的政策、制度聯繫起來一併進行考察。」[6] 到了新世紀，國際人類學界對媒介的研究中出現了不少優秀的研究成果，其中有不少被譯成中文，如美國社會學者柯克・詹森（2005）對電視與印度鄉村社會變遷之間的互動研究；[7] 商務印出館從2013年到2016年陸續翻譯出版了一套叢書，比較集中地介紹了國外較新的媒介人類學的研究，[8] 從中可以看出西方當代人類學對媒介的研究，已經超出了對技術和工具的表層關注，認為媒介不僅只是達到資訊的傳遞，更是時代文化的反射，媒介和不同的政治、經濟、文化背景相遇，會形成不同的經驗景象。這些研究表明媒介人類學研究所對接的社會範圍和領域都比以前大大拓寬了，人類學對媒介的研究走上了更為深廣的道路。

　　21世紀以來，中國大陸也出現了不少從人類學角度對媒介進行

5　李春霞，彭兆榮，〈媒介化世界裡人類學家與傳播學家的際會：文化多樣性與媒體人類學〉，《思想戰線》，第6期，（2008.12），頁13–19。

6　鄧啟耀主編，《媒體世界與媒介人類學》（廣州：中山大學出版社，2015），頁34–48。

7　柯克・詹森著，展明輝等譯，《電視與鄉村社會變遷：對印度兩村莊的民族志調查》（北京：中國人民大學出版社，2005）。

8　「媒介人類學譯叢」，共5冊，（北京：商務印書館出版，2013–2016）。

研究的學術成果，其中一個主要的研究範式是關注某一媒介參與某一區域的民眾生活，討論其給當地帶來的影響和文化變遷，早期這一媒介通常是電視。例如郭建斌（2003）探討電視與少數民族（獨龍族）鄉村日常生活的關係，作者採用人類學民族志的闡釋方法，對某地的電視觀眾進行研究，並認為電視這種新媒介的到來，對當地「自我、民族與國家」之間的關係進行了重構，[9] 這個研究作了一種開拓性的努力。李春霞（2005）的博士論文對電視在彝族鄉村生活中的地位進行了分析，發現電視在當地「神聖與世俗」的社會結構中被歸入世俗空間的範疇，但同時電視又在當地文化知識系統中建構了新的意義，成為地方性知識的建構者和變遷的動力。[10] 類似的研究模式被後來許多研究者所採用。這一類的研究主要集中在媒介與少數民族社會或者與農村社會的互動，總體研究呈現為人類學和傳播學相結合的特點。隨著新興網路媒體和個體終端伺服器媒介的到來，電視已被歸為「傳統媒體」的行列。部分學者開始進行新興媒介的人類學研究，前期主要表現為對網路虛擬社群的研究，例如劉華芹（2005）對天涯虛擬社群的研究，這是大陸人類學第一次對互聯網領域的研究。[11] 隨後的研究更為深入，有討論網路虛擬空間中的某個族群構建認同的方式，如黃少華（2014）的博士學位論文。[12] 由鄧啟耀主編的《媒體世界與媒介人類學》中，[13] 也出現了一些更新鮮的研究視角，除了傳統的對「媒介轉型與社會文

9 郭建斌，〈電視下鄉：社會轉型期大眾傳媒與少數民族社區：獨龍江個案的民族志闡釋〉，（上海：復旦大學博士學位論文，2003）。

10 李春霞，〈電視與中國彝民生活：對一個彝族社區電視與生活關係的跨學科研究〉，（成都：四川大學博士學位論文，2005年）。

11 劉華芹，《天涯虛擬社群》（北京：民族出版社，2005）。

12 黃少華，〈網路空間的族群認同〉（蘭州：蘭州大學博士學位論文，2014）。

13 同注6。

化變遷」的關注和對媒體機構的調查及網路民族志的書寫之外，還有對新興的媒體文化群體或媒介組織進行的描述性研究，這些研究擴充了媒介人類學的研究視野和內容。近幾年，隨著「微信」的影響日益擴大，國內出現了不少圍繞「微信」的人類學研究，如張放（2016）、[14] 王闖（2018）等等。[15]

近年來還有不少研究者從理論層面上對媒介人類學進行了討論，如郭建斌（2015）對媒介人類學的概念、學術歷史進行了梳理，為媒介人類學的研究提供了一個較為清晰的知識圖景。[16] 方李莉（2017）從「微信」民族志研究出發，討論人類學學科在自媒體時代有可能做出的學科突破。[17] 孫信茹（2017）從媒介人類學的視角，對田野作業進行了反思。[18] 孫信茹（2019）從文化和方法的關聯性出發，對媒介人類學的研究方法進行了強調和討論。這些研究，在理論和實踐方面又進一步夯實了中國大陸媒介人類學研究的方向和實踐。

現代媒介的發展對世界的影響是廣泛而深入的，其中當然包括宗教領域，許多領域的研究者，如傳播學，宗教社會學等，都對當代社會中的宗教與媒介的互動和影響進行了不同層面的研究，同時又因為不同地區的宗教具體情況各不相同，所以這些研究又因國別和區域特徵的差異而呈現不同的特點，討論的問題層次豐富多樣，我們可以隨手舉出一些例子，如徐以驊（2005）研究了互聯網時代

---

14 張放，〈微信紅包在中國人家庭關係中的運作模式研究〉，《南京社會科學》，第11期（2016.11）。

15 王闖，〈禮物交換：微信紅包的媒介人類學解讀〉，《新聞愛好者》，第8期（2018.8）。

16 同注3。

17 方李莉，〈人類正在彼岸中注視自己〉，《探索與爭鳴》，第5期（2017.5）。

18 孫信茹，〈田野作業的拓展與反思：媒介人類學的視角〉，《新聞記者》第12期（2017.12）。

美國宗教和網站的相關情況；[19] 日本學者Kenshin Fukamizu（2007）
對日本佛教徒使用互聯網進行了研究和討論；[20] Randolph Kluver
（2007）對新加坡不同信仰的宗教導師如何理解資訊技術在宗教實
踐中的作用進行了考察；[21] 唐明輝（2009）對上海玉佛寺網站上的
媒介文本及作用進行了考察和分析；莫爾克（2018）討論了臺灣民
間信仰與臉書的互動等。[22] 這些已有的研究，都呈現跨學科的性
質，很難將其歸於某一單獨學科的研究領域，同時所討論的具體宗
教形式也非常多，即包括世界上幾個主要的制度性宗教，也包括地
區性的民間宗教。

　　本書中所指的媒介，並不僅僅指現代網路數位媒介，如果討論
媒介與宗教兩者之間的話題，在宗教史中也常常能發現兩者互動的
痕跡，如在《中國古代漢傳佛教傳播史論》這樣的著作中，就會談
到印刷的技術與佛教傳播的關係。在報紙、電影等傳統媒介形式或
媒介技術中，也會有兩者的討論，從媒介傳播的角度對宗教進行研
究的成果不少，但與本研究著重人類學的觀察路徑有所不同，因而
在此不詳述。

　　以上的相關研究都為本書帶來了借鑒和啟示。本研究與之不
同的是：首先我們考察的是一個當代中國大陸背景下的宗教群體的
媒介實踐，不同地區，不同宗教群體，其媒介實踐可能都會呈現某

19　徐以驊，《宗教與美國社會：網路時代的宗教》（北京：時事出版社，
　　2005）。

20　Rev. Kenshin Fukamizu, "Internet Use Among Religious Followers:
　　Religious Postmodernism in Japanese Buddhism", *Journal of Computer-Mediated
　　Communication*, 03 （2007）, pp.977-998.

21　Randolph Kluver, Pauline Hope Cheong, "Technological Modernization, the
　　Internet, and Religion in Singapore", *Journal of Computer-Mediated Communication*,
　　03 （2007）, pp.1122-1142.

22　莫爾克、施永德等著，《媒介宗教：音樂、影像、物與新媒體》（臺北：
　　臺灣大學出版社，2018）。

些獨有的特徵，本文可以提供一個中國大陸淨土宗佛教信仰群體的案例；其次，我們的研究對象不是網路中的虛擬宗教群體，而是真實信仰空間中的群體媒介行為，儘管他們也會有網路行為，但更有大量的「線下」實踐，無論信仰是在「線上」還是「線下」，背後活動的人群都是更為本質的存在，「線下」和「線上」都應值得關注。有不少的研究，站在宗教外的位置來關注「媒介裡的宗教」，側重於宗教如何在媒介中被表現及如何表現，討論被放置在媒介裡的宗教有何特點，或者從傳播效果和對宗教本身的影響角度出發來討論宗教如何利用媒介，當然，這些現象是互相纏繞在一起的，無法截然分開，筆者希望可以更多的關注這些媒介行為中的「人」的樣子，在真實的信仰空間中，宗教群體或者個體如何面對媒介，他們的媒介觀念、態度和行為是什麼樣的狀態，重點不在於線上還是線下，而是人們如何實踐媒介以及如何在實踐中構建意義，這些可能不是宗教史的研究或宗教社會學和傳播學的研究核心，但恰恰是人類學的研究興趣所在。

（二）

本文想要觀察的是一個「神聖空間」裡的媒介實踐及其意義生產，具體來說，是一個佛教淨土宗寺院中信仰群體的媒介實踐。寺院是修行人的世界，在這裡，文化環境、日常生活及活動主體都與世俗社會有很大的不同，為了瞭解媒介如何在一個特定空間中的獨特呈現，筆者在淨土寺院東林寺進行了為期兩年多的田野考察。

這個田野點的選擇，是因緣際會的結果。筆者與人類學結緣很晚，準確一點來說，直到2011年我才知道看上去書名像極了散文的《憂鬱的熱帶》其實是一本人類學的專業著作，通過閱讀本書後才決定要對人類學進行比較全面的瞭解，雖然相遇太遲常讓我感到遺憾，但我無法忽視自己對人類學的一見鍾情，於是決定在三十好

幾的高齡再去學習這個讓我心動的「好玩」的學科。非常幸運，
2012年實現了在「馬丁堂」聽課的願望。學習的過程很享受，但一
個越來越近的問題不時在壓迫著我，那就是要去哪裡做學位論文的
田野呢？人類學的傳統研究對象是「他者」，前輩說：「『他』
就意味著不是『這裡』，而是『那裡』，只有在異邦才能發現文化
的差異，似乎是一條不言自明的人類學常識。」[23] 那些聞名於世的
人類學家們不都是去往遙遠的「異邦」，才寫出那些精彩的傳世之
作的麼？不去遠方，怎麼作人類學呢，這實在是令人憂愁，對於在
博士階段才真正開始學習人類學的我來說，學術積累和實踐經驗
都非常薄弱，甚至也從未做過真正意義上的人類學田野調查，即
無「故地」可訪，也無經驗可談，真可謂是舉目四顧心茫然。慶
幸的是，我看到了費老的觀點，他說：「人文世界，無處不是田
野。」[24] 我理解為只要是有人類活動的地方，就有可能成為被考察
的「田野」。雖然我也希望有機會去一個遙遠的陌生的地區來完成
我的人類學成年禮，但已快人到中年的我還被各種身份和條件制約
束縛著，無法不顧一切地去尋找遠方的田野，種種考量之後，我想
也許我該在最熟悉的地區尋找一塊陌生的我的田野。也許是冥冥之
中的力量牽引，這個時候我加入導師的課題研究組，這個社科重點
課題與宗教藝術有關。我對宗教沒有太多瞭解，但對佛教有一種樸
素的好感，因為小時候常常跟著家裡的長輩去廟裡遊玩。我想這也
許是個契機能讓我更深入地瞭解神秘的宗教，那麼第一步當然是應
該選擇一些宗教活動場所去體驗一下。在這個網路時代，我和大多
數人一樣，動身之前先上網。我在網路上輸入了幾個關鍵字，想從

---

23 黃劍波，〈何處是田野：人類學田野工作的若干反思〉，《廣西民族研
究》，第3期（2007.9），頁66-77。

24 榮仕星、徐傑舜編著，《人類學本土化在中國》（南寧：廣西人民出版
社，1998），頁12-14。

網友的「攻略」中尋找線索，沒想到網頁上第一個出現的就是東林寺的網站，這網站的豐富程度和技術水準讓我吃驚，我沒想到一個寺院竟會如此「現代」。更巧的是在網站上看到一個公告，說東林寺將要舉辦一個面向社會大眾的體驗性的宗教活動，於是我便抱著嘗試的心態下載了報名表格，並按照網站上提供的位址發送了電子郵件，第二天我就收到了回信，通知我已經被錄取，我非常期待。於是在2013年7月23日的那天我來到了當地的火車站，因為通知上寫著會有人來接站，我便在火車站到處找尋穿著僧服的人，竟一個也沒有見到，找了一圈後，才知道在火車站出口那些穿著灰色衣衫的小夥子們就是來接站的人，後來才知道他們是東林寺的義工，他們顯然和出家人不一樣，但和路上看到的行人也不相同。我竟然一直以為會是出家人來接站，說明當時的我真的完全是一個「局外人」，而且「局外」得很是徹底，接下的幾天越發證明了這一點。

　　我參加的體驗活動不算太長，只有七天，但對於初次真正和佛教徒親密接觸的我來說，真是覺得無比漫長而艱辛，好像過了很久很久，一個人如果在很短的時間裡經歷了很多的事，就會產生這種感覺，仿佛單位時間在延伸。東林寺雖然離我工作的城市有一日的動車車程，但也算不上是很遠的「遠方」，並且嚴格一點地說，這並不是我第一次來東林寺。十幾年前，我在九江讀書時，曾和兩三位好友在春夏之交時，來寺裡作過一次短暫的遊覽，在這裡大約停留了十來分鐘。但在2013年7月的這一週裡，我才算是真正靠近了它，也真正接觸到了生活在其中的人們，也對「文化震撼」這個詞有了真切的體會，仿佛自己來到了另一個星球另一個世界，雖然我們彼此看上去完全沒有什麼分別，民族、膚色基本一致，說的都是普通話，甚至使用的手機品牌都相同，但我真實地感受到，我和他們，是如此地不同。

　　由於缺乏田野經驗，來這裡之前，我沒有作任何心理上的準備

或者調整，以為就是一個尋常的觀光遊覽活動，走走看看聊聊就輕輕鬆鬆回程了，卻沒料到「震撼」來得猝不及防，後來想想也正是因為沒有事先做任何準備，我才能更好地以局外人的視野來進行觀察和感受。

　　記得來東林寺的第一天傍晚，剛剛報到拿到宿舍安排表和行程單，全國各地來的體驗者就在宿舍裡互相介紹彼此認識。我所在的宿舍共有8人，只有我和一名來自石家莊的陳姓女子不是佛教徒，其他人都是信佛多年的佛教徒，更有從小就在佛教家庭中長大的年輕而又資深的教徒，她們在社會上從事各種不同的職業，最年長的是北京來的楊居士，四十五歲，經營一家素食餐館。當時天色漸晚，我坐在自己的床位上，饒有興致的聽著室友閒聊，日暮時分，山裡的蚊子多了起來，有幾隻明目張膽地在我眼前飛來飛去，其中一隻頗具規模的蚊子還正欲停歇在我的小腿上，於是我悄悄揚起巴掌，看準時機「啪」的一聲下去，在我還來不及查看戰果如何時，我對面鋪位的來自天津的年輕女子對著我大喝一聲說：「你怎麼能打死它？」口氣嚴肅且氣憤，我抬起頭來，一頭霧水，不知她為什麼突然這樣惱怒，剛才我們還聊過幾句，她很是友善禮貌，我不能明白，我打蚊子這件事怎麼就和她產生關係了呢？看著我不解的樣子，她停頓了一下，仿佛是整理了一下情緒對我說道：「有蚊子來嘛，你應該輕輕把它吹走，跟它說蚊子菩薩，請你哪裡來就到哪裡去，然後把窗子打開，讓它飛走，我在家裡就是這樣的。」我太驚訝了，我說要是它沒飛出去呢，她說：「那就讓它咬一口，反正它也吃不了多少血。」我簡直驚訝得不知道說什麼好，在那個瞬間我強烈地意識到她們和我是不一樣的，我們眼裡的世界不是同一個世界。也許是為了更進一步地說服我，北京來的那位楊居士接著跟我講起來她如何在自己的素食餐廳裡給蟑螂做皈依儀式讓蟑螂搬家的事情，說三天以後她店裡所有的蟑螂都全部搬走了，後來一直再

也沒有蟑螂出現過，聽到這裡我和石家莊來的女人幾乎是目瞪口呆了，但其他的人都說「是這樣的」，顯然這對她們來說不是什麼新鮮事。

在這「漫長」的7天裡，我像一個真正的佛教修行人一樣生活，每天早上4點起床做早課，上下午都做功課，晚上聽經，9點準時休息，早餐和午餐與其說是吃飯，不如說是儀式……。室友們似乎都很享受並且珍惜每一天，只有陳姓女子不止一次地發出感慨：「哎呀，沒法活了，就不是一個世界裡的人哪。」我非常理解她的話，因為我也有同樣的感受。陳女士此前對佛教瞭解甚少，只因為家中讀大學的女兒非常叛逆，聽同事說來參加這個活動也許能教育孩子，為了緩解緊張的母女關係，所以才跟著別人來了，她和我一樣，也是第一次接觸真正意義上的佛教和佛教徒們，我意識到這次接觸到的群體和我小時候見到的那些去往廟裡燒香說著「菩薩保佑」的人群很不同，後者回到家裡和非教徒區別不大，但前者顯然不同，似乎也並不熱衷於燒香，日常生活中也有很大的區別。

體驗活動結束之後，我開始在東林寺做義工。我以為前7天是因為有活動，所以寺裡才會有這麼多人，做義工之後才觀察到，每一天寺裡活動的人都非常多，餐廳門口的就餐人數顯示寺裡每天至少有500多人在活動，多的時候則好幾千，這還不包括臨時的香客和遊客。通過與他們的交談，可以瞭解到這些人與觀光的遊客不同，他們與東林寺的關係非常密切，許多人自稱為東林寺弟子且以此為榮，他們來自全國各地，也有不少來自境外的一些地區和國家，不是偶然來，而是經常來或者定期來，他們對東林寺的感情，明顯不同於對其它佛寺的感情。寺裡終日人來人往，有時簡直使人想到「門庭若市」這個詞了。

我很好奇為什麼有這麼多人往來東林寺，這些從遙遠的外地來的信徒是如何與東林寺之間產生、建立並維持著緊密的聯繫呢。在

我幼時的記憶中，到家附近的廟去燒香拜佛通常是人們的首選，遠處的寺院是用來朝聖膜拜的，不是用來長期互動聯繫的。但顯然來東林寺的許多佛教徒不是偶然來朝聖的，雖然也有偶然來的人，但存在相當大數量的人，他們喜歡將東林寺稱作為「家」，儘管對大部分人來說，他們真實的家與東林寺之間有著很不近甚至算得上是遙遠的距離。

從宗教功能上來說，每個寺院都是佛界設在人間的中介機構，行使連接凡間與神界的媒介功能，寺院與寺院之間沒有本質區別，信仰者們可在任何寺院拜佛來實現人神之間的溝通，從這個意義上來說所有寺院的功能都是一致的。寺院作為宗教組織與信仰者個體之間並不存在嚴格的隸屬關係，這也是我國漢傳佛教的特徵，但來東林寺的人常稱自己為東林寺弟子，一般的佛教徒很少在自我認同上去突顯某一個寺院，而既然這麼多人會特意強調這一點，說明這個寺院與他們的關係與眾不同。那這關係是如何產生的，受到哪些因素的影響，這是我最初想要瞭解的問題。

在東林寺西邊，隔著兩塊田的距離，還有一座寺院，叫做LX寺，從建造年代上來看，LX寺甚至比東林寺更早，歷史更悠久。兩寺同處一座山峰之下，算是比鄰而居，但讓人感到奇怪的是，LX寺中活動的人極少，連遊客也不多，可見歷史和地域都沒有成為影響信徒選擇的主要因素。有一次，我去LX寺散步，與LX寺住持師父聊天時，我問到為什麼東林寺裡有那麼多人時，80多歲的師父說：「就是有那個網啊，搞得全世界人都知道了嘛」，她的話一下子提醒了我，讓我在諸多繁雜的因素中發現了一個非常重要的原因，那就是媒介。媒介高度參與的空間不只是現代的世俗生活，信仰空間也不例外，連我來東林寺不都是網路這個媒介「引」的路嗎？

於是我決定將腦海中糾纏的許多問題拋在一邊，聚焦注意力放

在這神聖空間的「媒介」之上。當我開始真正思考「媒介」時，才發現它其實一直都在，並高度構成和參與了這個寺院的宗教生活。學者德波拉・斯皮圖尼克在《移動機器與流動的受眾》中說：「在媒介研究領域內，文化（或地點）重要嗎？這個問題尤為重要，因為我們生活在這樣一個語境中，人們認為無論何時何地對任何人而言，媒介都是一樣的。」[25] 確實，筆者以前也覺得媒介對任何人都是一樣的，差異如果存在的話，也只是由媒介本身決定的。但當我在東林寺內生活了一段時間之後，我才體會到不同文化觀念的人對於同一種媒介的理解和使用存在極大的不同，這些差異遠不是由該媒介技術本身所決定的，而一定是和群體文化背景有關。

這樣，兩個月之後，我對東林寺的總體情況有了一個比較清晰的瞭解，經過慎重思考，並與導師和寺院方面溝通之後，我決定選擇東林寺作為我田野工作的調查地點。我認為東林寺具備作為田野考察點的條件。[26] 第一，是東林寺的歷史和現代影響力。東林寺位於廬山腳下，廬山是著名的歷史文化名山，不僅風景秀麗，宗教文化也非常發達，素有「五教同山」、「一山藏六教」的說法。[27] 其中佛教尤其興盛，有學者認為佛教文化組成了廬山文化的主體，據史料記載，廬山佛教最為興盛之時，曾有350多座寺院。在廬山文化發展的漫長歲月中，吸引了眾多的高僧名釋，到東晉南北朝時期已經發展成為南方佛教中心和譯經基地，出現了許多著名的佛教名剎，如東林、西林、大林三大名寺，歸宗、棲賢、開先、圓通四大

25　費・金斯伯格等著，丁惠民譯，《媒體世界》（北京：商務印書館，2015），頁2。

26　為了避免引起潛在的不必要的困擾，本文的人名都採用匿名或字母表達。

27　六教指的是：佛教、道教、天主教、基督教、東正教和伊斯蘭教，廬山「一山藏六教」的說法被許多研究者所採用，例如：文琴燕，〈廬山：一山藏六教的勝地〉，《中化民居》，第9期（2009.9）。

叢林。[28]

　　東林寺建於東晉大元九年（384年），為東晉高僧慧遠大師的道場，在東晉安帝元興元年，即西元402年9月11日，慧遠和當時隱居廬山的一些學者居士，如劉遺民等僧俗共123人聚集在般若台的阿彌陀佛像前，建齋立誓齊心念佛往生西方極樂世界，因集會前慧遠曾率僧俗二眾於東林寺前鑿池種植白蓮花，因而後人將此次集結稱為「白蓮結社」或簡稱「蓮社」，《出三藏記集》和《高僧傳》中都記載了此事，也引用了應慧遠之請由劉程之撰寫的發願文。後世佛教將這一事件當作佛教淨土宗創宗的標誌，慧遠被尊稱為「淨土初祖」或「始祖」，東林寺也成為被世間公認的「淨土宗祖庭」，因為白蓮的緣故，淨土宗也稱為「蓮宗」。日本佛教界將東林寺視為其淨土宗和淨土真宗的祖庭，幾乎每年都派代表團前來參拜祖庭。胡適在1928年遊覽廬山時曾概括說廬山文化代表了中國文化的三大趨勢，其中排在第一的就是慧遠和東林寺，認為其代表了中國佛教化與佛教中國化的大趨勢。[29] 這充分說明了以東林寺為代表的廬山佛教的地位和影響。雖然也有學者考證說這個「事蹟」存在虛構的成份，[30] 但「結社」這一行為在佛教史上的意義卻是不容置疑的，因為它代表了一種新的信仰實踐方式的開始。東林寺的許多修行人都曾滿懷深情地跟我講述過這個相當遙遠的「歷史」，在東林寺自己出版的許多書籍資料中也一再提到這個具有深遠意義的事蹟。很多研究者把慧遠當作廬山佛教的代表，把其僧團的特徵看

28 李勤合，《早期廬山佛教研究》（南昌：江西人民出版社，2011），頁230-231。

29 胡適，《胡適文存三集》（上海：亞東圖書館，1930），頁248。廬山另兩大文化趨勢是：白鹿洞，代表中國近世七百年的宋學大趨勢；　嶺，代表西方文化侵入中國的大趨勢。

30 孫昌武，〈慧遠與「蓮社」傳說〉，《五臺山研究》，第3期（2000.9），頁9-16。

作是廬山佛教的風格。

《九江縣誌》記載慧遠曾在東林寺講經說法36年，影響巨大。唐朝時，東林寺的發展達到鼎盛時期，東林寺也被改名為「太平興國寺」，規模相當宏偉。史載開元十年（西元722年），東林寺有殿堂310間，占地300餘畝，成為當時佛教八大道場之一。唐武宗在位時，極力滅佛，東林寺也未能倖免，並從此開始衰退。到明清時期，東林寺基本上已經由維持現狀走向衰弱，光緒三年（西元1877年），東林寺改為地方「香火廟」，住持傳承變為子孫家廟制。1961年廬山管理局宗教科邀請果一法師為東林寺主持寺務，改革了持續八十餘年的子孫廟舊例，恢復為十方叢林。1966年夏「文革」開始，剛重建不久的東林寺遭到紅衛兵破壞，果一法師也被下放到農場勞動，東林寺成為賽陽鎮化工廠所在地。文革結束後，果一法師又開始率眾重建東林寺，至1981年，東林寺重建初步完善。1979年6月，東林寺對外界開放，日本佛教界從此每年都派代表團前來朝拜。1994年果一法師圓寂之後，傳印大和尚任東林寺主持，2003年，大安法師出任東林寺代方丈，全面主持東林寺的各項工作。從2007年開始，東林寺就著手建立一個新的寺院「淨土苑」，淨土苑位於九江市星子縣溫泉鎮，距離東林寺約半小時車程。淨土苑的標誌是一座阿彌陀佛接引塑像，被稱為「東林大佛」，大佛高達48米，象徵阿彌陀佛發下的度眾生的四十八個弘大的願望，是全球最高的阿彌陀佛接引塑像，蓮台下有「回來吧，孩子」的字樣。東林大佛於2013年5月建成，在2013年8月舉行了開光典禮。如今東林大佛成為東林寺新的象徵，也成為九江新的宗教旅遊標誌，淨土苑雖已投入使用，有一部分僧人和俗家信徒在其中活動，但還有大量工程在繼續建設當中，整體建築風格以仿唐為主，建成後的淨土苑預計將占地3300畝，有佛學院、安養院等，可以容納3000人同時閉關，寺裡的人們一般將淨土苑叫做「大佛」，將東林寺叫做「祖

庭」，本文中的田野點指的是後者。

1983年，東林寺被國務院列為漢族地區佛教全國重點寺院、國家著名佛教道場、江西省三大國際交流道場之一。近些年來，東林寺的社會知名度和影響力日益擴大，在海外，如新加坡、馬來西亞等地區也擁有了不少數量的信徒。九江政府將其作為九江市重要的文化視窗部門。宗教局的幹部介紹說（時間：2014年4月28日，地點：九江市廬山區宗教局）：「我們整個廬山地區目前有62個宗教場所，其中佛教是壓倒性的占了主流，道教場所有9個，佛教有53個。東林寺是整個廬山佛教寺院中規模較大，比較有代表性的寺院，也是整個廬山地區最具知名度的寺院。」在九江市的交通地圖以及市區許多賓館對當地風景點的宣傳資料裡面，都有專門去東林寺的路線介紹。在當代，東林寺可以看作是漢傳佛教淨土宗「旗幟」性寺院，無論是從其寺院管理還是到宗教實踐，在目前中國大陸的淨土寺院中都是佼佼者，其模式被許多寺院模仿。

第二，東林寺的社會交往模式友好。我國大陸佛教寺院的傳統功能，一般是作為比丘或比丘尼進行修行和活動的場所，也是普通香客禮佛的地點。從上個世紀80年代以後，為配合國家經濟發展的政策，寺院，尤其是風景區的寺院，也成為旅遊景點的組成部分，向外售票，雖然近年來佛教界人士積級主張取消門票，但大部分寺院仍實行收門票制度。對於外界而言，寺院是一個用來觀光旅遊的風景點，但寺院內部的生活則基本上是封閉的，非信徒一般沒有機會參與其活動。這種狀況仍然是大陸佛教寺院的普遍現狀。但東林寺有不同的特點，當我第一次參加東林寺的活動時，非常驚訝為何在一個寺院住著如此眾多的非出家人。當時還是東林寺著名居士的Z居士（2013年9月4日）說：「從慧遠大師開始，東林寺就有優良的傳統，當時的名士們與大師共同組成了蓮社，共有123位，僧俗可以融洽地一起交流佛法，探討宇宙人生，大安法師來了以後，

更積極地繼承其傳統，歡迎社會各界人士，東林寺另一個優秀的傳統，雖是佛教道場，卻並不排斥其他的思想，你看虎溪三笑，不僅只是弘揚佛法，而且還積極弘揚儒家，甚至道家的思想。」[31] 與其他地區的寺院相比，這些特色可以算得上是佛教信仰中的「地方特色」傳統，雖然其影響可能早已超越了當地的地理範圍。

在東林寺「白蓮結社」的歷史事件當中，最為鮮明的特點就是信仰團體由僧俗兩方面的力量共同組成，研究者將這種信仰團體稱之為「慧遠教團」，其中不僅有出家人，還有大量在社會上有影響的名人居士，例如劉遺民、周續之、宗炳、張野、雷次宗等等。這種方式可為雙方帶來益處，僧人可以為俗眾提供教義和修行的實踐指導，居士可以利用自己俗世的身份為教團的生存和發展提供更多的支援。研究資料表明廬山佛教的這種形式與同時代（西元5世紀左右）的北方佛教非常不同。在《佛教征服中國》一書中，作者比較詳細地考察了廬山教團與當時湖北襄陽教團的不同，「在襄陽的八位彌勒信徒和廬山的阿彌陀佛信徒之間，除了人數多寡有別，還有一個重要的區別，道安的發願是在寺院內的一種相對私密的儀式，是一種純粹的佛事活動；而慧遠的教團內既有僧人也有俗人（包括一些重要的知識份子），他們集聚在廬山，在慧遠的主持下和這位法師一起發願。在後一種情況裡，寺院的幽隱生活有所改變，而有教養的俗人開始積極參與這種宗教生活。這種儀式已經和它的宗教的學術背景相脫離（彌勒的開示是為了解決義學問題），並已經擴展到了包括非佛教徒在內的大規模的異質團體。」[32] 這一段話說明了廬山僧團與當時其他地區佛教團體的不同之處，並且指

---

31 Z居士，男性，山東人，在東林寺修行多年，於2015年出家，現為成都某寺院常住。

32 （荷蘭）許理和，《佛教征服中國》（南京：江蘇人民出版，2003），頁336。

明了慧遠和他的老師道安發願本質的區別。也正是因為這一點，慧遠率領的發願行為才成為重要的標誌性事件。

如今的東林寺，恢復了這種僧俗共修的傳統，因此在寺內常住人員構成方面，不僅有出家人，更有大量的在家居士群體常年居住，也有部分非教徒人士居住，[33] 性別組成上不僅有男性，也有眾多女性居士。依筆者2013-2015年間的田野記錄，寺內常住僧人約280人左右，常住的俗家信眾約在260到290人之間，每天寺內活動的人群約在500人左右（普通香客和遊客除外），若有宗教活動時，人數常達幾千人，據東林寺網站新聞統計，2015年有一次「佛七」的參加人數，[34] 就超過了7000人。東林寺近年來形成了一系列制度化常規化的修行項目，一年到頭各種活動非常豐富，因此寺內每天活動的實際人數常常超過前面筆者的統計數字。

現今的東林寺為十方叢林制，接受僧人（比丘及比丘尼）掛單，也接受信徒掛單，[35] 並於2006年開始取消門票制，寺內已無任何形式的商業運作，經濟上完全實現自養，不需要向政府或社會企業尋求經濟上的資助，因此不需要收取任何門票或者其他費用（普佛除外）。[36] 寺內不許燒高香，有免費的香提供，設有火車票代售點、郵局、圖書館（對讀者無限制）、中西藥房等基礎設施。寺內除有僧人生活所需要的各式建築外，還有為在家信徒群體建造的男、女居士樓各兩棟，建有兩處念佛堂供信徒念佛，共可容納3000

---

33 只要有合法身分證，並遵守寺院住宿規矩，非教徒也可以入寺居住三天，此後若願做義工，可獲得長期居住的可能（筆者田野期間的規則，後期有變化可能）。

34 佛七：或稱「打佛七」，是佛教徒一種時長爲7天的修行活動，內容各地有差異，或誦經爲主，或念佛爲主。

35 掛單，是佛教用語，指行腳僧到寺院投宿時將自己的衣掛在名單之下，代指住宿，本是用於僧人群體，現在佛家俗家信眾中也採用。

36 2013年9月4日對東林寺客堂師父的訪談記錄。

人同時念佛。有兩個齋堂，分別供僧人與信眾用餐。其中新齋堂（居士齋堂）對外開放，任何人都可用餐，不收費，有過堂儀式，不少遊客慕名前來體驗。東林寺的這些特點為筆者的田野調查提供了便利。如果寺院群體全部是由男性組成的僧團，本調查的計畫將難以開展。

　　第三，東林寺不僅是一個信仰空間，也是媒介的生產機構和傳播機構，生產豐富多樣的媒介產品。東林寺內設有許多職能部門，如「東林寺淨土宗研究學會、護法團、基金會」等。淨土宗研究學會又下設「蓮社、《淨土》雜誌編輯部、發行部、視聽中心、印經處、蓮社藝術團、佛藝研究所」等部門。所有部門都由僧人和居士共同組成，一般僧人為主管人員，具體工作由居士去完成。護法團專門管理寺內的俗家信徒。寺內還設有「助念團」和「慈善護生會」兩種慈善機構。助念團接受全國各地的臨終助念邀請，也接受外地來寺的助念要求，同樣不收費。慈善會主要做助學、助老、扶貧三個方面的慈善，護生會則主要做放生、素食等方面的宣傳和活動，慈善會在九江市還開辦了一家「東林醫院」，看病費用很低。

　　東林寺內有一個職能部門叫做「東林蓮社」，簡稱蓮社，成立於2007年，「蓮社」舉辦多種活動，被認為是對慧遠時代精神的繼承和發揚。例如為期七天的一年一次的「大學生淨土文化夏令營」，已經連續舉辦了15年。以大學生群體為招收對象，主要形式是體驗佛教生活，內容非常豐富，寺裡根據每一次夏令營不同的主題，邀請不同的專家、學者以及佛教界的名僧前來講課，方丈也常常會親自為營員們講一部經或幾堂課。類似的社會活動還有「企業家念佛禪修班」，主要針對社會精英群體，為期5天，一年約舉行3到4次。還有為信徒舉行的各種學習活動，例如「弘法人才培訓班」（兩周時間）、「淨土宗研習班」（學制三年）等等，以及不定期的各種學習班，如「法寶流通培訓班」、「臨終助念培訓班」

等。

「東林蓮社」還以會員制從信徒中吸納「蓮社會員」，稱之為「蓮友」，「這是蓮社精神的延續」，負責蓮社工作的居士說。他告訴我東林寺的「蓮社會員」目前已經有6千多人，這些人與東林寺聯繫緊密，東林寺對這些信徒的日常功課有具休的要求，會員們都有「會員卡」，他們基本上按照東林寺宣講的方法和要求、圍繞著東林寺來實踐自己的信仰。會員與普通的佛教徒有所不同，也並不是所有的佛教徒都會被認為是東林寺蓮社成員，但成為會員的佛教徒與東林寺的關係親密度顯然超過與其他寺院的聯繫。不過現代的蓮社會員與慧遠時期的「白蓮結社」中的成員不同，相關研究表明（如李勤合2010），那個時代的成員必須依寺修行，據說跟隨慧遠在東林寺修行的各種弟子多達3000多人。而現代的教團成員並不一定都要居住在寺裡，也同樣可以實現其信仰目標。後文我們將詳細討論這種變化。

允許並接受佛教俗家信徒入寺修行，具有一定程度的開放性，對社會群體和非佛教群體的態度都比較友好，這為筆者的觀察提供了可能性。有的寺院規模過小，沒有足夠的人力資源來開發和利用現代媒介；有的寺院規模大，卻並不接受普通人員的進入，尤其是女性。筆者的家鄉就在鄱陽湖邊上，與東林寺相距並不遙遠，在田野工作中筆者發現自己許多鄉親也是東林寺虔誠的信徒，這讓筆者在進入田野點時相對比較自然，有機會在離別多年的家鄉做一些田野工作，也是筆者的願望。以上諸種因緣和合使得筆者與東林寺結下了一段緣。

（三）

本世紀初，我曾參加一個旅行團到某地一個古老的寺廟進行參觀，該寺內有佛學院，當看到那些年輕的出家人用著當時最時髦的

MP3機時，一車人都詫異不已，這讓我印象非常深刻，說明在大多數的社會大眾眼裡，佛門寺院就意味著「絕紅塵，斷萬緣」，出家人理應過著不同於世俗生活的生活，因此也必定不應當與新興媒介發生聯繫，因為它們是時髦的代名詞，追求時髦就是熱愛紅塵，出家人怎麼可以時髦？人們質疑用上了這些新東西的信仰是否還會虔誠。修行者與媒介，兩者似乎是天生不能相容的。但人們的想像和擔憂是合理的嗎？信仰者們是如何看待媒介，又是如何進行媒介實踐的呢？在媒介態度和行為方面是否和社會大眾一樣呢？他們的媒介行為有何特點？作為文化和環境的各類媒介又如何與信仰群體互動？這對宗教信仰又帶來了什麼樣的影響呢？筆者嘗試對這些問題進行探究。

　　本文的寫作意義首先嘗試呈現當前我國社會轉型期間大陸佛教組織和信仰群體的真實狀況。自上個世紀八十年代以來，我國大陸出現了一定程度上的宗教復興，根據相關研究資料，認為佛教復興的主要表現之一是淨土信仰人數的急劇增長，因此若能對一個具有代表性的淨土寺院和信仰群體進行考察，必能對當前整個佛教信仰的真實情況有一個比較全面的瞭解。本文深入以寺院為依託的佛教組織和信仰群體，直面宗教生活現場，觀察宗教組織和群體的存在方式及變遷過程，同情地理解當下的宗教實踐，從人類學的角度對佛教淨土寺院生活和信仰的現狀進行觀察和描述，展現真實的制度性宗教信仰的鮮活現場、並提供真實的田野資料，為人類學對制度性宗教的研究提供一種個案，也為未來的研究提供可資對比與借鑒的資訊。其次，通過本文的探尋，可以瞭解在當代已經一定程度上實現了媒介化的社會中，在一個特定的文化背景空間中，媒介被理解和使用的情況，即寺院宗教文化如何與媒介互動。今天我們社會中的任何一個群體，都已經不可避免地被捲入到媒介化的過程當中，「媒介化社會」是許多研究者對當今時代特徵的一個重要

表述，是研究現代社會任何群體都必須要面對的基本背景和分析語境，開展任何研究都要有清醒的媒介意識，不然就不足以對研究的群體有更全面的認識和瞭解。身處「紅塵」之外的佛門淨地也不能倖免媒介的光臨與滲透。筆者通過田野調查，認為現代寺院與媒介的聯繫越來越緊密，媒介滲透到信仰群體的各個方面，宗教組織與媒介的關係越來越密切，然而，我們對於「媒介化社會」的語境的理解可能還不能僅滿足於一種「背景性」的存在，媒介對社群的介入更是一種動態過程產生的推動力和原因。媒介對這個空間的入侵，會對人們的信仰觀念、傳統、實踐方式等帶來整體性的影響和變遷。

同時，我們這裡需要明確一個媒介邏輯，也即是說，我們並不認為媒介是引起社會發展或宗教信仰實踐形式變遷的唯一的因素，而是認為媒介是社會發展和變遷中的一個重要因素，這個因素同樣值得我們去給以足夠的重視和關注，「媒介是描述和解讀社會發展變化的重要思考途徑」，[37]「任何媒體都不可能在真空中被使用，不同的地點，不同使用者的經驗的反作用會影響著媒體的含義。」[38] 我們將從局內人的視角出發，通過對這樣一種特定文化背景（即淨土信仰）的群體進行瞭解，關注在這樣的文化場域當中，組織和個體分別是如何應用和理解媒介；當媒介處於這樣一個特殊的（神聖的）的文化空間時，它又呈現的是怎樣一種特點，嘗試為當代宗教信仰實況提供一個媒介角度的觀看視野。

本文的田野考察對象是一個漢傳佛教淨土宗寺院，希望通過細緻的田野工作和民族志的描寫，來描述宗教空間中的媒介形態以及

---

37 孫信茹、楊星星，〈媒介在場、媒介邏輯、媒介意義〉，《當代傳播》，第5期（2012.10），頁15–20。

38 社會科學文獻出版社編，《人類學的趨勢》（北京：社會科學文獻出版社，2000），頁246。

媒介與宗教寺院文化之間的互動和相互之間的變遷表現。可以說是對一個鑲嵌在某一個特定文化系統中的媒介實踐的研究，或者說是對一個被不同媒介參與和塑造的寺院媒介文化實踐的研究。不是對某個單獨的寺院或宗教信仰方面的研究，也不是對與文化背景相分離的媒介本身的研究，而是關注兩者之間的共振，討論不同媒介文化與寺院宗教信仰文化交會時可能產生的互動圖景。雖然本書會運用到宗教社會學、佛教學以及媒介文化研究的相關研究成果，但筆者以為本書仍是一個立足人類學的研究。下面我們需要對文中涉及的概念作一些必要的限定和說明。

首先，是本書中媒介的所指。何為媒介，其實是一個非常複雜的話題，不同的討論維度似乎就能產生不同的媒介概念，有的時候指具體的物質技術；有時也指非具體的媒介物，重在強調一種狀態；還有一些可能並不用「媒介」這個稱呼的「媒介」；有時還用來指稱具有延伸性的中間物等等。本文無意在此對這個概念進行學術史上的梳理。本文指稱的媒介主要是指處於資訊傳導中介地位的載體技術和工具，本文的考察對象處於一個相對封閉的物理空間，為了研究上的可操作性，同時也兼顧其作為宗教文化空間的特點，因此本文中討論的媒介範疇主要是指表現為視覺、聽覺等形式的宗教媒介和現代大眾傳播、互聯網數位媒介的技術和物質形式，具體來說，前者是宗教象徵性媒介，後者是技術性媒介，後者是研究的主要內容，將前者也納在媒介的討論範圍之內是為了討論上的便利。

第二，是「教團」的概念。東林寺是一個真實的物理空間，有確定的方位和面積，但如果要表達和概括其作為一個宗教組織的特點，筆者以為採用「教團」這個概念比較妥當，雖然在後文中為了敘述的方便，多用「東林寺」這個詞來表達，但內涵卻是指向「教團」的涵義。東林寺並不只是僧人居住和活動的區域，也同樣是大

量佛教居士們活動的場所，俗家信仰者與出家的僧人群體共同參與
寺院的日常管理和宗教活動。從某種程度上來說，俗家信仰群體甚
至發揮更為重要的作用，他們常年居住在寺內，過著「准出家人」
的生活，是寺院成員重要的組成部分。除了寺內有相對固定的僧、
俗眾群體之外，在寺外還有一個龐大的信徒群體認同該教團，以東
林寺的宗教思想和修行實踐為指導，以東林寺弟子自居，結合在家
修行和入寺修行的方式，追隨著東林寺。因此，筆者以為東林寺的
教團是一個由僧人、依寺俗眾以及在家居士們共同構成的一個以寺
院為主要活動區域的信仰共同體。

「教團」這個概念並非由筆者提出，許多學者都曾採用，教團
的概念在外延上要大於僧團，表現在人員的組成上，第一是教團中
一定要有僧人，否則就不成「教」，但同時還包含沒有出家的信教
者，即善男信女或者居士，教團一般有三個特點，一是宗教性，二
是群體性，三是地域性，地域性是指生活和活動的地理範圍，如特
定的宗教場所。[39] 但學界對於教團的概念，還沒有形成完全統一的
認識，差異主要體現在對教團中的居士群體的定義上。潘桂明在其
著作中，對居士的定義非常寬鬆，把「凡不是站在佛教的對立面，
不構成對佛教危害的人，都作為居士」[40]。紀志昌（2003）的博士
論文中認為居士的範圍很廣，不僅包括「優婆塞、優婆夷、檀越」
等，也將與僧人有關係或與佛教活動有淵源者納入居士之範疇，並
將其分為三個類型：出世清修型、清談論法型、檀越法事型。[41]

本書中的東林寺教團，其組織意義上的內涵是指以該寺住持法

---

39 李勤合，〈廬山慧遠教團研究〉，（武漢：華中師範大學博士學位論文，
   2010），頁16–36。

40 潘桂明，《中國居士佛教史》（北京：中國社會科學出版社，2000），頁
   140–155。

41 紀志昌，〈兩晉佛教居士研究〉，（臺北：國立臺灣大學，博士學位論
   文，2003）。

師為宗教導師的由僧俗二眾組成的信仰共同體，包括僧人和信眾兩個部分。僧人指本寺僧人和雲遊僧人（數量較少），並將教團中的俗家群體限定在「依寺清修」這一類型上，雖然東林寺的追隨者廣泛分佈在境內外，但據田野調查實況，也為了研究上的便利，本文中教團內的俗眾主要是指長期在寺內活動，作為東林寺依附（經濟依附和精神依附）人口而存在的那一部分群體，包括三類。一種是以義工或專業技術工作人員的身份長期生活在寺內的俗家信徒；二是常規性的來參加寺內各種宗教修行活動的信徒，自認為是東林寺的一員，他們有時會到寺內居住，以在家修行和寺內修行兩種實踐方式相結合的群體；三是在寺外租房的信徒，他們不在寺內居住，但每天入寺修行，仿佛學校的「走讀生」。這三類人的共同特點是沒有出家人的身份，但信仰活動圍繞著東林寺進行，高度接受認同東林寺的宗教思想和修行模式。當然，他們的存在方式也會流動，有的人在寺內住了一段時間就去寺外住，有的人在寺外住了一段時間又回到寺內，有的人定期每年來寺內住一段時間，有的人則是有空就來寺內，群體之間沒有絕對的界限，但這三種模式卻構成了他們處於信仰共同體當中的方式。這三類在家信徒與出家僧人同屬一個信仰共同體，具有信仰文化上的認同，他們共同的身份都是佛教徒，都認為自己是修行人。[42]

　　第三是關於淨土信仰。本書中的信仰指的是中國漢傳佛教淨土宗的宗教信仰，相對於禪宗而言，淨土宗的教義具有簡單而具體的特點，因為教中有大量俗人存在，因此需要有一個具體的、能用感官感知的明確的崇拜對象，[43] 若教義太深奧太抽象，許多人

---

42 寺內人的自稱，他們將自己稱為「修行人」，將社會普通大眾稱為「世間人」。本書採用這種稱呼，可以概括寺內不同群體身份的共性。

43 許理和，《佛教征服中國》（南京：江蘇人民出版社，2003），頁354。

就會失去興趣。「五經一論」被認為是淨土宗的核心經典。[44] 簡單來說，淨土宗最核心最基本的教義是深信在西方有一個由阿彌陀佛主導的極樂世界，阿彌陀佛見人世悲苦，因此「發願」要接引娑婆世界（地球）的眾生「移民」去往極樂世界，信仰者信仰這一點，並也「發願」，表明自己具有去往極樂世界的強烈願望，這就構成了兩個前提條件，最後一個必要條件就是信仰者去修行，通過不斷修行，就能與西方極樂世界的教主阿彌陀佛產生感應，兩者念念相應，這樣一直修行到臨命終時就能獲得阿彌陀佛的接引，往生極樂世界，從而脫離六道輪回之苦。[45] 淨土宗的「修行」通常指的就是「念佛」，即念「阿彌陀佛」的名號，因此信仰者們有時也常自稱為「念佛人」。在淨土宗的修行方式中，「念佛」的宗教地位重於其他的任何實踐方式，被稱為修行中的「主業」。在民間，淨土信仰者人數遠遠超過佛教其他宗派的人數，也許正是由於這種容易操作的實踐方式。教義中論述到在西方極樂世界中，阿彌陀佛是最高的存在，往生去極樂世界的人會依據其此生修行的功德被分為九個等級，即上、中、下三品，其中每品又分上、中、下三個等級，叫做「九品蓮花」。從表層上來看，這樣的理念會使人形成一種感覺，那就是淨土宗是一個有主神的宗教派系，但其也主張「是心是佛，是心作佛」，即是說在整體追求上與整個佛教邏輯並不矛盾，極樂世界中的層級和次第說明修行並不到此為止。但大部分信仰者並不去關注教義中的深奧思想，他們只希望實現往生這個（淺層）願望。正如韋伯在《印度的宗教：印度教與佛教》中所說的那樣「淨土宗是最能符合俗人需求的宗派」。[46]

---

44 即：《佛說無量壽經》、《佛說觀無量壽佛經》、《阿彌陀經》、〈大勢至菩薩念佛圓通章〉和《往生論》。

45 主要依據當代東林寺的淨土信仰思想觀念。

46 韋伯著，康樂、簡惠美譯，《印度的宗教：印度教與佛教》（桂林：廣西師範大學出版社，2010），頁376。

　　據筆者在田野中的觀察，雖然淨土宗被認為是漢傳佛教八個派系中的一支，但從其內部來說，不同地域的淨土信仰之間存在著明顯的差異，且不論國內外之間的差別（如中國的淨土與日本的淨土思想）；也不討論境內與境外的區別（如中國大陸與臺灣地區的淨土思想），僅僅只是改革開放以來大陸地區的淨土信仰，相互之間也存在著一些明顯的差異，雖然基本理念可能相差不大，但在修行實踐和部分教理教義上都有不同的主張和理解。例如都主張念彌陀名號，但是念的方式方法、時間長短方面各不相同。而且大陸地區的寺院與寺院之間並不存在隸屬關係或上、下級關係，寺院之間的地位是平等的（個別地區的寺院存在上、下院的隸屬關係），都是「佛」在人間的辦事處，互不約束和管理，而佛協也並不是佛教寺院的上級領導機構，其主要是行使協調功能，因此各地寺院基本上呈現各據一方、各自為政的局面，在世俗利益上相互間存在既合作又競爭的關係。從這個意義上來說，本書中考察的淨土信仰，類似於佛教總體知識特徵之下一種「地方性」知識性質的信仰，也即是說，富有當地的信仰傳統特點，這個特點並不必然具有普遍性，雖然其影響範圍早已超越當地，但仍是當地佛教思想的歷史傳承者，與當地佛教的傳統緊密相連，這些特點與外地的佛教特點有可能不一樣。因此，必須說明的是，本文並不是關於佛教學的研究，本書不會就教義方面的問題進行討論，因為各地的傳統不同，理解和實踐方面也都存在差異，如果文中涉及到教義的部分，我們也只以真實的田野點的調查資料為依據，不追求普遍意義上的佛教理義的探討。不同的人，對自己信仰的理解在總體一致的情況下，又存在著個體理解的差異，我們本著尊重事實的立場，只作一種真實的信仰狀況的呈現。我們只依據真實的訪談進行記錄，可能其中的某些觀念在佛學家看來，也許是正統的，也許是片面的，甚至是錯誤的，然而我們並不打算對其進行分析與評價，我們尊重這是一種存在。

舉例來說，當我們考察修行者對媒介的理解，可能發現他們互不相同，我們並不會從佛教教理出發去分析哪一種才是真正「正確」的認識，而只是作為一種真實去理解和記錄。

自2013年7月至2015年9月共兩年多的時間裡，筆者多次以義工的身份進入東林寺，在寺內居住共超過9個多月的時間，並在寺內度過了2014年的春節。2013年7月是筆者作為人類學研究者首次進入寺院，一周的宗教生活帶來的震撼激起了本人強烈的好奇心，在與導師溝通後，筆者在同年的8月第二次來到東林寺，在與寺院客堂主管進行溝通之後，被允許在寺內一邊做義工一邊做田野考察，其間筆者也曾給寺院住持法師寫過書信說明我的來意，隨後獲得其侍者的口頭回覆，也即是取得了田野調查的合法性。筆者在寺內做過多種多樣的義工工作，如為寺院網站撰寫新聞稿件、組織社會人員的宗教體驗班報名、在寺內垃圾回收站處理垃圾、在食堂摘菜、洗碗，也做過採茶、拔草、打包、曬被子等不同形式的工作，這使得筆者可以與寺內人群廣泛接觸。在兩年多的時間裡，筆者參與觀察了東林寺內所有公開的週期性活動，[47] 並訪談了不同身份和不同層級的信仰者100人左右，重點訪談的有幾十位，共寫下了50多萬字的田野筆記，獲得了豐富的資料，這些談話有的是面對面半開放式的聊天，有的是「道聽塗說」，來自與信徒之間的家常式的閒聊。這些「聽來」的資料也具有相當程度的可信性，因為佛教徒有不打「妄語」的戒律，因此無論這些話語在我們聽來是否「虛妄」，至少從說話者的角度而言，他們認為是真實的。

因為被考察群體與筆者有一定的文化差異，因此「在田野中我是誰」這個問題就需要考慮，以什麼樣的角色和身份出現在人群

---

47 只有閉關未參加，因閉關期間不可與外界聯繫，這點作為一個學齡前兒童的母親，筆者覺得難以做到，但參加過閉關者的分享會，訪談過閉關成功或失敗的信徒。

中，與被研究群體，是保持一定的心理距離，還是完全認同，情感投入多少，對身份是隱瞞還是暴露，這些問題都需要把握且不斷調整。根據人類學調查原則和田野現場的現實情況，筆者是以義工的身份在寺內開展調查研究的，因為寺內的人口流動性很大，為了避免誤解，筆者採取對部分人員暴露身份，對於某些長期交流訪談的群體，例如「工作人員」這個群體，基本上是表明自己的身份和來意，訪談時有明確的問題。而對於那些短時間居住在寺內的信眾，筆者的真實身份是隱蔽的，以信徒的局內人與之閒聊為主。在寺內居住的時間內，筆者是積極認同他們的立場，並積極從一個內部人員的角度進行思考，這是一個從外到內的過程，但在考察的最後階段，筆者以為應該從內到外，以一個研究者的中立身份去看待這個群體，於是選擇居住在寺外，整個田野過程經歷了從「外→內→外」的過程，從中尋找一個研究者合適的位置。

隨著調查的不斷深入，新的感興趣的問題也不斷出現，我的論文主題也在不斷地更改當中，在2014年底與導師幾番討論之後，最終確定以媒介實踐為切入點來討論，於是在2015年6月到9月，帶著更為明確的目標和準備好的問卷，我第七次來到東林寺，這一次由於問題比較集中，調查的針對性比較強，收穫較多。又因前兩年居住在寺內打下了「人脈」的基礎，結交了一些朋友，得以有機會訪談了一些以往難以結觸到的人員，對後期寫作幫助較大。最後一次我是與一些信徒一起租房住在寺外的村子裡，體驗到了與在寺內居住不一樣的感覺，又得以結交不少寺外的修行者們，他們的情況與寺內的人群有所差異，這對我的材料是一個很好的補充。2015年9月初，筆者結束了在東林寺實體空間的田野工作。

田野參與觀察和訪談是獲取本書資料的主要方法，這裡的田野，一是指真實的物理空間的田野，二是指由各種媒介構成的虛擬田野，例如寺院網站、博客、微信、微博，與訪談人的手機短信聯

繫、網上訪談,對其社交平臺的內容觀察等。自2013年起,筆者密
切關注東林寺網站的相關情況,同時也通過各類社交媒介(如QQ
與微信)與寺內的多位信徒保持聯繫,進行結構性訪談或開放性的
聊天。當有意識地對媒介進行關注之後,筆者想辦法進入了更多的
信徒微信群,關注他們每天在微信中的活動。這樣的媒介田野工
作幾乎滲透在寫作過程中的每一天,可以說是身在「此地」而關注
「彼地」。「此地」指的是我自己日常生活的物理空間,「彼地」
指的是由媒介空間呈現出來的實地田野情況或者訪談對象在媒介空
間中的相關活動。正如有的學者說的那樣:「如果今天的人類學仍
然只是研究現實中的人,而忽略了虛擬世界中人的另一面,那無疑
是一種缺失。」[48] 現代社會是一個媒體時代,電子媒體基本普及,
如果我們不關注佛教組織及教徒在媒體上的行為,那必定是不完整
的田野,觀察分析也無法全面。因而,本文的資料有一部分來自物
理空間的田野工作,主要是2013-2015年,以及2017年和2019年的
短暫回訪,另有一部分的資料來自於媒介田野,是對現實田野資料
的一種補充,跨度從2013年一直延續到2020年。

　　本書內容共分六個部分,觀察視角是從寺院的日常生活到媒
介實踐,從教團組織層面再到修行者個體這樣的邏輯順序來展開描
述與闡釋。第一部分是緒論,介紹相關背景,包括田野點的選擇及
田野工作的過程。第二部分是對當代東林寺的介紹,如寺院管理的
特點、活動群體的構成等情況,比較全面地介紹了該信仰空間中的
建築及日常生活的精神和秩序,並總結了其文化特徵和群體特點,
把握其與世俗生活不同的文化和時空特徵,是後文展開論述和分析
的背景與基礎。第三部分全面考察信仰空間中的媒介類型和媒介生
存狀態,考察作為環境的媒介構成成分以及不同媒介類型的來源與

---

48 朱潔,〈網路人類學中的田野考察〉,《思想戰線》,第2期(2008,
　　4),頁127-128。

特徵，並分析不同媒介種類之間的關係。第四部分主要討論分析宗教組織的媒介生產，探索宗教群體成為媒介生產主體的過程及關鍵性資源獲取和整合的方式，以及媒介產品和流通的方式與特點，並分析其作為一種世俗處理技術給宗教組織和信仰者帶來的意義及功能。第五部分以寺內的修行者個體為中心，關注他們的媒介獲取和媒介使用情況，以及他們對當代新興媒介的態度和理解，觀察不同層級的信仰者在媒介實踐上的共性和差異及形成的原因，分析外來的攜帶難以把控的資訊媒介與半固化的宗教文化之間的張力與互動形式。第六部分是總結與討論，認為信仰空間中媒介生產和媒介使用都深受其宗教思想和信仰追求的影響，具有屬於該群體的獨特特徵。其媒介行為和媒介態度本質上可以看作是外來世俗文化與半固化的宗教文化之間的衝突和合作的結果及體現。並認為該田野點在一定程度上實現了「寺院媒介化」，從寺院組織、宗教導師影響力的傳遞、以及信仰實踐的方式，都呈現了媒介化的趨勢。

第一章　東林寺及其日常生活

　　修行者們生活在一個有著黃色圍牆的大院裡面。大院座北朝南依山而建，相比南邊綿延不絕的群山而言，北面倚靠著的這座山實在溫柔得多，不僅山體小，而且山勢緩和，不用費時多久，就能走到山頂，山頂上照例有座塔，在夜晚塔頂的燈會徹夜明亮，發出長長的光線，使人遠遠就能看見。

　　院子的大門正對著的是一座高聳而陡峭的山峰，在大院裡的任何一個角落都能看見它。我曾爬到北面小山的最高處，回頭能遠遠的看見天盡頭處長江的影子，目光卻始終無法越過這座山峰，它實在太高了。清晨或者傍晚，它的峰頂有時會升起淡淡的紫色煙霧，而在陰雨天，山峰則被薄霧籠罩，若隱若現，像一幅展開的水墨畫，這美麗的山峰曾被一位著名的詩人寫在一首著名的詩中，也許正因為這個緣故，於是在這綿延不絕的山脈中，竟有好幾座山峰都被認為是詩中曾寫過的那座峰，它像一塊青綠的屏障守護著這塊狹長的山谷。

　　在南山與院門之間有一條清澈的小溪蜿蜒流過。如果出門沿著小溪朝東走，如果一直走，走上一天，就能上東山到達山頂上的鎮上。如果順著溪水向西走，經過黃色大院旁邊的那座小院子，很快就能看見一條公路，有一趟公交車經過這裡。

　　在這個由南北山脈圍成的安詳的小山谷裡，除了黃色的大院子，還有一個安靜的小寺院，以及一些農田、菜園和幾個小村莊，村莊不大，村民大都搬到半小時車程外的小城裡去了，房子就租給來這裡修行的人，因為來的人越來越多，房價也跟著上漲了不少。

第一節　建築空間

　　被黃色院牆圍起來的東林寺，如今面積已經擴充到300多畝，[49]它在這座山腳下度過了漫長的時光，在多年的歲月裡，它有時擴大有時縮小，有時是信仰之地，有時也挪作他用，經歷了滄桑變化。本世紀初，筆者曾來此處遊玩，還清楚記得東林寺的大門緊貼著的就是村民家的屋門。現在大門外面非常寬敞，幾乎是一個小廣場了，緊挨著的村子被搬到了100米外的東邊。

　　大門也是新的，不是原來的老山門，有兩尊大青石獅子立在門口。大門和兩旁延伸的黃色圍牆連在一起，將整個寺院圍了起來。大門有三個門洞，正中間的門洞開得最高，平日基本不開。兩旁的門洞明顯低矮一些，供平時遊客進出使用，牆上還貼有字條提醒來者應按「左進右出」的順序。門廳內常有一些上了年紀的信佛人守著，他們除了提醒人們不要顛倒了進出門的順序，還負責收集朝拜者們帶來的香燭，被集中的香燭放在大門裡側，堆得像小山一樣高。大門朝裡是條闊道，前進幾步便可見一棵巨大的樟樹長在路的正中央，枝葉繁茂，看起來不太平凡的樹木，總會有一些傳說，尤其是在這樣一個空間裡，於是許多人經過此處時，便要對這大樹鞠躬或跪拜，樹下還有些香燭供奉。大道的兩旁，各有一塊水田，種滿了荷，夏天荷花盛開的時候是一番美景，常有許多遊客前來觀賞拍照。經過樟樹繼續向前，曾有一座長方形的建築，這是東林寺

---

49 筆者調查時的資料。

的老大門，曾是標誌性建築，門上有六個黑底金色大字「南無阿彌陀佛」，由一位著名的居士所題，2013年我曾見過這山門，不過下一年來時它就不見了。走過這山門舊址，迎面是一個方型的水池，在寺院裡它們通常被叫做放生池，池正中曾有一座漢白玉拱橋連接兩端，據說池中原本植有一種罕見的蓮花，花開之時有瓣136片，清香無比，但現在這花沒有了，有人說是因為放生了太多的烏龜將蓮花根咬斷了，不過據說在某個異國他鄉這種蓮花仍在，聽說那花正是從這池子裡引種而去的。這種特別的蓮雖然不能被欣賞到，但在東林寺的任何一個角落都能發現蓮花的符號，在地面、牆壁、衣服、書頁的封面、飄揚的彩旗、禮拜的墊子上，所到之處，各式各樣的蓮花圖案在提醒著人們，這裡是佛的國度。

　　白玉拱橋的正面就是天王殿，[50] 這是我國漢地佛教淨土寺院中普遍會建造的第一座殿堂，供奉的是彌勒菩薩。有信徒告訴我說彌勒菩薩是釋迦牟尼佛的繼任者，會在億年後來到人世間修道，成為那時的「在世佛」，「供養偈」中有一句「當來下生彌勒尊佛」指的就是這位菩薩。像常見的彌勒佛造型一樣，這尊彌勒菩薩也有著圓圓的大肚子，金光閃閃的，坐在玻璃做成的神龕裡笑容可掬，與菩薩塑像一起出現的還有那兩句著名的對聯：「大肚能容容天下可容之事，笑口常開笑天下可笑之人」，掛在殿堂大門兩側。與彌勒佛像後背相靠且面向北方的是韋馱菩薩，被認為是佛教的守護神，有盔甲在身，與別的佛像造型區別較大，筆者以為與漢人過年時貼的門神更像，兩者從職能上來說確有相似之處。韋馱菩薩手裡握著一種類似寶劍的武器，叫做「降魔杵」，如果這「降魔杵」是被右手拿著，末端搭在左手上，表示該寺院可以接受雲遊僧人前來掛單（投宿），如果它是被握著指向地面的，則意味著這寺院沒有條件

---

50 此橋現已拆除。

接受寺外人掛單，這是寺院待客委婉的表示方法。天王殿的兩側一般還會有「四大天王」的塑像，與一般佛像慈眉善目的特徵不同，他們四個常常是兇神惡煞的樣子，也各有自己的象徵意義。天王殿向北正面對著的，就是大雄寶殿，是漢地佛教空間中的核心建築。天王殿與大雄寶殿中間是一個小廣場，兩邊被長廊型的建築圍起，正中一條大路相連，路旁地面上雕刻著許多蓮花圖案。四周則是各色花草樹木。在廣場右邊角落的大樹下，放置了一些香燭供人取用，人們被勸解每次只點三支香。

　　穿過廣場，沿著漢白玉臺階向上，就來到了大雄寶殿外的長方形露臺，有漢白玉欄杆相圍，左右兩邊各另有臺階上來。從外觀上看，大雄寶殿是一座兩層的建築，金瓦紅牆，有兩層的飛簷，又因不是就著平地建起，而是在壘起的平臺上再建，因而顯得尤其雄偉。但進入大殿，可見內部並沒有分層，據說這是在形象地表達佛教為「不二法門」的意思。[51] 寺內有資料顯示東林寺的大雄寶殿高19米，進深24米，總面積380多平方米。殿內正中有三尊巨大的佛像，稱為「三世佛」，分別為釋迦牟尼佛、藥師佛和阿彌陀佛。居中的是釋迦牟尼佛，代表當今世界；藥師佛居右，代表東方淨土琉璃世界；阿彌陀佛居左，代表西方極樂世界。佛像非常高大，直至殿堂頂部，須仰視才可看清全貌。從外形上看，三尊佛像沒有區別，都是黃金塑身，比例一模一樣，眼瞼低垂，目光向下，表情柔和，但佛教徒能根據佛像手中所執的法器來進行識別。三尊佛像背後，是千手觀音塑像。殿堂靠後的兩側還有在民間頗有聲望的四位菩薩塑像，即地藏菩薩、普賢菩薩、觀音菩薩以及文殊菩薩，他們的形體相對要小得多，也並非黃金塑身。

　　大雄寶殿是寺內最高的佛殿，佛像的體積最大，內部裝飾也

---

51 來自寺內義務講解員的解說詞。

最為華美。夏天進入大雄寶殿可以感覺到青石砌成的地面散發出來的涼意。殿內除了佛像之外，還掛著許多精心製作的長幡，從上往下垂著，幡上有經文或者圖案，色彩豔麗。大大小小的佛龕都無比潔淨，有終日不息的燈光照耀。佛像前的供桌看上去木質精良，上面雕刻著精緻的圖案和花紋。供桌上長年擺放著各色鮮花和新鮮水果，還有仿生的荷花盆栽，雖然是電動的，但視覺效果極好，荷葉鑲著金邊，看上去似乎在風中微微搖擺。有不少義工在這裡維護，或是打掃地面、擦拭供桌，使其終日光潔如新；或是專門修剪佛前的供花，把不新鮮的撤下，換上正在開放的鮮豔花朵。因而大雄寶殿總是金碧輝煌和一塵不染。殿內也有出家人在負責管理和指導日常維護工作，他們常常坐在大門右邊的角落裡，春節的時候，香客們拜佛出殿門時，他們就會送幾粒花生或者桂圓給出門的人，接受的人仿佛得了寶貝，因為相信它們具有普通花生和桂圓無法擁有的力量。每天僧人做功課的時候，臺階的入口處就會拉起繩子，謝絕遊客參觀。

　　大雄寶殿的東西兩側各建有一個羅漢殿，裡面有形態各異的羅漢塑像，羅漢殿向南再轉直角，與天王殿接連，形成了一個四方形的院落，兩旁長廊形的房子都是兩層，裡面設有很多辦公室，如募捐處和客堂辦公室等，在東西長長的走廊中間，又各開一個月牙形的拱門，通向東西兩個區。穿過東邊的月牙門，就進入以黃色建築為主的區域，相對西邊，這邊空間不太開闊，建築緊湊，主要是僧人的活動區域，比較封閉安靜。

　　而經過廣場西邊的拱門，地勢就開闊起來了，這裡主要是未出家人，也即僧人口中「在家眾」的活動區域，主要建築有齋堂、念佛堂等建築。在念佛堂西側有兩棟供女信徒居住的樓，和新齋堂在同一條線上，這些樓的名稱通常都是以佛經中某個著名女性的名字來命名，外觀是黃牆綠瓦，內部是四合院結構，每層都有朱紅色的

欄杆。最大的那棟居士樓有四層，每層約有20多個房間，每間房內備有四張上下鋪，另有一個櫃子、一張桌子和一把椅子。其中一層和二層多為長住者，她們常常是兩三個人同住一個房間，但房間裡面卻顯得非常擁擠，因為東西太多，她們全部的家當幾乎都在這裡了。為了有更大的地方，有時候床架子會被悄悄墊高一點以增加床底下的空間。房間裡有衛生間，每層樓另設一個公共衛生間，配有熱水器，但洗澡時間有所限制。每一層還有倉庫，主要是存放被子床單等，有專人保管，需要者可以去取用。沒有房間會上鎖，筆者在那裡居住期間，從來沒有鎖過門，也沒有聽說有人丟過東西。在最大的那棟樓的樓梯間還有一個「結緣處」，裡面有各種物品，從衣物到藥品，人們把自己不用的東西放在那裡，需要的人可以去找尋拿取。

　　大雄寶殿後面還有三個相連的小型殿堂，分別是觀音殿、法堂和祖師殿，也是常見的淨土寺院的佛殿結構形式。方丈的居室靠近觀音殿。祖師殿前有一處方形水泥欄杆圍住的池水，池旁左側角落還有一棵大榕樹，這水和樹都有著神奇的傳說，聽了這個傳說的人們，往往要在這裡合影留念。在祖師殿與法堂的中間，有一條小通道，通向殿後的一處泉水，這泉水被亭子和大石塊圍起來了，看上去像一口井，這泉叫做「聰明泉」，因為它的名字，來的人都要嘗上兩口，也有人裝在瓶子裡帶走。泉水上面就是東林寺後背倚靠著的北山了。如果從西門進來，會有一條寬闊的路引導人們從西邊居士活動區附近上山，這大路的北側，還有一棟老年僧人的宿舍和一棟男居士樓。

　　走上並不陡峭大約200級臺階上山後，有一座佛塔，塔後面有譯經台，是整個寺院中最古老的建築，現在用作抽籤求神諭的地方。抽籤的過程全程自助，求籤者自己轉動籤筒，旁邊有兩副筊子，當竹制的小牛角形的筊子被拋在地上並呈現一正一反的時候，

表明這個籤是屬於抽籤者的，接下來就可以去查看籤文了，如果
茭子在地上顯現為一模一樣的時候，也即是兩個正面或兩個反面，
就需要再抽一次。與竹籤對應的籤文被寫在紙上按序掛在右邊的牆
上，每個都是厚厚一疊，求籤者可以取下一張來帶走。左邊的牆上
掛著許多表示感謝的紅色錦旗，主要是頌揚籤文的高度靈驗性，這
無疑加強了後來抽籤者的信心。遇到節假日的時候，求籤者非常
多，尤其是大年三十晚上十二點過後，人們會蜂擁而至，爭著抽
頭籤來預測新年的運程。沒有講解籤文的人，也沒有人在旁邊收
取報酬，籤文上倒是有一些語言，比如「繞塔三圈」或者「香油
三斤」，人們可以自願選擇是否執行。有人會覺得購買香油不太
方便，於是就把香油費用估摸著兌換成錢幣放在功德箱裡。籤文
約有100種，筆者觀察了一下，發現其中「上上籤」有55種，「中
上」、「中下」籤共有45種，「下下籤」有5種，這樣的比例使得
來抽籤的人多半心情都很好。一位出家人說籤文主要是用來給大家
信心和鼓勵的，但更多的人相信這就是神諭。有位女信徒去抽籤詢
問關於搬家的事，回來特別高興地對我說：「這籤簡直是說到我心
裡去了，同我想的一樣。」過了兩天另一位信徒去抽籤詢問關於她
女兒的婚事，回來後也非常開心，她們都認為自己抽到的籤恰到好
處地給了她們解決問題的建議，但筆者發現她們兩個人的籤文內容
是一樣的，但籤文的不確定的語言表達風格使得人們有多種不同的
理解方式。

　　佛塔下的人總是不少，尤其是清晨或者傍晚，很多人來「拜
塔」或者「繞塔」，這是兩種能帶來福祉的行為方式。有的人甚至
終日繞塔。有不少人對我說過他們堅持繞塔之後的神奇收穫。還有
些人是「拜塔」，從山腳下開始，以一步一拜或者三步一拜的方式
爬臺階，然後在塔周圍一圈一圈地拜，也有人是進行「大拜禮」，
即全身伏地的方式，這常常讓遊客們感到新奇。

　　通往佛塔的臺階兩旁種滿了竹子，竹林間常有小動物活動，這些動物大部分是寺裡人放養的。有位劉姓居士在入寺前曾殺過一隻雞，過了兩年想起這事，於是有一天專門跑去農貿市場買回一隻雞，放養在後山。每天都有好幾隻公雞和母雞在林間出現，神態悠然，我想它們可能是方圓幾十里內最幸福的雞了。偶爾也可見到松鼠和野兔，寺內還有幾群鴿子，常與人嬉戲。

　　佛塔旁還有一個小型的佛殿，周圍種滿了茶樹，採茶的時候全寺人都能喝上新茶，聽說有出家人非常擅長製作茶葉。順著小佛殿西邊的小路往上走，一會兒就到了山頂。山頂有幾座兩層的建築，用來「閉關」。這裡地勢開闊，陽光空氣以及視野都是最好的，天氣晴朗的時候，甚至看得見遠處的江水和湖泊，向前看則有更開闊的山景。「關房」往東更幽深一些的樹林裡，隱約可見一些單獨的小房子，少有人過去，據說是僧人獨修的地方，看起來更為幽靜和隱蔽。

　　東林寺的建築佈局總體上呈現漢地佛寺的傳統特點，坐北朝南，以南北向的中軸線為中心，左右建築對稱，並配以頗具規模的殿、堂、樓、閣等共同組成宗教信仰空間。其中佛殿建築外觀多為紅牆綠（黃）瓦，莊嚴恢弘，佛殿之外的建築則以黃牆綠瓦為主，色澤鮮明，鑲於青山綠野當中，分外引人注目。寺內也不乏奇花古樹，除去佛像前供奉的各色鮮花，寺內還種植了許多蓮花，幾處小池中有紅色的睡蓮盛開在夏日的清晨，帶著露珠，柔美如畫。大雄寶殿前的古銀杏樹，秋天來時滿樹金黃，配合著朱紅色的殿牆和陽光下閃閃發亮的琉璃瓦，賞心悅目，成為遊客爭相拍照的美景。許多建築的名稱反應出寺院近年來的變化，如「老齋堂」、「新齋堂」、「新念佛堂」等等，「新」與「舊」的使用，表明了建築的增加和空間的拓展。值得提及的是，寺裡還設有三、四處直飲水龍頭，這為遊覽者提供了方便，也顯示了其「現代」化的一面。通過

對東林寺建築空間的整體觀察，可以發現有兩個比較明顯的特徵：

　　首先，寺院建築在使用功能上按照信仰階層和身份進行了劃分。僧人（出家信徒）和信眾（在家信徒）的活動區域被進行了區分。從教外看，佛教弟子是由「出家人」與「在家人」共同組成的；但從教內看，兩者的身份有高低之別，前者高於後者，這種身份的差異表現在建築區域的劃分上，兩個群體的活動區域界限明顯。同時在空間方位上也有所體現，出家人的活動空間主要是在東邊，在家信徒的活動空間主要是在西邊。在中國傳統文化中，東為陽，為尊；西為陰，為卑。[52] 在功課或儀式當中，也是如此，女性在西邊，男性在東邊，這體現了漢地佛教中男尊女卑的觀念。

　　其次，寺院專門為「在家人」準備了一定的活動空間，這並不是必備的寺院建築結構，體現了東林寺的派系特色和地方歷史傳統，也可以看作是一種生存方式和教內外的互動策略。

第二節　活動群體

　　東林寺內的活動人群有兩類：一類是教內人士，也即佛教徒，另一類是教外人士，即遊客，兩者區別非常明顯，從著裝、行為舉止甚至眼神都能分辨出來。

　　佛教徒是東林寺作為宗教空間的功能體現者，他們常自稱為「修行人」，而將社會人士即非教徒統稱為「世間人」。寺裡的教徒又分兩種，用教內的話來說分別是「出家眾」和「在家眾」，「出家眾」即是出家為僧之人，通常穿著黃色或者灰色的僧服，不留發，身份特徵明顯。「在家眾」是沒有經過剃度儀式，但一般都參加過「皈依」儀式的信徒，算是俗家弟子，有世俗的身份，這個

---

52 陳靜，〈從方位詞看中國傳統文化中的尊卑觀：以方位詞「東、西」為例〉，《南方論刊》，第1期（2011.1）。

群體人數非常龐大，具有高度流動性，他們在家與寺之間穿梭。但在這些「在家眾」中，也有一部分人常年住在東林寺內，有的長達八、九年甚至更長的時間，屬於「依寺修行」的「在家信眾」，他們雖然沒有出家，但他們認為東林寺就是他們的家，有強烈的情感歸屬意願，他們參與寺院的日常管理和維護，與僧人群體共同構成了寺內的日常活動主體。

　　通過觀察和分析，筆者認為東林寺是一個以僧人群體為中心，與一批在家男、女居士（也包括功德主和對寺院持同情友好的態度者）組成的一個龐大的教團。該教團的核心是僧人和一些重要的居士，[53] 週邊則由在家俗眾組成，包括寺內的「常住」居士和定期前來修行的「弟子」，以及依附在寺院周圍區域的修行者。這些成員共同在寺內生活，[54] 一起進行宗教活動。下面我們更為詳細地介紹這些不同人群的特徵，這是後文展開論述的基礎。

（一）教團領導人

　　寺院在一定程度上可看作是一種與世俗生活隔離的獨立的信仰文化空間。在這樣的空間裡，寺院的住持，也即教團的領導人物是特別重要的核心存在，不誇張地說，這個人物的力量一定會對信仰共同體的形成、規模大小以及組織與成員的聯繫緊密度產生重要影響。筆者瞭解到，自上個世紀80年代以來，東林寺一共有三位住持，筆者做田野的時間是2013年7月至2015年8月，此段時間內的住持是大安法師，因此本書中所指的教團領導人就是大安法師，不涉及以前的住持，在對大安法師的介紹當中，以筆者在田野現場的所見所聞為依據，不涉及對其宗教思想的評論。

---

53 寺內有四大僧人、四大居士之說，可見重要居士的影響力超過普通僧人。

54 僧俗共住，基本以《百丈清規》和佛教戒律爲依據，僧人或者俗眾都要遵守「和合共住」的規約。

　　在佛教徒中，大安法師可以算得上是一位具有很大影響力的宗教團體導師，在寺內生活中可以隨時感受到這一點。那些自稱為東林寺弟子的人，沒有人不熱愛和崇敬大安法師的，他們對法師的敬仰隨處可見，任何時候，只要法師出現，路上的人都會立刻退到旁邊，有的人恭敬地合掌行禮，有的人會立刻匍匐「頂禮」，[55] 毫不介意地面上是否有泥和水，有人見到他時熱淚盈眶，還有人千里迢迢而來就為在人群中遠遠看上一眼。而在對寺內常住者的訪談當中，幾乎所有人在回答為何來東林寺一住多年時，都是同一個高頻率的回答：我是被法師感召來的。

　　信徒喜歡聽大安法師講經，因為講得非常通俗易懂，深入淺出，即使沒有上過學的老人，也能聽得懂。我也曾聽過大安法師講經，作為一個教外人也不免為他的宗教情懷所感染。大安法師修行非常刻苦，常親自參與許多修行活動，家住在東林寺不遠處的T居士說（2013年8月3日）：「我真的佩服大安法師，24小時修行，他只要在家，每一次都從頭走到尾，這一點我真是佩服他，別的法師都不太做得到，要稍稍離開一下，但是大安法師，你什麼時候想看見他，基本上都能看得到，月月如此，別的寺院（的住持）恐怕做不到吧。我真是佩服。」T居士思維開闊活躍，雖然皈依成為佛弟子，但他同時也喜歡儒家和道家的東西，他常念叨一句話「未知生、焉知死」，隱約地表達了他對淨土宗的看法，但這並不妨礙他欣賞和尊崇大安法師。

　　筆者以為具有高境界的宗教理想以及作為個體刻苦的修行實踐是信徒愛戴他的原因之一，而另一個原因是他的人生經歷，為想要脫離世俗生活而潛心修行的人提供了榜樣。在對大安法師進行介紹的資料中有一個非常引人注意的地方是他出家前曾是大學教授，

---

55 佛門禮節，類似磕頭，比雙手合十的禮節更為隆重。

是一個知識份子，毫無疑問他曾有優越的世俗生活，但卻願意捨棄而選擇出家，在信徒們看來這是崇高的具有自我犧牲意義的行為，XH居士評價法師說：「這不是慈悲又是什麼呢，這就是菩薩轉世來渡我們的呀。」法師本人也似乎從不隱瞞自己作為這個相對優越群體「叛逆者」的身份和態度，有一次，在講法的過程中說（2013年11月3日）：「有一次啊，XX大學的人跟我說，想和我們合作，想到咱們這裡來搞一個什麼研討會，這些做研究的人啊，動不動就說填補了什麼空白，我就說啊，阿彌陀佛不是你們研究的範圍，要來也可以，你們先來參加一次24小時修行再說吧，結果他們就沒人來了。」說完了，大安法師自己就笑了，台下的信徒們也跟著笑了。顯然，這樣一種敢於超越世俗優越群體的態度無疑使信徒們獲得了一種鼓勵和信心，法師的話隱藏著一種暗示，那就是即使是大學教師這種普通民眾眼中「上層」人的生活也不值得留戀，唯有修行才最是有意義。好幾位居士都曾對我說：「讀書當教授什麼的，那也都是為了名聞利養，都不究竟，都是世間法，最後還是得回到阿彌陀佛這裡來。」有一次法師沒能來和信徒們一起修行，於是他在講經時解釋說：「唉，我是不善長這些事的，我就喜歡老老實實念佛。」他的這些表達和行為對信徒起到了重要的榜樣作用。人們學著他的一切，甚至走路時頭部微微有一點傾斜的樣子，寺裡許多人也似乎不知不覺地有了這個特點。人們聽從他的教導，轉述著他講過的故事，他們強烈地熱愛著他。

　　信徒們覺得維護大安法師的尊嚴和權威是他們的責任，他們在任何場合中檢視自己和他人的行為是否對法師構成了不敬。每逢法師升堂講座時，人們一定會早早到場，安靜等候，遲到者將不得不接受許多犀利目光的洗禮。幾乎沒人會留在房間內，即使是冬天，有些來拜佛的行動非常不便的老者也會由旁人攙扶著跌跌撞撞的跨過門檻，顫顫巍巍地在佛堂坐下。講座的內容是否能完全理解是另

一回事，至少要在行為上將崇敬之意表達徹底。任何小小的無心的不恰當的行為都可能被認為是一種不恭敬的表現，是對熱愛者們真摯情感的一種傷害。有一次大安法師在講經堂的二樓講法，像往常一樣，大家都來得很早，6點半開始，有人5點多就來了，按慣例學習班的成員在二樓聽，[56] 其餘人在一樓聽。開講不久，一樓前排有一個人的手機響了起來，一看就是初來者，因為她竟然帶來了自己的隨身挎包，顯然是對這裡的環境缺乏瞭解和不信任。手機鈴聲使眾人非常不悅，尤其是手機主人前排的一位老者，轉過身來，怒目而視，這機主非常窘迫在包裡亂翻，臉急得通紅，然而越是焦急，越是難以尋到，花了好幾分鐘才終於在包裡摸到了手機，手忙腳亂地關了手機，紅著臉坐下再不敢有任何響動，旁邊有人低聲嘀咕「應該去跪香」，眾人這才又朝向前方開始聽經，過了不久，那位怒目的老者低著頭開始打磕睡了，腿上裹著軍用棉被。講堂的角落裡，堆放著不少綠色的軍用棉被，天冷時聽經的人可以要來取暖。我想一定不全是那位老者太困了，而是因為這一次講的經文太難懂了，講的是「形盡而神不滅論」的思想，顯然有一些難度，但即便如此，他們還是一起堅持到了最後並且一起做了結束的儀式才回去。

那些從遙遠外地來的信徒，若是能親自與法師相見那自是無比激動，但也體諒法師的繁忙，於是能在人群中遠遠看上一眼，也覺得很是安慰。2014年五月「佛七」的時候，我和幾位老義工住在同一宿舍，另外還安排了兩位從河北趙州來的佛教徒，姐妹兩個，四五十歲的樣子，第一次來到南方，她們是跟著村裡的幾位佛教徒一起來的，出發前聽說是來東林寺，姐倆很興奮，因為早就聽說過了。沒想到「佛七」期間寺裡很繁忙，這顯然不在姐妹倆的意料當

---

56 東林寺有一些學習週期較長的理論學習班，成員需要一定的佛學基礎。

中，她們在寺裡待了三天，天天想見到大安法師，終於有一天遠遠的在人群中看了一眼，回來高興地回憶了好幾次這個模糊的場面，又表示很遺憾沒能與法師說上一句話，但很快又自我安慰說反正能在光碟裡聽法師講經呢。

　　大安法師每月都會有一天用來現場直播回答網友的提問，這時，大安法師常穿著日常的灰色僧服，真誠地回答網友的提問，不急不緩，慎重而溫和。筆者印象深刻的是有一次為了讓提問者能更好地理解他的意思，他用了一個笑話來進行輔助說明，講著講著，他自己忍不住笑了幾次，大家也全部都跟著笑了，不過這種輕鬆快樂的時刻並不常見。大部分的儀式場合見到的大安法師，都是穿著大紅金絲的袈裟，被手捧香花和明燈者簇擁著，氣氛嚴肅。有不少佛教徒認為大安法師並不是一般的普通比丘師父，而是佛菩薩轉世來度化眾生的，天津來的揚居士對此深信不疑，她在寺裡一共住了六天，每天都在尋找機會想見一眼大安法師，終於有一天午餐過後，她特別興奮地衝進房間裡，對大家說：「我見到大安法師了，在老齋堂，行堂結束他在等大家都走了他才走。我就偷拍了一張照片，竟然是白屏，什麼也沒有，天啊，我竟然給刪了，我竟然不知道這就是佛啊，佛無形，是拍不到的，是佛轉世啊，感恩，感恩！」我問她為何在網上可以看得到法師的照片，她說顯凡身是為了傳法。甚至有一些傳說故事在信徒之間秘密地流傳，只有在寺裡住了相當長的時間，才有機會聽到，故事充滿著神喻，已經無法找到最初第一個講故事的人，但這些故事都表達了人們對法師深厚的情感。

（二）出家人群體

　　在筆者考察期間，東林寺的常住僧人約有280位左右，來自全國各地，以北方人居多，其中尤以山東和東北籍比重最大。其中有

一部分人擔任「僧職」，也即從事寺院內部管理或對外弘法（傳播佛教）工作，大多受過世俗的高等教育，有一定的專業知識背景，部分人擁有碩博士學歷。例如負責弘法工作的KX法師出家前曾是某大學語言學系的主任，有兩位經常從事佛學學習班管理工作的僧人KD和DM都具有本科學歷，口頭表達能力非常突出；BD法師出家前曾為外企高管；G法師主管寺院的雜誌，出家前為某雜誌社記者；講課受網路佛學學習班成員歡迎的BY法師，是某著名理科大學的畢業生。除了大約30多位僧人有「僧職」，其他大部分出家人屬於「清修師」，即每天專注於個人自己的修行，沒有額外的工作，與俗家信徒群體接觸也不多。僧人DS出家已經10年，6年前來到東林寺，曾做過寺院管理工作，他介紹說（2015年8月9日）：「我們寺院，老年人不少，但以中年人為主，以初中文化居多，碩士博士也有，文盲也有。比丘師父占多數，沙彌約有五六十個。我們在物質方面，吃、住都不用管，一天當中自由支配的時間比較少（訪談時正為結夏安居期間），早上四點上殿，上午8點到10點半誦經，休息15分鐘，馬上過堂，約11點40過完堂，11點40到3點差不多是自己的，下午有差不多1個半小時屬於自己，晚上8點到9點屬於自己，要是平時打佛七什麼的，就基本上沒時間了。……有的地方是自己在房間裡修習，有的（寺院）要打坐很久，太緊太鬆都不好，這裡算可以的。」俗家信徒如果想在東林寺出家，要經過比較嚴格的考核，來自浙江的CY和他母親一起在寺裡作了三年多義工，他母親特別希望他能在東林寺出家，我問他為什麼還沒有剃度，他不好意思地說：「上次背經，我不會，沒有背出來，大家都笑我。」

　　也有不少外地的僧人到東林寺來學習或者修行，包括部分比丘尼，她們經常來參加閉關活動。東林寺很重視僧人的形象，客堂工作的僧人給我講了一個細節，說夏天的時候，如果那些前來掛單

的僧人，穿著短袖的僧服，那肯定是會被拒絕的，因為沒有良好的僧人儀表，說明平時修為不佳。在寺內可以看到即使是在炎熱的季節，僧人也非常注重儀表，與俗家信徒見面時，一定會穿上兩層僧服（內裡短打，外面長衫）。在一些節日裡，例如「佛歡喜日」那天，[57] 來寺裡掛單的外地僧人特別多，等到第二天早上，就可以看到肩上背著大大布包的僧人排著長隊走出東林寺大門，這些人都是外地的雲遊僧人。

出家人DR告訴我，他們的修行地點經常變動，不會長久地居住在同一所寺院，常常過了幾年就去了別處，叫做「鐵打的寺院流水的僧」，出家人和寺院之間的關係比較鬆散，只有上了年紀的僧人才可能一直待在某一所寺院，不過相對而言，東林寺的僧人流動性並不算頻繁，因為這裡生活和修行的條件都非常好，大部分人都很珍惜這機會。

（三）「依寺修行」的俗家教徒

除了出家人，東林寺裡通常還有200多名俗家信徒。他們在外觀上很好分辨，一般穿著灰色居士服，頭髮需要保留一部分，做功課時穿的禮服與僧人也不同，他們被出家人統稱為「在家人」。這個群體內部存在差異性，筆者根據他們與寺院物理距離的遠近，將其分為三種類型，第一類是長期居住在寺內的群體，從兩三年到八九年甚至更長的時間，他們主觀的意願上都希望能一直居住不離開。他們以「義工」或「工作人員」（寺內用語）的方式在寺內生活，對寺院有著精神與物質上的雙重依賴，是信仰空間日常維護和運轉的重要力量；第二類是租住在寺院周邊的人，每天到寺內

57　農曆七月十五，又稱「僧自恣日」，是「結夏安居」結束的日子，許多信徒在這一天打齋供僧，每個寺院都會舉行隆重的儀式。七月十五也是漢人民間的「中元節」。

修行；第三類是居住在世俗家庭中的佛教徒，他們與東林寺的關係非常緊密，遠遠超過與其他寺院的聯繫，他們認同東林寺的宗教理念，以東林寺的方式進行宗教實踐，定期到寺內參加活動，類似世俗組織中的「會員」，後兩類人對寺院的精神依賴更為強烈。

在家佛教徒何以能居住在佛寺內？教義上的依據是做「護法」，即護持三寶（佛、法、僧），即在家信徒為出家信徒提供幫助或必要的服務，這被認為是俗家信徒的職責和義務，是佛教內部的信仰分工，在俗家群體看來，能為出家人的成功修行保駕護航是光榮的任務，也是一種信仰投資方式。「護」的方式在東林寺主要有兩種，一種從事體力勞動，被稱為「義工」；另一種是從事智力勞動，在寺中被稱為「工作人員」，約占總數的四分之一。在和我聊天的時候，「工作人員」多將自己這個群體稱作為「居士」，而與一般義工聊天的時候，他們從來不用這個詞。

通過對「工作人員」的觀察與訪談，筆者認為東林寺存在一個由知識份子組成的俗家信仰群，參與教團的管理和運作。據相關資料，早在晉朝時，東林寺所在的地區就有大量有教養的俗家弟子追隨當時的高僧修行，該地是不少佛教化了的知識份子的歸隱之地，荷蘭學者許理和在《佛教征服中國》中討論過這種現象。在當代，這些居士主要從事專業技術背景相關的工作，如網站維護、雜誌編輯排版、文稿翻譯、社會慈善等等，這些工作需要知識背景和工作經驗，僅依靠僧人群體無法完成，且出家人受戒律約束，有些工作不便參與。工作人員在寺內的生活相對自由，普通的義工會羨慕他們，外地的教徒會尊敬和信任他們，僧人群體也多半尊重他們的才華和技能，另外他們每個月可以獲得一到兩千左右的經濟補助，比一般義工要多，但也有家境好的人不接受這份補助。這些居士在寺院的建設和發展中是一份關鍵性力量的存在，第四章我們會瞭解得更為清楚。

　　DY居士就是「工作人員」中的一員，主要在寺裡寫網站新聞稿件。他外形消瘦，氣質憂鬱，上個世紀90年代畢業於某外國語大學，主修英語，曾在香港和深圳等地工作過。他在別的寺院也居住過，但在東林寺的時間最長，和我聊天時，他已在寺裡住了三年。他說他喜歡這裡一年四季都有綠色，不像他的山東老家，一到冬天到處灰濛濛一片，但他強調說來這裡最主要的原因是因為大安法師，他寫了很多詩讚頌他。他感覺自己在這裡的修行提高得很快，他為寺裡做事，領取生活補助也足夠日常開支，因而不必為生存而去世俗環境裡工作，他認為自己重返社會的機率比較小。這種相對清淨、自在、欲望更少的生活方式，是不少俗家佛教徒長居寺院的原因之一。

　　普通義工主要從事體力勞動，如衛生清潔、食堂幫廚、綠化、縫紉等等，其中以女性居多，平均年齡較大，教育水準偏低。小桃是筆者2014年結識的一位年輕女信徒（山東人，1980年生，2011年入東林寺，2015年年末剃度離開，現於雲南雞足山修行），當時她在這裡做雜誌編輯，她講述說剛來時曾在後廚做過義工組長，她組裡共有7人，其中5人為文盲，除小桃讀過大學外，還有一人小學畢業。某些體力勞動較多的部門的義工則以年輕人為主。任何人來到東林寺，只要有合法的身分證，就被允許在東林寺內住上三天兩夜，有些時候有些遊客因天氣原因也會來寺裡投宿，這是東林寺與外界交往的方式。如果三天之後還想留下來，則會被要求作義工。因為有些義工工作沒有技術要求，誰都可以勝任，因此寺外的信眾常會在一年中抽一段時間來寺裡做義工，哪裡有活幹就去哪裡，如筆者初來時就做過如拔草、摘茶、洗菜、切菜、洗碗等工作。如果有人連續三天都沒參加勞動，就會被遷單（勸退），但這種情況極少，因為他們來這裡根本不需要監督，而是爭搶著幹活，這些勞動不能看作是普通的勞動。如果哪個固定的工作崗位缺人手，那麼

就有機會變成「長期義工」，如果具備相應的條件和能力，還有可能成為「工作人員」。生活困難的義工在三個月後可以申請補助，三百或者五百元，也有些人做了十年義工不領取補助。義工CXQ說她們幾個60歲以上的人都沒有申請補助，她還時常將家裡人給的錢放到功德箱裡。據筆者的瞭解，很多寺院都不曾給義工補助，可見東林寺對待居士比較寬厚。除了發補助，東林寺還有不少「慈悲」的措施，如長期義工一年可請一個月的假回去探親，當然他們常常會提前回來。家在廣西的67歲的義工W說（2015年8月8日）：「過不慣，你看吃的都不一樣，要自己另外做，麻煩吧，看到的聽到的，都不舒服，真不習慣呢。」她在東林寺裡待了兩年，回老家卻只待了十二天就回來了，同她一起回來的，還有特意從廣西扛來的一大束香水百合，「你看這花，昨天買的，在火車上看起來都要蔫了，看要到寺裡了，反倒要開花了呢，曉得我是要拿花去供佛呢，佛力加持啊！」她開心地說。她的主要工作是在大雄寶殿打掃衛生並負責給佛前的花瓶裡換新鮮的花，每天大約兩個小時就完成了工作，其餘的時間都可以去佛殿修行，她非常喜歡這樣的生活。有一次我在市區一家素食館吃麵條，麵館的老闆以前在東林寺做過很多年的義工，聽說他這麵館開張時獲得了東林寺一萬碗麵的資助，我沒有去求證，但至少說明了這兩個群體之間可能有的互動方式。

　　「工作人員」和「義工」這兩個群體之間的區別比較明顯，前者可看作是俗家信徒中的上層精英人士，比較看重宗教理論的學習；後者以中老年女性或者教育水準偏低的年輕人為主，文化水準普遍不高，相對於教義而言，他們更注重修行的儀式。不過，這些並不能構成兩者本質上的差異。雖然義工比較羨慕工作人員，因為看起來似乎地位更高，補助也會多一些，但兩者與寺院的關係本質上是一樣的。工作人員與寺院的關係並不是組織與員工的勞務關係，寺院不會與他們簽訂勞動合同，更不會有類似「五險一金」

這樣的保障條件，他們所得的「工資」，也並不能看成是對勞動價值的直接報酬，而應看作是對比較高級的勞動的一種鼓勵和獎賞，與商品市場中的人力價值交換有本質上的不同。DY居士對這種津貼的差異是這樣認為的（2014年9月9日）：「我們之所以受到普通義工的羨慕和尊敬，更多的是，相對於普通的勞力工作來說，因為我們的工作不太容易會被替代，因為不是那麼容易馬上就能找到一個合適的人，這需要一些技術與教育積累，相對來說存在一些難度。」筆者以為這分析很合理，這種所謂的工資可以看作是東林寺對知識份子的一種尊重，使其物質生活不必陷入困境，另外也正間接地說明這些工作對於寺院的重要性。

　　義工有福曾告訴我的一個事例，[58] 可以用來說明俗家弟子在寺內的勞動性質。她說（2014年8月25日）「有位老義工，六十好幾歲了，在寺裡齋堂做了好多年的義工呢，不止一兩年，她就一心想著在寺裡往生嘛，哪個知道，有一天就不小心摔了一跤了，就在齋堂裡頭，可能是剛擦過地了還是怎麼的了，這一下還骨折了，只能躺著休息吧，不能幹活了，這時候師父就勸她回家，你說按我們世間的道理，哎，我是在做義工的時候摔傷了，這是工傷啊，不但要給我治吧，還有補償對不對？但是在寺裡不是這樣的，為這事我是特意請教了師父的，我問了師父的，你猜師父怎麼說，師父說，你來寺裡做義工，這說明你是有福報的人，有機會親近三寶，但是你做義工，你不是為別人做，是為自己做，是為自己積累福報，寺院只是給你提供了種福田的機會。但現在你不能幹活了，在寺裡你也天天要吃飯吧，寺裡的飯是十方供養啊，你不是出家人，你有什麼資格接受十方的供養呢，你在家人的身份接受十方的供養，那是損了你的福報啊，師父勸你回家，其實是為了你好啊，你看，寺裡和

---

58 有福，女性，湖北襄陽人，65歲，退休前為某工廠會計，2012年第一次來東林寺，此後每年必去東林寺兩三次，平均每次20天左右。

世間真的是不一樣的。」這種宗教邏輯也一樣應用在所有寺內勞作的俗家信仰者身上，他們的寺院角色都是「護法」。

在來來往往的人群中，有一些人並不長年住在寺裡，但時不時就要來一趟，就像回娘家或者走親戚一樣，短則一兩天，長則一兩個月，算不上脫離俗世家庭，但精神上卻對東林寺有強烈的認同和歸屬感，認為自己是東林寺的弟子，是無形共同體中的一員，他們與東林寺的關係顯然強過他們與另外寺院的關係。

毛美人大約是我在寺裡能見到的年齡最大的忠實弟子之一，一年當中來要東林寺很多次。她1932年出生於湖北某個小鎮，因為她是東林寺重建後第一任住持為數不多仍在世的俗家徒弟，所以寺裡的人幾乎個個認識她，這算得上是她人生中非常自豪的一件事。一個再平凡不過的農村老婦人和一個大的組織有了關聯，這無疑豐富了她的人生。她作為「老資格」的弟子在寺中很受照顧，大家都叫她「老菩薩」。她身材瘦小，走路需要拐杖，但記憶力特別好，說起話來思路尤其清晰。我曾和她同室居住，早上我不願起來做功課的時候，她常常拿起拐杖裝作要來打我的樣子。她每一次來寺裡看見我，都能立刻叫出我的名字。她生了12個孩子，只養活了7個，而今她獨自一人生活，每個月有一些低保收入，她說：「兒子女兒都有自己的家嘛，哪個來管你。」她只要有空就來東林寺，無論颳風還是下雨。毛美人在東林寺出入十幾年，對寺院非常熟悉，對我說以前（80年代）是用柴火在小爐子上煮飯，住持會親自背著袋子去化緣，生活很苦。

來自上海的女信徒慧明50多歲，沒有結婚，退休前曾是一名幼稚園教師，她每年暑假都來東林寺做義工，有時一個月，有時兩個月，她的願望是把自己在上海的房子賣了，把錢捐給東林寺，自己就在寺裡做義工一直到老。

這樣的群體人數很多，來東林寺是他們生活中的重要組成部

分。他們中的更多人是來參加一些特定的修行活動，這些活動種類繁多，每月都有，使得有些人來寺的頻率非常高，有人一年來一兩次，而有的人會來十多次，他們比較羨慕長住的在家信徒，認為能長住寺院是有福報的表現。而這些像探親一樣來東林寺的人，每次來不僅是來修行，還攜帶著其他任務，其中常見的第二個目的是給困擾自己的問題或煩惱尋求指導意見，方式是「問師父」。我曾經和一些人一起去找一位很受歡迎的師父，他們在給這出家人頂禮之後，就一個個地提出了自己的問題，種類繁多，範圍寬廣，幾乎無所不包，凡是讓他們不知道怎麼辦的事，都拿出來問，例如是否應該買房子，什麼時候搬家合適，孩子婚禮上的一些事該如何處理，甚至前幾日晚上做的奇怪的夢。這出家人盤腿坐在椅子上，灰藍的僧服洗得發白，說話的時候眼睛一直看向地面，他非常有耐心，對所有的問題都一一給出了真誠的參考意見。臨走的時候，他們都雙手奉上供養（紅包），但這出家人沒有接受，那些人很想留下他的手機號碼，但他婉言拒絕說自己馬上要去閉關好幾年，將不用手機。在筆者看來，這些信徒來了一趟寺院就仿佛去了一趟心理診所，精神上獲得了滿足，困惑得到了蘇解。也有的人是通過抽籤、禱告的方式解決自己生活或修行中的難題。除了來寺裡參加儀式與神交流之外，與相熟的出家人或熟悉的修行人進行交際或交流也是他們來寺裡的目的之一。

這個類似探親的群體數量無法統計，但據G居士說，網站上報名每天在家按照東林寺的方法來打卡修行並上交年終報告的人有6千多，筆者以為實際人數可能遠超過這個數字，因為有許多老年信徒並不常上網。

居住在寺內的人修行起來更為便利。但住在寺內，需要付出體力或智力勞動來交換，這需要條件和機會。例如武漢來的67歲的楊居士，無兒無女，不曾結婚，本來有一套小房子可以居住，但退休

後被單位回收，她非常想在這裡做義工，但她年紀太大，沒有合適的工作，只好黯然離開。由於各種客觀或主觀上的原因，總有人無法實現在寺內一邊做工一邊修行的願望，於是有人就在寺外的村莊裡租房住，白天去寺裡修行，晚上回到出租屋居住。據筆者2015年8月對寺旁兩個村莊的瞭解，這個群體約有50多人，類似走讀生，男性女性都有，中老年人偏多。租房的人越來越多，附近民房的價格也隨之水漲船高。

第三節　集體生活的精神與秩序

在這個黃色大院裡，人們過著集體性的生活，大家一起做功課，一起吃飯，也同時起床和休息，並在一起度過一天中的大部分時間。

（一）「烏托邦」式的生活以及勞動的意義

吃和住是人生存的兩個基本需求。在東林寺，這兩個方面是免費且人人共享的。寺裡的新齋堂，是面向所有人開放的公共食堂。來用餐的不僅有寺裡的義工、前來掛單的比丘尼、來寺裡參加活動的社會人士，也包括遊客，甚至是寺外跑車的司機和某些村民。吃的東西隨緣而定，有時豐富，有時只是鹹菜饅頭，但能確定每人都一樣，沒有特殊。外來的任何人，只要提供合法的身分證，都可以投宿兩三天。此外，寺裡生產和製作的任何書籍、雜誌、光碟和佛像，任何人都可以帶走。筆者曾在書籍流通處做義工，常有遊客拿著書或光碟來問賣多少錢，當他們聽說不要錢時，表情總是很驚訝，往往要再確定一遍才相信。寺裡所有的活動，無論是為教徒還是非教徒人士舉辦的，參與者都不需要交費。例如每年都會面向社會舉行的夏令營體驗活動，有時參加者達到千人以上（如2015年），負責這個活動的T居士說每場大約要花費二三十多萬，但不

收取參加者任何費用。

這種共享和完全免費的形式確實讓外來者頗為感動，而對於一些處於生活絕境的人來說則更顯得意義非凡。DY居士說他有一位僧人朋友在親人去世之後，「一個人無依無靠，生活特別淒涼，我叫他來東林寺，他來了很快就出了家，說這裡是救他命的地方」，義工CXQ說：「這個社會，出了家門就是錢，在外面喝一口水都要錢，只有進了東林寺就冷不死，餓不死。」一位湖南來的信徒說：「東林寺就是娘家，有空就來，現在這個社會，到了哪裡都說錢的事，在這裡，不說錢。」結合某些宗教場所賣門票，且宗教儀式需要交錢才可參加的情形，信徒們非常喜歡東林寺是容易被理解的。去商業化模式也使得社會大眾對其產生好感，正是這樣主動積極的方式，信仰者甚至教外人士也更願意主動提供經濟和物質的資助，寺院又進行第二次物資分配，於是就形成了良性循環。

前文提到過，住在寺裡的俗家信徒必須每天勞動，他們基本上承擔了弘法之外所有具體可見的工作，有些工作比較簡單，例如掃地拔草，但有些勞動強度很大，例如行堂（分配飯菜）的義工，當就餐人數很多時，他們會很辛苦，有時會因為人太多而自己少吃一些，如果有遊客堅持要剩飯，最後只好是給這位遊客打飯的義工將剩飯吃掉，若是不小心將飯菜灑在了地上，他們也常常撿起來吃，絕不浪費。

2014年春節，家住江西南昌的女孩胖丫和她的母親一起來寺裡做義工，胖丫看上去像個20出頭的假小子，說起話來嗓門很大。她的母親60多歲，每天非常用心的做功課和做義工，但胖丫自己卻並不積極，不願早起做功課，需要她母親反覆催促，這讓她母親很難過，她告訴我胖丫其實已經三十好幾歲了，好不容易去年結了婚，還懷了孕，但不幸流產了，胖丫的丈夫在年前幫人討債打架被抓進公安局，只能在牢裡過年，她一邊歎氣一邊說，說她女兒業障太深

重了，她認為女兒生活中一連串的不幸正是前世作惡太多的表現，因此她決定帶著女兒來寺裡做義工，希望通過在寺裡的辛苦付出來消除一些不幸運的東西，讓未來的運氣變好一些，這是她在自己能力範圍內可以做到的一種努力。

胡媽是讓我印象深刻的一位佛信徒，她很清瘦，有四個孩子，看上去似乎40多歲，但她10歲的大女兒告訴我她其實才27歲（2013年）。胡媽第一次來東林寺是2013年，跟著熟人來寺裡燒香，聽說可以做義工，她很歡喜地把行程從三天改成了八天，她一天做好幾份義工，到處找活幹，早上出門，晚上才回宿舍，很累，但看得出來她是真的很開心，她說結了很多緣。臨走的時候，她眼含淚花對宿舍裡的人說：「我親娘家在梅州，我每次回去的時候，都沒有這種感覺，真捨不得，這裡真是比娘家還要親哪，也不知道什麼時候能再來。」說著幾乎要掉下淚來，大家都安慰她說以後還有很多機會。後來在2014和2015年，我又在寺裡碰見過她，還有她的四個孩子，最小的4歲，這四個孩子從小就吃素，十來歲的大女兒能背誦很多佛經，說自己不喜歡吃肉，認為菜裡的肉聞起來很臭，胡媽最大的願望是下輩子再也不要做人，但她覺得自己修行能否成功是個大問題，所以她說只好多結佛緣，我問怎麼結，她說比方說我在食堂幫別人打了飯，那就是與此人結下了「緣」，將來如果此人得道成佛，那麼她將會得到優先「渡化」的機會，她覺得做義工就是不斷創造機會與未來的佛「結緣」，來增加自己修行成功的機率。河南來的小雅，2014年春節來東林寺裡做義工，她38歲，面容清秀，是一個小鎮上一個很小單位裡的合同工，工資1千多元，但她每月都拿200元用於放生，她認為自己業障很大，所以38歲還沒結婚成家。

義工的奉獻精神常常讓來者深受感動，但在佛教徒看來，這種勞動的價值首先在於其宗教意義，在性質上不能等同於在其他地

方的勞動。出家人通常叫義工為「義工菩薩」，這是一種非常高的鼓勵和讚揚，在佛教的修行等級中，佛是最高的級別，而菩薩僅次於佛，這種稱呼不僅表明了對義工勞動的讚賞，也說明了這種勞動被賦予的意義。東林寺義工要求簡章中說：入佛門做義工，是一種以身體能力行佈施供養的高尚行為……義工做事，不是為那個人做的，是為佛菩薩做事，是為三寶做事，同時也是為自己做的，是為自己在修福修慧……是將所有的大眾當成未來諸佛，當成現在的菩薩，當成自己的父母，把為他們作任何事情，都當作是在做功德，在佈施……做義工能消除業障，福慧增長。從這段話可以看出，在佛寺做義工是在家教徒實踐信仰和表達信仰的一種方式，勞動的動機可能不是至少不純粹是出於獲得一種崇高精神體驗的心理滿足感，來自彼岸的回報，才是它的真正動機，這可以被理解為一種信仰投資。佛教將寺院賦予「福地」之義，意為寺院給信仰者提供了給其自身帶來福祉的機會。信徒相信在這「地」勞動可以消除前世罪孽，能與超自然界的佛菩薩或潛在的佛菩薩結緣，所以他們應該感謝提供這機會的人和群體。這種「自利」的目的，客觀上造成了「利他」的效果。

在居士樓裡，常有一些手藝人免費為大家服務，如擅長修傘的幫大家修傘，會修鞋的給大家修鞋，還有理髮的，中醫按摩的，多種多樣，當他們來到這裡後，就用自己的手藝或者技術來與人「結緣」。C醫生是湖南人，擅長經絡按摩，她來寺裡的第二天，就在中藥房申請了一間小房子給需要的病人按摩，大家自願付費，費用全部放在功德箱裡，她說她來寺裡的目的之一，就是「結善緣」。三個月後她走了，這相應的「結緣」項目也就結束了，但又會有別的人帶著別的技能來「結緣」。LM來寺裡待了半個月，她是一個修腳店的老闆，於是她給寺裡大約30多個人修了腳。這些人都是利用自己的能力來與佛（或未來的佛）產生聯繫，是對「佛渡有緣

人」的觀念的實踐。

　　因為動力不是來自外界的強迫力量，而是個體的主動尋求，因而這樣的勞動帶有強烈的慰藉性質。個體在這樣的環境中被塑造著奉獻性的人格，通過不斷地奉獻他人而進行自我肯定，最後達到自我治癒或者某種程度上的自我救贖效果。很多心理學研究都證明幫助他人或者奉獻他人能給奉獻者帶來心靈的愉悅，這樣說來，回報是雙方面的。通過不斷地勞動，這種觀念就越內化，許多義工說「得是醜、得是罪」，或者「吃苦是享福，享受就是消福」，對這種觀念越認同，他們在勞動的時候就越能無怨地奉獻，因為確信這種「善」的行為最終是可以全部統一地得到回報時，人們就會主動尋求輸出善意的機會，有人在路上走著走著，就會蹲下來，把不小心蹦到路面上的蚯蚓或其他小蟲子小心地弄起來放回到草叢裡，以免被路過的人不小心踩死。有一次一個臺階上集著一大群螞蟻，因為有人掉了一塊糖在臺階上，有位年輕的義工，立刻拿來一把竹枝做的掃帚蓋在臺階上保護這群螞蟻。當善意流轉起來時，在客觀上就會創造更為友善的環境，這是佛教有益於社會和自我的很積極的一面。

（二）日常禮儀與群體秩序

　　在東林寺有過居住經驗的信徒都知道，若想在寺內與陌生人聊天，通行的做法是先雙手合十，然後向對方微微鞠躬，說「阿彌陀佛，師兄您好」，對方一般會馬上還禮，並回覆一句「阿彌陀佛，師兄好」，一句「阿彌陀佛」的往來，就表明彼此都是教內之人，雙方的距離立刻變近了。雙手合十口稱佛號，是這裡最尋常的禮節。如果想要表達更為尊敬的意思，可以說「阿彌陀佛，菩薩您好」，「菩薩」是尊稱，一般用於年長的俗家信徒，能表達更為尊敬的意義。在寺內行走，常常會聽到這類對話：「陳菩薩，走吧，

一起去過堂」，又或者「那個王菩薩，念佛很精進呢」，出家人跟年輕義工聊天，也常說：「小菩薩，你說說看，是不是這樣呢。」「菩薩」本是佛教內一種修行成功的果位，「菩薩道」是一種崇高的行為，俗家信徒多在寺內作義工，所以這種稱呼是將祝願、讚賞、尊敬融為一體的稱呼。而在日常生活中與「師兄」對應的詞「師姐」在這裡沒有機會使有，沒有專門用來指稱女性的稱呼，如同佛經中描述的所有佛和菩薩，都不認為其是女性，甚至沒有性別，或者說超越了性別。

在東林寺，任何時候一句「阿彌陀佛」，都可以作為交際語的開頭、結尾或者對對方話語的回應，可以替代「你好」、「謝謝」、「再見」、「是嗎」等語言功能，不論是讚賞的、同意的、反對的、不滿的、含糊的，都可以用一句「阿彌陀佛」涵蓋。我曾和XH居士聊天，5分鐘之內，她說了約將近二十個「阿彌陀佛」。人們還相信這四個字本身就包含神奇的力量，每念一句，都產生無上的功德，稱做「萬德洪名」。義工Y曾贈送一枚紅色徽章給我，章上有金色的「南無阿彌陀佛」六個字，她要求我掛在衣服或者背包上，她說：「你看你掛在背包上了，後面的人看到了，就要念一念是什麼字，那念了這句佛號，他就有功德了，他們也是因為你才念的嘛，所以你也有功德了。」

信眾遇見僧人時，應主動行合十禮，僧人一般也回禮。出家人之間也是如此，等級低的向等級高的行禮。在家信徒將僧人稱為「出家師」或者「師父」，出家人稱在家人時，多用「在家眾」或「義工菩薩」。「居士」常是寺裡的一些知識份子群體用來表明自我信仰身份時所用的詞，不屬於主流稱呼。俗家信徒還有一個稱呼，叫做「白衣」，這種稱呼來源古印度，與「白」對應的是「黑」，現在多用「緇衣」，指出家人穿的染色衣，[59] 因此東林寺

---

59 任繼愈，《佛教大辭典》（南京：江蘇古籍出版社，2002），頁426。

的網站新聞裡常用「緇白兩序大眾」來指稱出家和在家兩類信徒，這種說法比較古雅書面化，口語中比較少用。

在寺內生活，服飾需要特別注意。既能用來區分內部等級，也能區別教內教外。人們認為一個虔誠的佛教徒，毫無疑問要拋棄對華服的追求，首先要在服飾上體現自己是個有信仰的人，這是一個比較重要的考量標準。塗爾幹也說：「一個人倘若不能去掉自己所有的凡俗的東西，就不能同神聖事物建立起親密的關係。」[60] 於是從世俗生活中來的人，若能迅速拋棄以前的生活習慣，會被認為是修行的一大進步。JMY居士來自大城市，家境富有，年輕時最愛款式新穎顏色各異的服裝，但修行之後，她改變了自己穿衣的習慣，她說：「師父說了，女眾衣服顏色要注意。我就把顏色往下調了調，要說這裡賣的那些居士服，我可真是看不慣，我現在就是不再買新衣服了，免得又造業，我這些桑蠶絲的，都是以前買的，以後不買了，我就挑了些顏色暗的來穿。」過了兩年，她連暗色的綢衣也放棄了，完全改變了穿衣的習慣。但到我離開時，她仍沒有下定決心剪短長髮，這讓她很是糾結，無奈地說：「只剩下這點俗相，捨不得放棄。」法名慧通的義工，60多歲，最愛穿顏色豔麗的衣服，但剛來寺裡就因為穿著女兒新買的絲綢衣服而受到了指責，這讓她很傷心，但過了不久又覺得似乎是自己的不對。

這裡的衣服，顏色比較統一，佩戴金銀首飾會顯得非常另類，佩戴者自己也會感覺到不合時宜，脖子和手腕上的佛珠可以看作是唯一的裝飾，但主要是用來當作念佛計數的工具。僧服是長衫袍式，多為灰色、灰藍色或者黃色，大紅袈裟一般場合不會穿著。俗家信徒多穿居士服，雖也以灰色為主，但不是長衫型，而是上衣和褲子的組合，居士服不可以是黃色。做功課或參加儀式的時候，須

---

60 塗爾幹著，林宗錦等譯，《宗教生活的初級形式》（北京：中央民族大學出版社，1999），頁423。

穿海青，海青是一種常用的佛教禮服，在家居士多穿褐色或黑色，也有黃色的海青，教內地位崇高者才可穿著。海青袖子很寬，右衽，靠左邊腰側的扣子可將衣服扣住，扣子旁邊還有兩根帶子，長度一般在小腿以下、腳踝以上，平常不能繫上腰側的帶子。海青是教徒身份的外在標誌，因而態度要恭敬，穿著時要注意儀態。我第一次穿海青是在2013年7月的第一次早課，領到一件褐色的海青，紗料的，微微有些透明，套在衣服外面參加完早課，接著去吃早餐，天氣炎熱，吃完飯已是汗流浹背，於是一出齋堂，我就連忙把海青脫了下來，隨手準備塞到包裡，一個信徒看見立刻過來說：「不行不行，這樣是不恭敬的，疊海青是有方法的。」於是就把擰成一團的海青抖開，把領子拎住，袖子相疊後三折，寬袖大袍的海青就變成了規矩的長方形，再折三下，就成了工工整整的一個小方塊，我稱讚她手巧，她說對海青要恭敬。

　　俗家教徒若是受了菩薩戒，[61] 就有資格「搭縵衣」，這衣服看上去是一整塊布料直接搭在外面，前方用扣子固定，是信仰身份進階的一種標誌，從視覺上來看，可以增加威儀感。在家人與出家人的縵衣有區別，出家人的是幾塊布條拼接在一起縫製而成的，有五條、七條、九條之分別，也稱「福田衣」，象徵出家人為世人作「福田」之意，俗家教徒的則沒有。有一次，我陪同廣州來參加修行儀式的L去買縵衣，她看中了一種幾塊布拼接在一起的縵衣，賣衣人提醒她這個不可以穿，但她不相信，這時剛好有一個僧人過來（第二天買衣服的老闆說那人是個假和尚），L就問可不可以買，僧人說可以，於是她就買下，第二天很高興地穿上了去佛殿念佛，但她因此受到了批評，於是早課一結束就去換了一件平整的回來。她指著一個不遠處走過的一位比丘尼說：「福田衣真好看，你

61　一種受戒儀式。

看那師父，穿上多莊嚴啊。」又說她之所以受菩薩戒，其中一個原因就是覺得穿上縵衣感覺很莊嚴很好看。有位63歲的女信徒，她來參加了菩薩戒，因此她有資格去請一件縵衣，但她覺得好像有些浪費，因為平常多在家拜佛，沒有機會穿，然而宿舍裡其他人都不同意，不斷地勸說她一定要穿，好幾個人說：「授了菩薩戒都不搭縵衣，多麼不恭敬。」兩天以後老太太終於頂不住壓力去購置了一件縵衣。Ti是位女信徒，在居士樓裡做了6年義工，她覺得袈裟特別好看，對我說：「你看架裟穿在身上，多莊嚴啊，比什麼衣服都好看。」或許是因為對這服飾的嚮往，不久後她離開去五臺山出家了。

東林寺裡規定寺裡的女信徒不可穿裙子，穿裙子的女遊客也不被允許進來參觀，在入寺的幾個大門口都豎立了牌子提示「著短裙者吊帶者請勿入內」，但又在門房準備了一些長褲給遊客更換。服飾是一個象徵符號，將不同的信仰人群進行了區分，「緇衣」「白衣」，兩個群體地位、等級都界限分明；服飾也是一個工具，決定著支配者與被支配者的關係，「白衣」須以「緇衣」者為上，「白衣」處於受支配的地位，當人們想要改變自己處於被支配的地位時，他們就必須在信仰上升級，擁有新的象徵符號，也即從「白衣」升級為「緇衣」。並不能排除有人出家是出於對更高級身份的嚮往而做出的選擇。

髮型也是一個需要注意的外在標誌。僧人的髮型非常明顯，有的人頭頂還有並排的疤痕。寺裡的俗家男性教徒頭髮通常都非常短，但不允許把頭髮全部剃掉。女性也多為短髮，這是她們表達信仰態度的方式，同時也間接地表達了她們對性別的不滿，即厭惡自己的「女兒身」，雖然剪短頭髮並不會對性別有什麼實質的影響。義工MM說關於頭髮最低的標準是男性不可光頭，女性不可寸頭。21歲的經歷坎坷的女孩MM在東林寺生活了好幾年，有一天給我看

她手機裡的一張照片，是一個我不認識的長髮女孩，她告訴我說這是以前的她，我很驚訝，因為和眼前的她完全不同，她說：「我以前也化妝，畫眼線什麼的，喜歡穿漂亮的裙子，還是長頭髮呢，還染成了那種黃的，因為見法師，一下子就把頭髮剪短了，現在是越剪越短了，別人都說我像男孩，你看像嗎？」我說：「很像，第一次見你，還以為你是個男孩呢。」她很沮喪，說：「空有男孩相，卻是女兒身。」我問為什麼請法師，她說（2014年7月28日）：「開示呀，我很幸運，去了兩次，一次是『佛七』請法師來開示，一次是研習班講課，我都是捧著香花，你看我相貌都變莊嚴了好多呢，下次去我要捧燈，給我開開智慧。可是陳師兄不讓我去，真沒辦法……就是因為我是女的唄，那裡的東西，女的碰都不能碰，我第一次在那裡聽法，說女的業障深重，我當時真想找個地洞鑽下去。」

正如MM的感覺一樣，在這個空間裡，對於女性有諸多規定和不成文的規則。例如「結夏安居」（該時段僧人禁止外出，集中在寺內修學）期間，女性信徒們被告誡不要在僧人們上早課的時候去大雄寶殿周邊拜佛。在某些區域前的入口處樹立告示牌「女眾禁止入內」。男性在這裡有明顯的優越感。不止一次聽到有人對我說，此生為女性的人，說明其前世業障太重，正確的修行步驟是先修行轉世為男身，再由男身修行成為佛或菩薩。所謂的眾生平等，是從「佛」性的終極層面上來說的，也即承認男性和女性都具有佛性而已。有研究者指出這種性別不平等的觀念是佛教在中國的發展過程中，與中國本土重男輕女的思想相融合後的產物。據筆者觀察，這也是維持寺內秩序的一種策略。G居士說曾有一個修行很好的僧人因為與一位女性信徒產生了感情，所以還俗了，但後來卻非常後悔，G居士講述這件事的時候，口氣極為惋惜和遺憾。義工有福常常念叨一句話「寧攪千江水，不動道人心」，她解釋說如果讓修

道之人（特別是出家人）的決心產生了動搖，將是嚴重的罪過，要以生生世世墮落地獄來贖罪，因此對女眾的行為進行限定，被認為是保護她們的做法，以削減修行路上具有妨礙力量的產生。即使是對比丘尼，也一樣有戒心，小桃說有個出家人非常討厭前來掛單的比丘尼，有一次很生氣地說：「出家了，不在自己寺裡好好待著，到我們這裡來幹什麼，來勾引我們嗎？」小桃這樣轉述他的話。可見，兩性之間的身份層級不僅體現在家信徒群體當中，在出家人群體中，女性也處於低級地位。

在這裡人人都說一名話，叫做「佛法在恭敬中求」。恭敬是人們一切行為舉止的核心，恭敬的對象當然是「佛、法、僧」。所以，信徒們在路上遇到出家人，一定要行禮，口中說「阿彌陀佛」或者說「師父好」，在狹窄的樓梯口看見對面有僧人來，應退在一旁，等待他們先過去，有的信徒路遇自己熟悉的或者敬仰的出家人時，會毫不猶豫地撲倒在地行「頂禮」。如果有問題去諮詢出家人，這叫做「請法」，「請法」要特別注意禮節，我曾托一個沙彌師父去見一位比較受歡迎的師父「請法」，沙彌特別強調說一定要頂禮，因為他們見高一級的出家人，需要行這樣的禮節。在任何時候，看見佛像，都要禮拜，而像經過大雄寶殿、天王殿這樣的主殿時，即使殿門未開，信徒們也會就地跪拜。無論何時，都不可對「三寶」範圍內的人或物使用不恭敬或者有可能表現為不恭敬的言行。在僧俗共住的生活中，僧人們的權威幾乎是絕對的，一位劉姓義工說：「當然要尊敬出家眾了，能出家就是有福報的表現，師父能出家，能穿上那身僧服，就說明人家前世的修行就比咱們好，我們就要恭恭敬敬」，這是一種共識，也是被規訓的結果。

人們將購置任何佛具都叫做「請」，我第一次聽到這個詞是天津楊居士問另一個人：「你這個佛珠好漂亮，是在哪裡請的？」我以為既然是「請」就不會涉及到金錢，然而她接下來又問「花了

多少錢？」我問小店賣香的老闆：「為什麼要說請佛像，不說買佛像？」她說因為佛教不講買賣嘛。可見「請」只是一種體現在話語表達上的尊崇，與是否發生金錢往來沒有必然聯繫。真正與金錢無關的是「結緣」，這通常表現為一種饋贈行為，如果想贈送一個物品給別人，就會說「跟你結個緣」，這贈送的東西本身並不重要，重要的是通過這個物品跟對方建立了一種關係。

在神聖的生活中，有很多東西都是「聖物」，要在行為上表現得很恭敬，以便和「俗物」相區別。但有的聖物比較隱蔽，不太容易把握，因此不免會發生小「事故」。有一次，在洗衣池，一位50多歲的女人在我旁邊洗衣服，她正在清洗海青，有一個紅色的塑膠桶專門用來洗海青，不可作它用。她漂洗乾淨後，就把海青拿到旁邊的曬衣場去晾曬，那個塑膠桶就被暫時放在水龍頭下，桶上面寫有「洗海青」三個字，但字跡模糊不清。這時另一個人剛好來洗衣服，看這位子只有一個空桶，於是順手就將桶放在身後的草地上，然後嘩嘩地洗起了衣服。等那曬衣服的人回來，一看塑膠桶被放在地上，立刻大叫起來：「阿彌陀佛喲，這是洗海青的桶啊，你怎麼能放在地上啊，罪過啊。」這邊人立刻說：「哎呀，菩薩，對不起，對不起，我不知道啊，麻煩你沖一下哈。」那邊還在說：「哎喲，怎麼能這麼不恭敬，這又不是洗普通衣服的，是海青啊，海青。」看這不肯輕易饒恕的態度，後來者也開始有了情緒：「我又不是故意的，難道我們還要為此吵一架嗎？」那邊還是不依，覺得仿佛輕易原諒了簡直有損自己對信仰的堅定，於是雙方繼續口舌來往，這時一個老人說：「菩薩們，都不要執著了，唉，管你執著不執著，不都在娑婆世界裡嘛」，兩人才閉了嘴，周圍人都笑了。在這小「事故」中，一個普通的塑膠桶，因為其清洗的對象是「聖物」海青，因此也變得似乎具有神性起來了，從而受到人們的區別對待，這也可以看作是人們表達信仰態度的方式，這方式同時也構

建和體現了宗教生活的秩序。

第四節　日常功課與修行儀式

在東林寺中，修行，主要就是指「念佛」這種具體可見的行為。常有人說「人生就是一場修行」，這句話中的修行是一種比喻的表達，與東林寺語境中的修行意義不能等同。

對於淨土信仰者來說，「念佛」行為產生的宗教功能超過任何其他宗教行為，其他的行為也具有宗教功能，但都只是一種輔助行為，都不及念佛的意義大。[62] 因此，在東林寺的宗教生活中，「念佛」是他們特別要強調的，是排名第一的重要事情，沒有什麼比「念佛」更重要。在某種程度上甚至可以說整個寺院都是為了「念佛」而存在。人們自稱為「修行人」或者「念佛人」都是從這個特徵上來說的，如果不參與「念佛」活動，就不能很好地理解這個群體。

「念佛」實踐起來很簡單，就是念誦「南（na）無（mo）阿（a）彌陀佛」六個字，只要是正常人基本可以輕易做到。念佛看似簡單，但要念到佛教所推崇的境界卻不容易，人們終日練習甚至練習到老，都是為了達到某一種理想中的狀態。有的人念得心煩意亂，內心無法安寧，這叫做「妄念紛飛」，有的人可能通過反覆的練習進入愉悅的狀態，還有的人會產生一系列的身心變化，甚至於產生神秘的宗教體驗等等。除了個體念佛的體驗不同，能連續念佛的時長，也是說明修行者修行功夫的標準。「修行」就是不斷練習「念佛」的技巧，要念得長，念到一定境界，或者念出「道交」之感。正如宗教社會學中認為的那樣，「修行就是集中思想和意

---

62 淨土修行有「正業」與「輔業」之分，其中正業就指「念佛」，宗教功能最大。

志，通過內省與修煉，排除各種情欲，擺脫物質條件與社會生活的
干擾，使身心達到超凡脫俗、超越自我的神秘境界，實現『神人合
一』或『自然神通』。」[63] 修行人每天都要用大量的時間來念佛，
用各種不同的方式，不只白天念，晚上也念，有時還日日夜夜地
念；不僅個人獨念，還組成隊伍念；不僅在佛殿上念，就連幹活、
吃飯、走路、睡覺，也在努力念；口不能念時，就用耳朵聽，他們
希望把自己沉浸在佛號中。寺院裡到處都能看到「少說一句話，多
念一聲佛」的標語。在種種念佛形式中，出家人和在家人一起上佛
殿念佛，是東林寺最主要的信仰實踐方式，另外，「過堂」（用
餐）和「聽經聞法」（理論學習）也是宗教生活的組成部分。下面
對其儀式過程進行介紹。

（一）日常功課：「念佛」與「過堂」

　　清晨四點的打板聲，拉開了東林寺一天生活的序幕。值班的僧
人手提木板，邊走邊敲，板聲由遠而近，又慢慢遠去，逐漸傳遍寺
院的每一個角落。不一會兒，在微茫的夜色當中，小部分僧人和所
有的在家信眾都陸續來到念佛堂，在東邊，大部分僧人們來到大雄
寶殿做早課。有些人起得更早一些，在規定的起床時間之前，常常
三點左右，他們就起來了，尤其是那些不常來的人，像比賽似的看
誰起得更早，表明他們特別珍惜修行的時間，他們會在微弱的路燈
中，趁著早課時間未到，把各個殿堂裡的菩薩都跪拜一遍再去上早
課。

　　夜色還濃，念佛堂裡卻燈火通明。像所有佛殿一樣，念佛堂
坐北朝南開三間大門。像所有殿堂的入口一樣，俗家信徒不能從正
中大門通行，而是從兩旁的門或從東邊偏殿的門進入。如果需要從

---

63 戴康生、彭耀主編，《宗教社會學》（北京：社會科學文獻出版社，
　　2000），頁103。

堂內東邊穿到西邊，也不可直接穿堂而過，須從東邊側門出來，從大門外繞過到西邊，再從西邊的側門進入，正中的大門意為「空門」，出家人可隨意通過。佛殿的正中留一條寬敞的通道，通道的盡頭是佛龕，上奉三尊金佛，正中是阿彌陀佛，兩旁是菩薩，面容安詳柔和，相對大雄寶殿的佛像，他們的形體要小得多，看上去和真人一般大小。通道的兩旁是一排排擺好的圓形或方型蒲團，上面鋪著絲絨的套子，套子上繡著色彩鮮豔的蓮花圖案，供拜佛所用。人們進殿之後，先行「問訊禮」，爾後安靜地排好隊，照例是男性在東邊，女性在西邊，穿了縵衣的可以站在隊伍的前列，即使他（她）來的稍晚一點，也可以走到隊伍的前面，站在穿海青的人前面，當然出家人都在隊伍的最前面。

　　早課的開始，以排在隊伍首位僧人敲擊的引磬聲為標誌，根據引磬的指引，隊伍先朝西跪拜三次，再由他起〈贊佛偈〉中的第一個字「阿」，大家隨即一起唱誦：「阿彌陀佛身金色，相好光明五等倫。白毫宛轉五須彌，紺目澄清四大海。光中化佛無數億，化菩薩眾亦無邊……」〈贊佛偈〉的音調非常婉轉，節奏緩慢，一個字往往承擔好幾個節拍，沒有激烈昂揚的音符，這偈子結束之後，接著就是唱念佛號，用的是東林寺特有的佛號，眾人一邊唱念一邊在墊子之間繞行，這個過程大約持續70分鐘左右。人們相信這樣眾人一起念佛的功德很大，能產生更強的磁場，能更好地與極樂世界產生感應。專心念佛的人，或者說念佛有了一定經驗的人，常微閉著雙眼，面無表情。如果注意觀察，會在隊伍中發現有些人在偷偷東張西望或左顧右盼，並且可能在海青下面露出一截鮮豔顏色的衣角，又或是戴著耳環，頭髮上別著髮卡等等，基本可以判斷這是初來者。若他們再居住一段時間之後，並且決定要在這裡修行更久的話，這些鮮豔的衣服，以及髮飾首飾之類的，很快就會消失不見，高跟鞋會變成平底灰面的布鞋，若再久了，他們的自我稱謂也

會改變。念佛時，有的人會產生神奇的體驗，有的人會按捺不住告訴別人，而有的人卻秘而不宣，暗自歡喜。每個人的具體感受各不相同，五花八門，有的人是聽到，而有的人是看到或者聞到一些東西，他們統一將這種感受叫做「法喜充滿」，是非常值得高興的事情，標誌著修行的進步。在念佛儀式即將結束前約10分鐘左右，敲擊引磬的速度會變快，腳步和佛號也變得快速和短促，只念「阿彌陀佛」，此處的佛號旋律是多家寺院採用的相對穩定的一種唱法。當隊伍逐漸調整，僧人們和男性信眾又繞回到隊伍的最前端時，大磬「當當」響兩聲之後（此後不再有任何法器聲音），人們開始齊念「回向文」：「願生西方淨土中，九品蓮花為父母，花開見佛悟無生，不退菩薩為伴侶。」這一段只是念白，沒有旋律，同普通的朗誦沒有區別。有的時候，要念「大回向」，[64]「回向」的作用主要是將這剛剛結束的儀式所產生的功德收集存放到西方極樂世界去，CXQ告訴我她的理解（2014年8月2日）：「『回向』很重要哦，相當於把念佛的功德彙集到極樂世界的蓮花中去呢，你念一句佛號，極樂世界的蓮池中就會長出一朵白蓮花，念的佛號越多，那朵蓮花就越大，以後往生的人就是從這朵蓮花中出來見阿彌陀佛，就是『花開見佛』，沒有回向，功德就沒有了。」遇到節日或者社會災害時，他們也會特意作回向，表達祝願或祈禱之意。念佛的途中，也有人出殿休息，但一般不放棄最後的「回向」環節。「回向」使人們從神聖時空中回到了世俗世界。早課結束後，僧人先退場，接著是男性俗家教徒出來，最後是女性，大家來到齋堂外排隊等候過堂。除了早上，還有上午、下午和晚上三次上殿念佛的功課，時間分別是上午八點到十點，下午一點半到三點，晚上六點半到八點，過程基本一致，人們在這樣的集體儀式中度過了一天中的

64　「大回向」唱詞內容與每天功課中的小「回向」一樣，由一些偈語構成，但內容更長。

大部分時間。

　　早餐和午餐也是功課的組成部分，叫做「過堂」。佛教認為早餐為天人之食，佛菩薩日中一食，又因佛祖過午不食，所以早餐和午餐也是修行人的功課，而晚餐不具有宗教意義，但有人需要晚餐，於是晚餐就被稱為「藥食」或者「藥石」，意思是得了饑餓這種病，食物是用來治療這病的藥，其意義在「修行」範疇之外，表達了佛教對進食的觀念，也可以看作是在戒律和生理需要之間做出的妥協性改良策略。因此晚餐的就餐人數相對較少，也沒有儀式，長期堅持不吃晚餐的人，會被認為是修行努力的表現。

　　過堂也需要穿海青。吃飯的地方稱之為「五觀堂」，僧人與信眾各用一個，聽說以前人不多的時候，是僧俗共用，後來人漸多，於是新建了一個齋堂。新齋堂外有兩個宣傳欄，圖文並用地對「過堂」的諸多事項和應該遵守的細節進行了說明。新齋堂有上下兩層，大門有左、中、右三扇，照例俗家信徒不能走中門，前來掛單的比丘尼會被引導走中門並坐在第一排用餐。齋堂大門正對面靠著牆設有佛龕，前有香花明燈。佛上面的牆壁上有書曰：「五觀堂，一、計功多少，量彼來處；二、忖己德行，全缺應供；三、防心離過，貪等為宗；四、正事良藥，為療形枯；五、為成道業，故受此食。」說明用齋不是為了享受食物的味道，不能產生貪食美味的念頭；食物只是藥，為了治療饑餓；為了修行事業的成功，才接受此食，並說如果修行者能用這樣的「正念」將吃飯與佛法想結合，那即使硬如鋼鐵的食物也能消化，不然就是一滴水也難以消化。這幾句話體現了佛教對食物的態度。齋堂正中有一大長形的桌子，上面擺著準備的食物，有菜和米飯、粥或麵類的主食，菜通常是三種素菜和兩種醃菜，早上有饅頭和豆漿。這大長形的桌子兩側就是一排排長長的桌子和長凳，每一排可以坐20個人，男女分開而坐，一層可容納360人同時就餐。

　　準備過堂時，大門先被關上，義工們在堂內一起高聲念一段
祖師的遺訓，[65] 殿外則有義工點燃三支香，向四面禮拜鞠躬後，把
香插在欄杆上的小型香爐裡，代表禮敬十方一切諸佛，把香插好
後，再用木板在門外的石板上由慢到快敲擊48下，代表淨土西方極
樂世界阿彌陀佛所發的48大願，然後大門才被打開，排隊等候的大
眾們依次進入其中。待坐好之後，大門關上，開始播放錄音引導
過堂者念誦「供養偈」，每個抽屜裡都有一張塑封好的卡片，上面
是「供養偈」和「結齋偈」的內容，供不熟悉的人照著念誦，熟悉
的人合掌微閉著眼念誦：「供養清淨法身毗盧遮那佛，圓滿報身盧
舍那佛，千百億化身釋迦牟尼佛，極樂世界阿彌陀佛，當來下生彌
勒尊佛，十方三世一切諸佛，大智文殊師利菩薩，大行普賢菩薩，
大悲觀世音菩薩，大願地藏王菩薩……」結束之後，錄音機裡會再
加念一句「五觀若明千金易化，三心未了滴水難消。」念誦完畢才
可正式用餐。在大家念誦的時候，義工們開始分發食物，提著飯桶
或端著菜盤一排排依次盛在每個人桌前方的那只碗裡，每個人有兩
個碗，一前一後擺著。在用餐過程中，不可語言交談，若需要哪一
種食物，就把碗推到桌子的邊沿，若不需要，則把碗往回收。份量
的多少均用手語表達，伸出大拇指表示份量多，小指頭則表示要一
點點。過堂時，若有人舉止不當，行堂人員會在旁邊輕聲提醒，要
求身體端正，手肘不可放在桌子上，飯碗必須端起來，不可翹腿等
等，更不允許有飯菜被剩餘。過堂的最後一道程式是飲用「惜福

65　其主要內容有：無論在家出家，必須上敬下和，忍人所不能忍，行人所不
　　能行，代人之勞，成人之美，靜坐常思己過，閒談不論人非。行住坐臥，
　　穿衣吃飯，從朝至暮，一句佛號，不令間斷，或小聲念，或心默念，除念
　　佛外，不起別念，若或妄念一起，當下就要教他消滅。常生慚愧心及懺
　　悔心，縱有修持，總覺我工夫淺，不自矜誇，只管自家，不管人家，只看
　　好樣子，不看壞樣子，看一切人都是菩薩，唯我一人實是凡夫，果能依我
　　所說修行，決定可生西方極樂世界。願以此功德，莊嚴佛淨土，上報四重
　　恩，下濟三途苦，若有見聞者，悉發菩提心，盡此一報身，同生極樂國。

水」，每個人的碗裡都被倒上一些開水，用來將碗裡的飯渣及菜湯沖洗後喝掉，再將兩隻碗疊在一起，推放在桌子的邊沿，整個就餐過程結束。人們在義工的指引下，整齊有序地一邊念著「阿彌陀佛」的佛號從佛龕前經過走出堂外，整個過程大約在30分鐘左右。

「五觀堂」的牆上貼有「行堂規範」，[66] 是對「行堂」人員的要求，其中詳細地說明了「過堂」這個工作的意義，說明「行堂」是一種「種福田、結善緣」的途徑，可以「修福修慧」。和前文分析過的義工勞動一樣，這是一種雙面技術，對義工來說，這是他們實踐信仰，進行修行的方式，不代表他們一定熱愛這些就餐的陌生人，但客觀上卻為他人創造了福利，並影響了參與者。每年夏天，常有不少寺院活動體驗者受到這種奉獻精神的感染而留下來做義工。曾有一位遊客和我同住一室，當她第一次用這種方式來就餐時，竟然流下了淚水，我問她為何，她說不知道，就是想流淚，也許是儀式喚起了她心中一些神聖的感覺。行堂人員甚至會專門拿一個碗去收撿灑在地上的飯粒和菜葉，他們認為如果浪費了一粒米，不只是損耗了一顆糧食，更主要的是損掉了自己的福份，也浪費了捐贈人的福德，因為浪費了這種福德是自己種下的一個「因」，將來自己還必定要承受這種「因」帶來的「果」，為避免不好的「果」，最好的方法是不浪費，撿起來吃掉。行堂時會一遍遍重複這種對寺院物質的認知並強化。所有食物均是素食，但味道卻會根據掌勺人的習慣而變化，掌勺人有時是俗眾，有時是沙彌，有時是北方人，有時是南方人，他們根據自己家鄉的飲食習慣來做飯，使

---

66 其主要內容有：為過堂眾送食倒水，乃護法之行為，過堂眾之功德得以圓滿，得力於行堂人員之盡力護持，故行堂乃積聚福德之舉動。……行堂若不如法，或敷衍塞責，則是發心不純，致福德有漏。……視過堂眾為未來佛，觀想吾今日行堂，乃修福結緣之聖因，彼肯受吾勞務，乃吾之福份，當生感恩心……自始至終都要配合堂頭的分配，恭敬、嚴謹、快捷。不得行為急慢引致大眾師生煩惱。

得風格也頗為多樣。有一次大家吃了一種麵粉炸的紫菜團，都說味道很好，來自福建的信徒小陳很驕傲的說這是她老家的小吃。有一位管理齋堂的僧人出家前是廚師，自他來後，麵食的形式就豐富了起來。遇到特殊日子，來寺裡的人特別多，他們帶來了各種供品，這些供品最後都會放在齋堂裡，放在每副碗筷的旁邊，一個蘋果或者三顆糖，有時候，這種豐盛的日子一連持續好幾天。而在春節期間，信徒都忙於過節，寺裡則可能會一連半個月都吃鹹菜和稀飯。

因為就餐成員比較複雜，其中不乏教外人士，因而不是每個人都瞭解這種儀式具有的宗教意義，也不是每個人都有強烈的規則意識，尤其是一些初來的年紀很大的老年人，從未體驗過這種用餐方式，作為教徒，她們對「佛」或「佛教」的瞭解多半停留在燒香拜佛的實踐階段，沒有接觸過教理教義，當他們首次被要求穿上海青、在整齊劃一的形式下過堂、要求不能挑剔食物、不可大聲說話、而將吃飯當成一種修行的功課時，很顯然是有難度的，由於不能迅速地進入狀態，於是常常無意間就破壞了秩序。這樣的例子總是能被看到。2015年8月20日，那天確實太熱，但過堂時仍需著海清，有幾位老太太顯然是第一次來，用餐的時候沒有把碗端起來，且將胳膊肘支在桌子上，幾個義工已經發現了這些不恰當的行為，於是委婉地小聲地提醒了她們，但她們似乎沒有聽懂，溝通效果不明顯，不知道是從哪裡聽來的消息，說寺裡的飯菜味道不夠，又或許是飲食習慣使之，她們竟從包裡取出了幾瓶玻璃罐裝著的辣椒醬出來，等到過堂結束的時候，還把一些菜剩在碗裡不肯吃掉，當其他的人都在念「結齋偈」，她們卻在搖著蒲扇，仿佛是個旁觀者，這下可把主管齋堂的僧人給惹惱了，不僅把她們的醬料罐子沒收了，還罰她們跪在齋堂的佛像前懺悔，有義工從旁邊經過時說道「就該這樣，太沒規矩了。」

熟悉用餐儀式且明白其意義時，參與者多半都能很好地遵守

這種吃飯的制度，至少形式上不會破壞。但若大部分參加者都沒有受過這種規訓，尤其是當他們的目的只是為了吃飯而不兼具修行的意願追求時，過堂儀式就非常具有挑戰性。2014年觀音菩薩成道日那天，寺裡照例有祝壽法會，四面八方湧來了很多燒香拜佛的人，這些人與寺裡的修行者不處於同一信仰階層，後者可以看作是組織性宗教成員，前者是民間佛教信仰成員，來廟裡進香，同時兼有家庭集會的功能，他們呼朋引伴，攜兒帶女，拜佛完畢就留在寺裡吃飯，一時間將齋堂兩邊長長的走廊擠得水泄不通，不巧又下著雨，人們只好全部擠在走廊裡，這當中絕大部分人沒有排隊的習慣，也不瞭解寺內男女要分隊的規矩，亂糟糟地擠在走廊裡，行堂的義工嗓子都快喊啞了，要求大家排好隊不要說話不要擁擠，但顯然沒有效果，人們依舊高聲說話，亂插隊，那被插隊的人不甘心，又往更前面擠一擠，他們對義工表現出來的煩燥態度也毫不示弱，大聲地用各地的方言反擊著，在這嘈雜混亂的人群裡，有孩子想拉著奶奶或外婆的手要離開卻不得，於是大聲哭鬧起來，前後的人又不免有了怨言，一時場面極為混亂。在隊伍的最後面，有幾個小夥子，看起來十五六歲的樣子，他們沒有說話，也沒有看熱鬧，只是低頭不斷地轉動手裡的佛珠，嘴巴不停地動著，有幾位老義工忍不住說道，分明是說給身旁陌生的香客聽的：「看那幾個年輕人多好，多乖，就應該這樣念佛。」然而他們的影響力太微弱了。在這混亂的走廊之外，有一個人注視著這些而又完全不受影響，沒有任何跡象表明他會過來參與發揮一下影響力的意願，他穿著警員的制服，很顯然，他對這種擁擠的場面已經習以為常了。這樣的過程，也可以在一定程度上提升部分信仰者的現代公共道德意識，有些信徒說來東林寺過堂後才有了排隊的觀念。

　　一些外地小寺院的住持或者民間念佛堂的組織者們體會到了這種過堂儀式具有的功能和教化作用，他們覺得有必要仿效這種

儀式。2014年8月，孫居士和她兩個老鄉從老家湖北赤壁護送一個得了癌症的教徒來東林寺裡往生。孫居士快60歲了，精力充沛。第一次見面，她就跟我說：「我在我們那裡的寺院住了三年，我可是常住啊。」她語氣裡滿是自豪，又說：「我們去了好多地方呢，上個月就去了五臺山，你們去五臺山，是去看風景，我們學佛人可不是看風景，我們是去求加持的，我們到這裡也不是來玩的，是來修行的。」她連續念了一天一夜的佛號之後沒有一點疲勞的跡象，說：「這個對我很輕鬆啊。」在參加了一次過堂後她特別感慨，覺得一定要把這儀式學回去，她說：「我們家那裡，只有一個廟，亂得很，可真不比這裡，過齋的時候這麼有規矩，你看看，大家都那麼嚴肅，在我們那裡，要搶啊，有一次，我是準備了8桌，我想夠了吧，但是那些人呢，飯菜不等我們盛了送到桌子上，就自己過來搶啊，後來我氣不過，拿把菜刀在手裡，衝他們大吼，喊他們坐下，你說搶飯吃是什麼樣子嘛，又不是準備得不夠。還有啊，他們燒香，一定要點高香哦，非要點多，越多越好。我說他們都不懂，根本不懂。那些護法的素質也差得很，素質差，事非就多，真是寧在大廟睡覺，不在小廟修道。」我問她：「這次來收穫大吧？」她說：「大哦，我回去要把過堂這一套規矩用上。我今天去跟那個班長說了，我要把你們的精神發揚下去，對了，他們吃飯時念的那個是什麼，明天找他們複印一份。」孫居士認為自己家鄉的寺院沒有「規矩」，其中一個重要原因就是沒有儀式，她認為有了儀式，小廟也會變得「正規」一點，這些儀式可以幫助小廟提升自己的層次。孫居士住了二十多天以後，決定要回去，並說下次一定再來，又說以為要往生的那個人病情居然好轉了，一定是「佛力加持」的原因。走的時候，她們扛著大包小包的法寶以及佛教用品，這些是提前好幾天就開始準備了的。她先是去捐了一些錢，得了一些紀念品，上面都印有東林寺的標誌，這些紀念品她們決定留給自己，同

時留了自己的位址，從此後她將每個月收到東林寺免費寄來的雜誌和書籍，然後還到小店裡「請」了很多佛教用具，包括往生被，還有各種各樣的手串、項鍊等，拿回去送人或自戴。在宿舍裡的時候，也常常把各種佛珠和各種形狀的掛墜拿出來欣賞或者和同伴互換，一會兒加個珠子變長，或者取下兩個珠子變短，然後美美地戴在脖子上。

（二）日常功課外的修行方式

　　除了每天三次念佛和兩次過堂之外，東林寺還有很多集體性的修行活動。如果一個人把東林寺裡所有的活動都參加一遍的話，TA可能會在這裡度過多於120天的時間，超過一年三分之一的時間，活動很多，因此寺裡一年到頭大部分的時間裡都是人來人往，絡繹不絕。

　　如果仔細觀察這諸多形式的宗教儀式，可以將其分為兩類，第一類是修行念佛類，占據的比重非常大，每個月裡都有好幾種以供選擇；與之相關的還有信仰通過儀式，代表修行級別的提升，主要有三皈、五戒、八戒、菩薩戒等。第二類是慶祝儀式，即各種佛教的節日和佛菩薩的紀念日等。根據各儀式與信仰者修行關係的遠近，又可以將其分為內、外兩個層級。念佛修習和信仰升級屬於內層修行儀式，目的指向超自然領域。外層儀式是各種紀念慶祝活動，是通過禮拜、獻祭等方式來愉悅或安撫神靈，達到消災祈福、增福加壽或得到神佛的加持或寬容，起到輔助修行的作用。當然，還有一些社會性的迎來送往等禮節性的儀式，用以寺院與世俗社會方面的聯繫和交往，與信仰目的相距遙遠，在此不討論。通過對比，可以發現東林寺最看重修習儀式，即最重視「念佛」這種活動。其中有些念佛儀式比早晚課時間更長，強度和難度都更大，但參加者眾多。下面以「晝夜經行」和「閉關」兩個最受歡迎的儀式

為例來簡單介紹。

　　「經行」是一種比較特別的念佛方式，即圍繞著一定的距離來回邊走邊念，走著念是以防念佛者產生困頓，「晝夜」是指時間範圍。於是「晝夜經行」就是在一個相對固定的空間裡，在一天一夜的時間裡，不間斷地走來走去念佛。東林寺每月都舉行一次這種活動，參加的人當天下午三點開始上佛殿，一直持續到第二天下午三點結束，除了次日早上允許進食一點豆漿之外，參加者要儘量一直念佛不停歇，其間不說話、不睡覺、不坐也不臥。其儀式過程和早晚功課一樣，但在信仰者看來其具有的宗教意義和功效卻遠非日常功課所能比擬的，因時間較長，難度較大，一般在開始之前都有住持或重要的出家人進行「開示」，對參與者進行鼓勵，結束之前有「大回向」。通過多方訪談，我瞭解到這種修行模式是約七八年前由一位僧人引進到東林寺的，現在已成為東林寺富有代表性的修行活動，並在不少同宗寺院中推廣。據說最開始的時候參加人數只有100多人，後來越來越多，據統計2015年11月，參加人數已超過三千。每當這活動開始時，殿門外都設有一個木牌，上面對這個活動的目的和理論來源都進行了說明，同時也對儀式當中的規則作出了要求。其中有段話是這樣的：「《無量壽經》云：一心齋戒，清淨至意，念生無量清淨佛國，一日一夜不斷絕者，壽終皆得往生其國。」意思是說在佛經中說到，一天一夜間沒有斷絕佛號的修行人，就必定會往生。毫無疑問，這個修行的作用非同一般，幾乎是許下了承諾，獲得了成功往生的保票，所有淨土信仰者一生念佛的終極目標不過如此，從信仰投資的角度來看，這無疑是一種投資較小，而回報卻相當巨大的一種方式。

　　因此這24小時被賦予了神聖的意義，參加者渴望感受到神或與神交流。筆者也曾親自參加過幾次這種活動，開始時沒有特別的感覺，但一般四個小時之後，腰背就開始酸痛，並且痛感越來越強

烈。在訪談中，我瞭解到這種身體上的痛苦是絕大部分參加者都能明顯感覺到的，但他們都告訴我不要理會這種痛。也有的人非常有經驗，能使身體的痛感降到最低甚至消失。初次參加的人常常需要中途休息，到殿外坐一坐，而熟練的人卻可以全程不停歇。有一位江西南昌的教徒，50多歲，為了修行不受打擾而辭掉了工作，她說：「我辭了工作，雖然一年丟掉了幾萬，可是我現在做的這個事（念佛），就是20萬我也不換哪。」她這句話得到了旁邊許多人的讚揚和傳頌，她告訴我說，成功地參加一次24小時經行，就是往生中品的資格了。她說到她的感覺（2014年11月13日）：「我上次來，消業最多，有的人走著走著，就會嘔吐，也有人是打嗝、放屁，那都是好事，消業呢。我念著是越念越歡喜，很多人念著口乾，我是嘴裡甜，好多口水呢，一點都不會乾。你想啊，阿彌陀佛盼咱們回家是望眼欲穿哪，只站在蓮花臺上，坐都不坐呢，怕來不及，不好好修行怎麼能回家啊。」

　　有一次我在經行次日凌晨四點的時候進入佛堂，那場景讓我難以忘記，放眼看去，全是面容憔悴的人，有的面色蒼白，有的臉色發黃發黑，人們機械地移動著身體，臉上沒有任何表情，望著那些痛苦的面容，凌亂的頭髮、憔悴的臉和無神的目光，加上所見之處是一大片褐色（海青），還有混濁的空氣，一瞬間，我有一種強烈的厭惡感覺湧上心頭，除了佛像永遠光鮮奪目之外，眼前所見的一切都是死氣沉沉，即使那些年輕的女孩，也毫無生機與美感，看上去仿佛被霜打的破敗凋零的植物。那一幕給我留下了極深的印象，有一位67歲的參與者跟我感歎說（2014年11月13日）：「這個經行，就是一個象徵哪，人生苦啊，我們還要留戀，多麼傻，這個就是要練習我們的出離心，告訴我們不要留戀這個苦，24小時經行，就是人間苦的縮影啊。」人們在這個刻意製造的苦痛當中來理解和內化教義。

　　這個過程，是對物質性的身體進行訓練的過程，在人為的痛苦中，人們訓練如何掌控身體的技術，身體成為被精神壓制的對象，成功參與儀式的人同時也成功地馴服了自己的身體，會在精神上獲得這樣一種認識，即身體是可以被控制的，原來身體並不是「我」。經過多次訓練之後，有的人會非常享受這種過程，除了在信仰上可以獲得豐厚的彼岸回報承諾之外，那種對自我意志進行挑戰和超越的行為也會讓參加者體會到一種快感。每當這個儀式結束之後，居士樓裡會一片歡騰，人們帶著成功的喜悅在樓道裡走來走去，並相互交流心得，尤其是那些全程都不離開佛殿的信仰者們，更是自豪。大家都說「解脫了，解脫了」，肉體上的痛苦換來了精神上無比的愉悅，他們把這叫做「法喜充滿」。JMY居士有一個朋友，每回參加這個活動都能從頭到尾堅持了下來，而且越來越輕鬆，JMY評價說：「那個傢伙往生是沒有問題的，24小時經行都走出法喜出來了，現在就是看幾品了。」

　　東林寺的後山頂上有兩棟兩層的紅色房子，裡面有不少「關房」，用來閉關。筆者想像中的閉關是一個人蓬頭垢面在一個與世隔絕的山洞中獨自生活，不與外界接觸。直到我進了關房，才知道現代修行人是在樓房裡閉關。東林寺的關房乾淨整潔，鋪著朱紅油亮的地板，每間房裡都有一張單人床，有衛生間，當然最主要的陳設是佛龕和拜墊，以及念佛計數器。相對於其他集體儀式來說，閉關這種方式是一種更加個體化的自我技術，雖然進關房之前的儀式是統一的，結束的儀式也是統一的，但其中最主要的過程卻由個體單獨來完成。對修行沒有自信的人常常沒有勇氣參加。參加者在規定的時間內（10天或者20天內），除了進食眠休之外，所有的時間都用來念誦或者默念佛號，一天至少念滿1萬聲佛號或者每天連續念佛16小時以上，這對沒有經驗的教徒來說很有難度。閉關開始時，人們要穿好海青參加灑淨儀式，並聽法師開示，然後每個人進

入一間關房，結束之後，要統一回向，並舉行經驗交流會，有寺內的記者來參加並寫成新聞登在網站上，人們會在網站上看到自己的發言和照片，閉關成功的人往往身心皆愉悅。不少人說到自己閉關前後的變化，主要有關於身體外貌方面和內在信仰兩方面。在女性信徒中間流傳著一種說法是閉關可以讓皮膚變得更好，相貌變得更漂亮（她們用「莊嚴」這個詞）。小桃說，「那時我剛來就去閉關了，那時候還沒皈依呢，閉關可好了，我進去之前一臉都是痘痘，你看，出來時都沒有了，大家都說我相貌變莊嚴了許多呢。」我問小桃閉關時做什麼，她說（2013年10月7日）：「一天念10萬聲佛號，一天拜300多拜，我有時候完不成任務，但是也不強求，只要一天念滿16個小時就可以了。」不少人在交流會上談到自己的疾病消失了，關節炎或者癌症等難治或幾乎不能治的病都好轉了，這些體驗增加了個體對信仰的強化與認同，同時，他們的經驗交流，對其他的教徒或潛在的教徒而言，起到了一種激勵或示範的作用。

小　結

　　筆者認為東林寺是一個龐大的教團組織，這個組織以僧人和少部分重要居士為中心，以忠實的信徒為週邊，其信徒來源，早已超出了寺院所在的地方區域範圍，呈現超地域性的特徵。2013年至2015年期間，筆者多次出入東林寺，每次都能見到許多熟悉的面孔，筆者每次去東林寺，都會和不同的信徒同住一室，他們最先成為我的訪談對象，兩年多的時間裡，我的信徒室友共有70多位，他們有的人在寺裡居住了多年，有的則住上一兩個月，還有的只住一晚上，時間長短不一，使得我的接觸面更廣。我問他們的第一個問題常常是「您從哪裡來？」在我接觸的這些人當中，全國各地的都有，比如北京、上海、湖南、湖北、廈門、河南、四川等地。這

個龐大的信眾群體與東林寺的關係不同於他們與其他寺院的關係，他們通常都將自己歸屬為東林寺信仰群體中的一員，以「東林寺的弟子」自居，他們以東林寺宣說的教理教義作為自己的信仰指導思想，以東林寺認可的標準來衡量和要求自己的實踐行為，他們以東林寺為依託，來實踐、表達自己的信仰，並接受它信仰儀式的規訓。他們和那些慕名而來的佛教徒不同，可以說，他們首先是東林寺教團的成員，然後才是普通意義上的佛教徒，東林寺在他們心中的地位超過其他寺院，他們對東林寺有著強烈的歸屬感與認同感。

　　許多研究指出，我國大陸的佛教徒缺乏嚴密的組織。佛教徒信仰的對象是「佛」，佛在人間的代表是寺院和僧人，從這個邏輯上來說，所有的寺院在理論上都是地位平等的，寺院都是由僧人主導的宣揚佛教思想的機構，是佛教的體現，可以被理解為「佛」設在人間的辦事處，佛教徒應該對所有的寺院表達相同的崇拜和敬意。但在現實中，不同寺院中的活動人群在數量上存在差異，相對而言，名氣大的廟，香火旺，來的信徒比較多，名不經傳的小廟，來的教徒就少。但即使是這樣，我們也不能說某個信仰者是歸屬於某個寺院的，他們可以今天去一個寺院燒香，明天又去另一個寺院拜佛，人們可以說自己「信佛」或者是「佛弟子」，卻並不能確定他們歸屬於哪一寺院組織，他們去某個寺院活動，多半是隨機的，離家近的寺院會成為首選。但顯然這種狀況不適合用來描述東林寺及其信仰群體之間的關係。在我的調查問卷中有一個問題是「你認為自己是東林寺的信眾嗎？」50位佛教徒（大部分是室友）當中，有47人選擇是，只有三個人選擇不是，三人中的兩人來自河北趙州，她們是慕名前來的，屬於朝聖者；另一位是修習密宗的佛教徒，她是旅遊時順道來的，她沒有參加寺裡的早晚課，而是自己在宿舍按照密宗的方法修行。當然這些偶然到來的佛教徒也有可能轉化成東林寺的信徒。

在東林寺的運營當中，對內比較注意佛教徒的培養和形象的塑造，對外重視教俗之間的關係，這對他們的發展是非常有利的。「義工」或者「工作人員」之類的俗家信徒來寺院是為了修行或者得到福祉。雖然他們會得到一些經濟上的補貼，但這勞動本質上是一種信仰的實踐方式和表達方式。他們既為出家人和來參加修行活動的在家人提供服務，也為自己修行成功增加法碼。他們是一群沒有出家，卻過著類似出家的生活，並且總是懷著修行的理想和對出家人的羨慕與出家人比鄰而居。在教團的構成當中，或者說在寺院活動群體的結構當中，處於核心的是宗教導師，處於中間階層的是僧人群體和重要的居士，週邊就是普通的義工和信徒群體。對外他們同是佛教弟子，內部卻分工明細，等級限界清晰。不同級別和身份的信仰者共同構成了一個信仰共同體。

在寺院圍牆之內生活的人群，過得集體性和儀式性的生活，這裡的時間節奏、空間層次都處處體現佛教的特徵。對東林寺的人來說，生活中最重要的事就是「念佛」，這是「修行」的主業，在這之外，勞動和學習也是實踐信仰的方式，這些勞動富有精神慰藉。這裡的人，無論是吃飯、穿衣、說話或者勞動，都直接或者間接指向宗教目標，人們夜與繼日、不休不眠的念佛，是為了進入「神聖」空間，與神溝通，而其他的所有活動，都是為了輔助這種功能而存在，因此人們自稱為「修行人」。人們正是在寺院的生活和儀式當中，完成對自我身份的確認。在這個神聖的場域中，人們生活在由神聖與世俗構成的二元關係的世界裡，在他們的思維當中，任何事物都被悄然分類，然後納入神聖或者世俗的範疇當中，雖然有時候不曾察覺到，但已成為一種思維慣式。這種思維特點會影響到他們對諸多事物的看法。

集體性的生活和日常生活儀式化是這個群體的特點。寺院通過儀式將佛理教義進行內化，反覆塑造或者重構著信仰者的認知，強

化著信仰者的認同。這種集體性、儀式化的生活可以看作是一種內部宗教技術，將儀式中的秩序與生活中的秩序相互形塑。通過反覆規訓，將世界觀、價值觀內化到信仰者的精神當中，並通過行為的細節表現出來，成為其群體標誌，人們生活在宗教建構的意義之網中。

第二章　聖域裡的媒介形態與生態

　　儘管這裡的日常生活節奏和模式與牆外很不相同，但仔細觀察，仍能發現不少讓人感覺非常熟悉的東西，尤其是各種各樣的媒介產品。它們讓人感到好奇，為什麼在寺院裡，人人都有MP3機呢，還有許多人擁有DVD播放機？他們也是用來聽音樂或者追劇嗎？

　　為了更好地看清楚在這樣特定背景下的媒介使用特點，本章會借助媒介生態學的相關理論來進行分析。「媒介生態學」認為在一定的社會文化系統中，媒介不能孤立存在，不同的媒介種群會有不同的位置，媒介之間會互相影響，因而彼此存在一定的關係，媒介種群各自生存和發展，但同時也會相互競爭和制衡，從而會形成一種環境。[67] 筆者會借助這樣一種觀察視角，來分析不同媒介在寺院中的生存狀態和彼此之間的關係，同時也觀察它們如何與富有傳統的宗教文化進行互動，並描述不同媒介種群在該文化空間中各自獲得的生存地位和生存狀態。

67　〔美〕林文剛著，何道寬譯，《媒介環境學：思想沿革和多維視野》（北京：北京大學出版社，2007）

　　邵培仁，《媒介生態學：媒介作為綠色生態的研究》（北京：中國傳媒大學出版社，2008）。

　　邵培仁，〈論媒介生態系統的構成、規劃與管理〉，《浙江師範大學學報》，第2期（2008.4）。

第一節　傳統媒介

　　宗教空間之所以被感知為神聖空間，而不是世俗空間，其中一個非常重要的原因是它的「宗教性」表徵。簡單來說，就是一系列的媒介使之表現出「宗教性」。走進一個寺院，我們說它是佛教的場所，而不是基督教或別的教，我們是依據很多能夠承載佛教特徵的物品來進行判斷的，具体來說，就是通過佛教建築、佛教雕塑、佛教音樂等等表現出來的，是那些可以被看到、聽到甚至嗅到的媒介，如香火的味道等表達的信息來判斷的。

　　東林寺裡有很多佛像雕塑，我曾隨機訪問一些來佛殿參觀的人，問他們看到這佛像有何感覺。有的人說這些雕像很精緻，一看就使人知道這裡是信仰佛教的；有的人說看見這雕像就想起了佛的慈悲。在回答者中，前者是遊客，通過佛像的外形來判斷該空間的性質和功用，後者是佛教徒，看見佛像則可以強化他的信仰。雖然兩者的感受有差別，但佛像在此都承擔了一種視覺媒介的中介功能，對教外人士來說，能顯現該空間的性質，是一種文化的中介；而對內部信徒來說，其又是人與神之間進行溝通的媒介，作為能喚起信仰者感情的宗教聖物而存在。

　　同時筆者也發現，人們會儘量將宗教象徵媒介製作得更具有美感，雖然美的標準各個時代不同，但如果與粗糙劣質的雕塑對比，精美優質的雕塑更能得到信仰者的歡迎。信徒有福每隔一段時間就從湖北襄陽到東林寺來，她說在路上曾經因為避雨而走進過一個很簡陋的小寺院，裡面的佛像製作得很粗糙，面目不清，材質也不好，讓她感到很難過，說以後再也不會去那個寺廟了，我問她為什麼，她說（2015年7月15日）：「因為那裡面的佛像一點也不『莊嚴』，簡直不像佛的樣子，你看佛經裡說西方極樂世界是拿黃金鋪地的，到處是珍珠瑪瑙裝飾的地方呢，這又髒又亂哪裡像嘛？」R

居士是一位美院的畢業生，來東林寺多年，他每天只做兩件事，一是念佛修行，另一個是繪製佛畫，他常說畫佛像時要「莊嚴相好」，要「圓滿」，不能殘缺，不能誇張變形或者醜惡。在佛教中，「圓」是一個重要的審美特徵，佛畫或者佛像多以「圓相」為美，代表佛法圓滿無缺。當然，不同朝代的佛教雕塑所崇尚的美會有差異，但不論哪個時期，信徒總是希望把他們認為最好最珍貴的東西獻給神佛，所以在造像時也是如此，力求把當時最高的藝術水準表現在上面，這或許就能用來解釋為什麼宗教象徵物品都力求突顯其「藝術」性，那些不「美」的東西被認為與神是不配的，所以審美愉悅性高的宗教媒介，似乎產生的宗教影響力也更大，或者說體現的宗教性能更強烈一些。也許正因為如此，歷史長河中許多宗教象徵物品同時也是水準極高的藝術品。這些宗教象徵物品因為具備很高的審美性，所以常常被稱為佛教藝術。佛教藝術是「以表現宗教觀念、宣揚宗教教理，跟宗教儀式結合在一起或者以宗教崇拜為目的的藝術」，[68] 佛教藝術體現了佛教的教義教理和美學思想，是佛教文化的重要組成和外在表徵。但我們認為審美性並不是宗教（藝術）媒介的本質屬性，宗教性才是，宗教藝術本質上是為宗教服務的。在佛寺裡，這些宗教象徵物品毫無疑問都是聖物，地位尊崇。

　　東林寺裡的佛教藝術作品主要有以下類型：佛教建築，主要是大雄寶殿、鐘鼓樓以及佛塔，或巍峨高大，或雕樑畫棟，或歷史悠久，製作精良；佛教雕塑主要是佛像，每個殿堂裡都有佛像雕塑，或巨大莊嚴，或身姿優美，精雕細琢，不少有黃金塑身，非常精美；佛教繪畫主要分為佛像、菩薩像、經變圖以及佛教書法。佛和菩薩類型主要是淨土信仰供奉的。經變圖也主要是淨土變相畫，多

---

68 蔣述卓，《宗教藝術論》（廣州：暨南大學出版社，1998），頁8。

表現大圓滿的西方極樂世界，場景宏大，兼富麗堂皇和莊嚴秀麗。佛畫用於佛教徒供奉禮拜之用，也常於殿堂佛堂張貼，烘托氛圍，是佛教最方便的表現方式。佛教書法主要是以佛經、偈語為主，常由大和尚或具有書法造詣的佛教徒所書寫。還有一類很受歡迎的是佛教音樂，表現為聽覺藝術形式，種類多樣，包括每天例行的晨鐘暮鼓聲，也包括佛號的唱誦之聲，還有與各種儀式儀軌相配的聲樂旋律等等。

這些表現為視覺或聽覺的物品形式，都是佛教文化的重要載體和表徵形式。我們認為，這樣的宗教媒介構成了信仰空間中最基本的媒介種群，構建和生產了空間的神聖性。如果佛寺裡沒有這些，作為宗教空間的神聖性就無從體現和外化，也就無法和世俗空間相區別。那麼在新媒介技術（影像技術、數位技術）無孔不入的當代，這些用來表徵宗教文化的傳統媒介的存在方式是否有了改變呢？下面我們選擇東林寺中的「晨鐘暮鼓」為例來觀察。

「晨鐘暮鼓」是一種音聲媒介，可以說是大眾對佛寺認知最廣的一種象徵，漢地寺院大都建有鐘樓和鼓樓，是比較固定的建築組成部分，是「晨鐘暮鼓」聲的發出地。東林寺的鐘樓和鼓樓建在放生池的兩旁，「左鐘右鼓」，兩樓相對，外觀上都是紅牆綠瓦的三層六面形建築，很是精緻，翹起的飛簷上掛有銅鈴，起風的時候，便發出悅耳的聲音。每天的清晨和晚上，都會有鐘鼓聲響起，與鐘鼓聲相伴的，還有敲擊者唱誦的「晨鐘偈」和「暮鼓偈」。筆者在2013年7月21日的晚上，第一次來觀賞「暮鼓」，那天晚上月光很亮，鼓樓下面放生池裡的荷花正在盛開，池中立有白色優美的觀音塑像，微風吹過，帶來荷花的香味和山間夏天的味道，整片山谷寂靜無聲，在皎潔的月光中，只有清亮的鐘聲和悠揚淡遠的唱偈之聲傳入耳際，頓時有一種超然世外，物我相忘的美好感受。但不能上樓去近距離觀看，只能聽。

　　鐘鼓之聲在傳統的寺院生活中有實際的作用，即用來聚集眾人，類似報時器或鈴聲的功能。但除此之外，還有豐富的宗教內涵，《增一阿含經》中說：「若打鐘時，一切惡道諸苦，並得停止。」《佛祖統紀智者傳》中說：「聞擊鐘磬之聲，能生善心，能增正念。」[69] 即認為鐘鼓聲具有驅惡除苦，令修行者生起善念這樣的宗教作用，因此寺院裡的鐘、鼓是「法器」，即用來表達佛法的器物，歸為聖物的行列。很多來寺院參加體驗活動的社會人士也非常喜歡這鐘鼓之聲，他們中的很多人並不是佛教徒，筆者曾隨機問過其中一些人對這鐘鼓之聲的感受，有人說很好聽，這是寺院裡才有的，別的地方聽不到；有人說聽的心裡都安靜下來了，好像煩惱都消失了；有的人說這完全是一種享受，可惜沒有錄音等等。被問到的人不是教徒，因此他們的回答都是從自己的主觀感受出發，但這些回答明顯地透露出一種資訊，就是這鐘鼓聲富有審美上的愉悅感，能感染聽眾的心情。據筆者的觀察，東林寺的晨鐘暮鼓時間與早晚課的時間並不重合，也即是作為報時和通知的現實功能已近弱化甚至消失了，筆者以為現在它更多的是作為一種文化展演的儀式而被保留。我曾問僧人DR為何不把每天的晨鐘暮鼓換成播放錄音，那樣會更加省時省力，他說（2013年8月26日）：「首先要搞清晨鐘暮鼓是什麼意思，這跟你們敲鐘下課不是一個意思，我們說晨鐘暮鼓是驚醒世間名利人，我們出家人修行，就是為眾生謀福利，當然也是為自己修行，自利利他嘛，（敲響）晨鐘暮鼓是我們的責任，既敲給自己聽，也敲給別人聽，是不能放錄音機的，不能被代替，代替了還叫什麼寺院，叫什麼福地呢，那也不用念佛了，也不用誦經了，還是我們親自去做才更有功德。」可見，對這些「聖物」及其使用方式的留存，主要是因為它的文化象徵功能，是

69 新浪佛學網站文章：http://sx.sina.com.cn/fo/faxun/2013-10-18/170487721. htm。

對其宗教性媒介功能的刻意保留，也是對傳統宗教媒介的選擇性繼承。

在宗教空間中，具有塑造和凸現「宗教性」功能的媒介不能被新媒介取代。例如報時，社會生活中常見的做法，是裝上電子鈴，許多學校都是這樣。但在寺院，這雖能達到集眾的效果，但難以承載宗教意義。因此，能產生宗教意義和宗教聯想或效果的媒介就相當重要，許多寺院仍然保留人力敲擊晨鐘和暮鼓，是要保留其作為一種儀式帶來的宗教意義及通神的功能。它們的物質表現形態和敲擊時發出的聲響，在佛教徒看來都不能當作一種物理學上的自然物質和自然音聲來認識和對待，都被認為是聖物，普通信徒不能隨意觸碰它們，更沒資格去使用。同樣性質的物品，還有佛殿上的各種法器，如大磬、小磬、木魚等。

筆者以為，諸如「晨鐘暮鼓」這類媒介是信仰空間中傳統的，也是最基礎的媒介形式，是每個神聖空間中必備的媒介種群。考察人們如何對待這種文化象徵媒介，可以瞭解它們在寺院空間中的地位，以及信仰空間對媒介的選擇「法則」。

這類媒介因具有表達宗教功能的意義，因此它們的物質形式也獲得了神聖性，這種形式不同但功能相同的器物組合在一起，共同呈現在某一物理空間中，就生產了該空間的神聖性。可以發現這類文化表徵媒介具有繼承性，常由前代流傳下來。隨著時代的變遷，或者宗教群體緩慢的追求上的細微變化，這些器物或外形也會產生變化，但其核心元素卻相對不易改變或者變得非常緩慢，短時間內不易察覺。例如在漢地佛寺的建築佈局當中，第一個重要的佛殿是天王殿，幾乎每個寺院都有，每個天王殿裡都必有彌勒佛像，但每個彌勒佛像都不會一模一樣，如身高比例、衣服的顏色，製作材質都存在差異，然而體現其宗教性的特徵在某個長時間段裡卻是比較一致的，在很漫長的時間，至少筆者自己從小到大這許多年見到的

彌勒佛塑像都是笑口常開、大肚敞開的樣子，在本世紀之前的更早的年代裡也還是具有同樣的特徵。因此這類媒介，作為宗教文化資訊的媒介載體會在一定的歷史時段相對穩固地存在著。

不過仔細觀察，也能發現某些宗教性媒介被替代的現象，例如佛像前的花朵，有時是鮮花，有時卻是電子荷花，電子荷花不需要有微風吹來，亭亭玉立的花葉花瓣也會終日舞動，恍若真花一樣嬌豔。荷花是佛教裡的「聖花」，有其它花類所不能比擬的崇高地位，因此佛教徒認為用荷花供佛是最好的選擇，但現實中的荷花花期有限，難以長期採摘，於是電子荷花就應運而生了，它彌補了真實供品的缺陷。作為供品的荷花同樣具有通神的媒介功能，但為什麼會接受電子荷花，也許是因為它仍然承載著部分的宗教意義，荷花是電子的，但其模擬的外形，仍能代表供者的誠意，嚴格說來其宗教意義並未消失，反而因為可以時時供奉，在某種程度還強化了其宗教意義。這也體現出了信仰空間對媒介的選擇原則，即考量與神域的距離，那些在表達宗教意義方面處於核心地位的媒介被替換的可能更小，如佛像。而那些不會造成宗教性大面積缺失的媒介，會有可能隨著時代的變遷而選擇替代品。

通過考察這類媒介，大約可以說，信仰空間中對媒介的選納，會追求一種文化上的「自利性」原則，即考慮對宗教性方面的影響，有的媒介即使低效，但宗教意義明顯，也會獲得刻意保留和繼承，對那些不會改變空間性質的媒介形式，則有可能會被選擇性的替代。由此我們可以推斷，在宗教信仰空間中，媒介種群若能在其中生存，首要的前提是必須具備宗教的「神聖性」。對於富有象徵性的宗教文化或宗教藝術媒介而言，宗教性是其本質屬性，是文化選擇和歷史延續的結果。

同時，筆者還看到，在現代，這類傳統的宗教媒介得到了強化和凸顯的可能，現代媒介技術可以使之更加美化，更富有審美性或

者藝術性，傳播度和影響度都會更廣，我們會在本章第三節進行具
體分析。

第二節　新媒介景觀

　　東林寺內，除了傳統的宗教性媒介之外，還有許多大眾媒介技
術產品，形式多樣，其精美和豐富的程度使任何一個進入該寺院的
人都不能不注意到。當我第一次走進東林寺的流通處時，非常詫異
於竟有這麼多精緻和種類繁多的媒介化產品。東林寺有一個面積約
100平方米大小的展覽室兼閱讀室，叫做「流通處」，裡面有很多
書架專門用來擺放這些產品，任何入寺的人都可以將自己看中的產
品帶走，雖然每天都有很多人來取，但架子上總是很快又重新擺滿
了。

　　為了與前文傳統的宗教象徵性媒介相區別，也因為它們相對而
言確實算得上是寺院的新風景，因此筆者將這一類現代媒介技術特
徵明顯的產品稱之為「新媒介」。但仍需說明的是，此處的「新」
是相對來言，不是絕對意義上的「新」，可能也並不存在絕對的
「新」，每個時代都會有新的媒介出現，每一種媒介形式在其產生
之初都可以被稱為新媒介，在被更新的技術或產品替代之後，就成
為「舊」媒介。因此所謂的「新、舊」媒介並沒有固定的所指，只
是為了討論便利而已。實際上，這些技術，例如印刷技術和MP3技
術完全不是同時代的產物，把它們放在一起，主要是從寺院這個特
殊的文化空間出發而言的，並綜合考量信仰空間中整個媒介系統的
組成，以及不同媒介種群之間的比重和影響力。

　　筆者還發現，有一些在世俗生活中顯得「過氣」的媒介形式卻
在東林寺裡很流行，例如DVD播放機，社會生活中使用的人越來越
少，至少在大中型城市因為移動終端伺服器的出現，它們不再占據

主力媒介的地位，但在東林寺中卻把它歸為「新媒介」，一是在佛寺晚近的歷史中沒有出現過，是當代的產品，且普及程度有限，在一些小型寺院內還很缺少，成為被渴求的對象。二是在東林寺的宗教生活中，它們活躍度很高，是大部分人的媒介首選，我們推測在寺院這種特殊的場域中，它們可能還有相當長的生存期限，輕易不會被取代。因此歸類為「新」，可以理解為是正在被應用或流行的媒介形式。

　　需要特別指出的是，運用印刷技術製作出來的佛經是一種非常古老的佛教文化媒介產品，在印刷技術產生之初，就和佛經關係密切。然其歷史雖然久長，但我們也發現利用現代印刷技術排版和生產的佛經，會有一些新特點，因此從形式上，也為了論述上的方便，我們將東林寺自主生產的印刷品也納入到「新」媒介的類別。後文我們會繼續分析，這一類媒介在內容上的特徵，是將其歸為新媒介形式的另一個重要原因。

（一）新媒介產品的形式和特點

　　筆者初在東林寺裡見到這些新媒介時，除了對其精緻外表表示讚歎外，同時也很好奇，因為這些物品與傳統的寺院形象似乎並不協調，例如幾乎是人手一部MP3機子，顯然已成為修行者生活中不能缺少的部分。帶著困惑，筆者開始暸解這些媒介產品。

　　從形式上看，新媒介主要有以下幾種類型。第一是印刷類，主要是書籍、雜誌和佛教繪畫或書法作品。書籍主要是淨土宗的經典佛經，也有一些佛教化的文學讀物，如豐子愷的《護生畫集》，前者受信徒歡迎，後者遊客拿取的比較多。雜誌有兩種，其中一本創刊於上世紀90年代，在出版、發行和流通方面都比較成熟，另一本則隨緣不定期出版。所謂隨緣就是條件充足時就出一期，沒條件就停下不出版，報紙也是這樣。「隨緣」是對一切不確定因素的處理

和解釋方式，既符合佛教的基本教義思想，也是一種處理問題的策略。繪畫作品是將手繪作品進行掃描後批量複印生產的，主要是經變圖和菩薩畫像，有大大小小不同的尺寸。所有印劇類產品的品質都非常好，負責生產工作的居士介紹說（2013年9月10日）：「所有經書的封面，我們都是用的進口的牛津布，封面上的蓮花圖案代表著佛教，也是燙金刻印上去的。你看書背上的書名都是居中，表示中通的意思，有准印號，封面下部有祥雲圖案，這都是中國傳統文化。我們所有出版的書籍，用的都是本白原漿紙，就是保留原來的顏色，這樣看上去呢就很舒服，為了保證品質，我們的紙廠和印刷廠是分開的，紙廠是單獨經過考察選下的廠家，這兩個不能用一家，我們的原材料都是無污染的，樹林裡都有小白兔呢。佛畫也多用銅版紙，便於保存。」這些印刷品中，也有少量是由別的寺院寄過來的用於交流的書籍和雜誌，如「弘法社」，[70] 其生產的佛經以製作精美和品質上乘而在佛教界享有盛譽。還有一些是信徒個人的佛教書籍也可以放在這裡，若有其他人看上了也可以帶走。當然，出現在流通處的印刷品會受到篩查，一些被認為是「邪教」或「偽經」的產品則不允許出現。

　　第二類是現代電子媒介技術產品，主要有VCD、DVD光碟、講經機和佛號機等。光碟的內容主要是住持法師的講經視頻，講經機是講經的MP3音頻，佛號機就是專門播放「南無阿彌陀佛」這句佛號的，主要是東林寺念佛號的方式。佛號機和講經機是最受歡迎的兩種產品。講經機也稱「播經機」或「隨身聽」，「播經機」和「念佛機」體積差不多，重量很輕，攜帶方便，包裝盒裡配有機罩和拎帶、充電器和耳機，還有說明書及經文目錄等，配件非常周全。這樣的音頻產品在寺外的佛教文具店裡不能買到一模一樣的，

---

70 弘法社位於蘇州，由淨土宗第13代祖師印光法師發起，是一家專門刻錄流通佛教書籍的機構。

即使外觀一樣，但商店裡的內容常常不全，或者音質不好，使人懷疑是翻錄的，小店老闆說寺裡的那種「進不到貨」。在寺內的人想要獲得這類產品並不難，如果去捐款，常常會獲贈一部講經機或者念佛機當作紀念物，有時候有的人會為了得到這種紀念品而去捐錢，因為這樣的紀念品送給其他的修行人是很受歡迎的。在一些修行活動例如「打佛七」結束之後，寺裡也常常把它發給堅持到最後的信徒當作獎勵。常常來寺裡作短期義工的慧通說她在2013年的時候，總共得到了8部「講經機」，她記得很清楚，一部一部是如何得來的：「我去捐了100塊錢，那師兄就送了我一台，回頭我大姐和我弟弟又來電話說要，我又去捐了三百塊錢，過兩天跟著他們去見法師，法師又送了我一台，佛七結束的時候，每個人又發了一台，我見H師父的時候，他又送了我一台，閉關結束的時候又每人發了一台，總共得了8台。」有些機緣巧的時候，人們並不需要付出什麼，就可以免費領取這種他們喜歡的禮物，2015年的時候，慧通在流通處做義工，她回來很是有點驚奇地告訴我說（2015年8月11日）：「這個隨身聽已經搞了好幾年了，並不是今年才開始的，剛開始的時候等於並不是完全免費的，你募捐了我就送你，現在等於是一分錢不要，聽說是有一個大功德主捐資助印了幾萬台講經機與念佛機，好幾箱放在那裡隨便拿，這一擺上去，我的媽呀，真不得了，一會兒就，那天我們上午就上了幾箱，三箱還是四箱，中午就不見了，而且有的是成箱的拿的，看著一大堆，一會兒就忽忽地不見了，他們有的時候開車過來（拿）嘛。」音頻播放機中的內容是固定的，使用者無法更改，也不能下載新的內容。不定期會有新的產品出現，據筆者在2013年的統計共有113種，有時一個月會增加五種光碟，多的時候則會增加八九種。

　　這些產品被稱為「法寶」，因為它們具有鮮明的宗教性，是用來「表法」的工具，與佛像、佛殿等宗教象徵媒介有同樣的宗教功

能。但其實它們與傳統的宗教媒介不同，例如佛畫，以前基本是手繪，但現在是用掃描器進行掃描後再批量複印生產。可以看作是給宗教媒介穿上了新媒介技術的外衣，是宗教文化在新媒介技術時代的新的生產方式。

（二）虛擬東林寺

　　東林寺在互聯網上有一個網站，網站內容極豐富，發揮的作用也非常大。網路東林寺的工作居士介紹說，從2008年以後，教團就特別重視網路的建設，現在網站的主管是一位高學歷的出家人，有多名相關教育背景的居士在執行日常工作和技術維護。下面簡單介紹一下該網站的情況。

　　東林寺的網站大約分為11個欄目，涉及到寺院介紹、寺內新聞、修行活動、佛學資料、佛教藝術等等。更新的速度非常快，身在千里之外的信徒可以清楚地瞭解東林寺中的各項資訊，各種修習儀式的介紹、查詢和瞭解，以及各種活動的報名表格，以及聯繫電話、乘車路線、功德芳名等等都可以找到。還有寺內日常宗教生活的展現，寺中的人、事、物、景，各種季節的風景照，人們參加種種修行的感悟和實踐心得等。寺內「流通處」的所有書籍、雜誌，音訊視頻等資料也一樣可以在網上獲取，既可以線上觀看或者下載保存，也可以在網上填報位址申請實物包郵到家。

　　在網站首頁左側的「推薦」中，還有不少的鏈接，這些鏈接可以直接進入東林寺在網路上的其他「地盤」，例如以住持法師名義開設的網站、博客，或者寺內某個部門開設的博客、網頁等。住持法師個人網站中的主要內容是他在公開場合的講演內容，有文字、音訊和視頻的形式，類似於一個資料庫，與實物產品的內容基本一致。

　　這虛擬的寺院同樣存在於移動媒介用戶端裡，喜歡使用手機

的人可以通過手機進入以住持法師名義開通的微信或微博，其中微信有中文、英文和日文三種版本（2015年的資料）。以寺院為名的微信的二維碼幾乎能在所有媒介產品中看到，甚至在最近的火車站也可以掃到這二維碼，被印在大型戶外看板上。住持法師的博客中沒有寺院日常場景和博主個人的生活狀態，不像其他寺院有些法師會將日常生活展示其中，主要內容仍是各種實物媒介中的內容，是「法寶」另一種形式的呈現。不同的媒介在攜帶資訊方面有各自的特點，因此即使發佈相同的資訊時，也常常將內容進行形式上的改造，使內容符合承載它的技術形式。

　　可以發現，東林寺向外輸出的資訊內容上存在重疊交合的情況，例如同樣的內容可以通過光碟被有DVD播放設備的人看到，也可以被習慣上網的人看到；習慣閱讀的人可以從印刷的書籍中看到，也可以在博客中看作；被濃縮的更為精華的部分或許被配上了空靈的圖片，被一個年輕的信仰者通過微信接收到……不同媒介形式的內容相互交織、互為補充，使資訊能最大範圍地被傳遞和接收到。可以說，東林寺在媒介技術的應用上，是主動融合了多種媒介的形式，迎合了不同群體的媒介使用慣習。這些技術之間互相合作，形成一個媒介產品的網路，只要進入其中任何一種媒介，就有可能會進入另外的媒介，如打開寺院網站，就可以聽到或看到講經的內容，同時也可以下載寺院雜誌的電子版；而當翻開紙質雜誌時，也一定可以看到寺院網站的位址。不同形式的媒介內容，印刷的、電子的，文字的、圖像的、聲音的，最後都「合體」在網站中。運用數位技術對媒介的各種傳播渠道和形式進行了整合，在應用上呈現了鮮明的媒介融合特徵。學者說：「媒介融合就其表現形式而言，主要有兩種，……其二則是媒介技術的融合，將新的媒介技術與舊的媒介技術聯合起來形成新的傳播手段，甚至是全新的媒

介形態。」[71] 在這種新的形態之下，媒介就是一張網，幾乎每個接觸媒介的人，都在這個網上行走，不管是否意識到，都有可能成為「被網捕」的對象，在人人與媒介相伴的時代，這可能性被大大提升了，在媒介中的人，看起來似乎毫無關聯，但實際都處於這網中的某一點上，彼此互相影響，在當代，信仰也是如此。

宗教組織對各種媒介的開發利用，不僅可以降低媒介運營成本，還可以在最大範圍內吸引或者「網捕」信徒，只依賴單一的媒介顯然難以做到這一點。我問負責媒介工作的L居士，是不是所有的媒介形式都用到了，他回答說（2015年8月13日）：「不知道是不是所有的媒體，至少主流的都用到了，一般的社會上的人會用到的這幾個渠道，用手機的，用電腦的，喜歡看書的，喜歡聽的，既要照顧老的，又要注意少的，你看隨身聽就比較適合老年人，微信、微博就比較適合年輕人，他們看得多一些。那些老婆婆，他們拿到隨身聽，真的很高興。」D居士補充說：「（媒介）要儘量廣，儘量每個層面的人都有機會看到聽到，不然怎麼叫平等呢，只有看書的人看得到，看電腦的人就看不到，怎麼去利生呢，看電腦的人也有煩惱，也需要念佛，說不定（用電腦的）比看書的人煩惱還要多呢。」僧人HL也說到這個問題（2015年8月15日）：「你看吧，這個現代人都上網，網上都是些亂七八糟的東西，我們佛教也應該去這些地方，讓大家有機會看看好東西，給眾生帶來利益。」

筆者以為當代的東林寺應當是由真實物理空間的東林寺和互聯網上的東林寺一起構成的，如果虛擬東林寺缺席的話，東林寺必定不是現在的樣子，我們在後文會進一步對此進行分析。

（三）「聽經聞法」的新方式

這些新技術形式下的「法寶」給寺院的生活帶來了改變，最

---

71 孟建、趙元珂，〈媒介融合：粘聚並造就新型的媒介化社會〉，《國際新聞界》第7期（2006.7）。

明顯的就是改變了傳統的學習方式，這也是讓人不能迴避的新媒介「景觀」。

作為制度化的宗教場所，東林寺在重視念佛修行之外，也很重視佛理教義的學習。大安法師在講經時勸導信徒要重視理論學習，他說（2014年7月21日）：「總是念佛念佛，別人問你為什麼要念佛啊，就答不上來，說叫你念你就念，問那麼多幹什麼？」聽的人都笑了起來。佛教徒將這種對佛教理論知識的學習稱之為「聽經聞法」，而佛教思想的主要載體是佛經，因此「聽經聞法」可以簡便通俗地理解為對佛經的研讀和學習。但佛經年代久遠，比較深奧難懂，如果每個人都親自研讀佛經，需要具備很多條件，常常不是信徒一個人就能輕易完成的，所以常見的形式就是聽水準更高的修行者來進行講解，就像學生聽老師講課一樣，傳統的方式是面對面聽高僧或者法師講經，這在時間和空間上都有所要求，至少要到寺院去，就像學生需要去學校一樣。而信徒即使來到了寺院，也有各種原因使其可能不能很好地獲得學習的機會，例如性別問題。但新媒介產品的進入，很好地解決了時空和性別等具有限制性的影響因素。具體來說，就是不僅遠程學習成為了可能，並且人們可以更自由地選擇何時何地進行「聽經聞法」的活動，自主性和自由度都大大提高了。這樣的媒介物質就是光碟和「播經機」們。

「播經機」最受人們喜愛，可以隨身攜帶。大安法師所有公開的講經內容都包含在內，在東林寺裡隨意走走，幾乎所到之處都能聽得大安法師講經的聲音，並不是有誰故意在用高音喇叭外放，而是因為聽的人太多了，彙集了起來。可以看到，在後山砍竹子的人，在地裡種菜的人，在草地上拔草的人，在樓道裡曬太陽的人，甚至在房間裡午睡的人，他們都在聽，每個人自己那部機子的聲音都不大，但集合起來，就使得法師講法的聲音在整個寺院的上空回蕩。尤其是一些年紀大的信徒，更是終日與講經機相伴，有一個義

工說（2014年9月27日）：「聽（講法）比看經書方便多了，這是講給我們聽的嘛，細，細多了，好懂，看書不懂，要自己去想，想不來，前天（週四）晚上法師講法，你去聽了沒，哎喲，講了好多菩薩的故事哦，這個菩薩那個菩薩是怎麼來的，都講了，我們好開心啊，我就喜歡聽法師講故事，不愛看書，眼睛不好。」古老的經文常常言辭深奧，不能輕易被理解，並且需要一頁一頁的翻動，一行行地去看，因為文字是一種間接媒介，人們需要付出更多的精力去進行思考或想像才能實現從抽象到具體形象的轉化，不是每一個人都可以享受這個過程。相對而言，聽音訊或看視頻就容易得多，不需要進行文字到形象的轉換，也不需要進行深刻的思考，看的人甚至不需要主動去調動視聽的器官，而視聽的內容卻有可能主動跑出來接觸人，例如只要在流通處一坐，任何人都能看到那裡整日播放的講經視頻。正如梅羅維茨說的那樣，「人們必須主動尋找印刷訊息，而電子訊息卻會主動出來接觸人們。」[72] 在寺裡走一走，不需要主動去尋找，講經聲就會隨風飄進耳朵，到處都有人在聽在看，倘若將人群隱去，這裡就是一個電子世界。許多人甚至專門購置了光碟播放機，這種播放設備像手提電腦般大小，但相對厚重一些，不方便到處攜帶，多半在室內使用。宿舍裡如果有一台這種設備，全宿舍的人就可以一起共同觀看。

雖然「播經機」裡的語言也被印刷在紙上成了書，但願意選擇「聽」音訊或者「看」視頻的人總是更多。很多內容可以放在同一部聽經機裡，聽經機本身卻不會改變什麼。但如果是看書的話，則可能疊砌厚厚一疊。住在寺裡的修行人雖有機會現場聽到講法，但真實的情況是在現場永遠只能記住一部分或幾句話而已，來不及細細內化就可能淡忘了，而電子媒介產品卻使願意學習的人有反覆

---

72 約書亞・梅羅維茨著，肖志軍譯，《消失的地域》（北京：清華大學出版社，2002），頁78。

揣摩的機會，重複多了，自然理解效果更好。寺內有很多女性在家佛教徒，她們也對理論學習有自己的需求，有不少人還考試進了高級學習班，但她們不允許當面授課，這時電子技術提供了幫助，打破了性別限制，即不違背傳統的規則，又能實現她們的願望，方法是把她們在一個固定的時間裡聚在一個固定的地點，一起聽課程錄音，只聽聲音，不見其人，以避免性別差異帶來的潛在危險。有一次，我去找一位居士，剛好她不在辦公室，在我等待的時候，辦公室的另一位居士說：「我放BY法師的講課音訊給你們聽吧。」聽說這位BY法師講課很好，但只有參加了東林寺高級學習班的信徒才可以聽到，因此對某些信徒而言，如果有這樣的聽課機會那將是非常珍貴並且是應當感動的，於是我真誠感謝了她好幾分鐘的饋贈。

　　這種跨地區的學習條件可能是整體提高信徒信仰層級的關鍵性力量。每個時代都可能有擅長講經的高僧，但依靠現場學習來提高理論水準效果慢而有限，但在現代，同樣的目標可能會實現得更快且更廣。毫無疑問，這得益於媒介技術和產品。可以舉一個例子來說明，不少研究者都提到，功利性是我國民間信仰的特徵之一，而民間佛教的信仰者甚多，例如希望抱到孫子的老太太去求觀音菩薩送子，等到如願以償之後就會拎著菜油或者其它的東西去廟裡還願感謝菩薩，這是生活中常見的信仰方式，帶有鮮明的交換性質和功利色彩。因此，筆者在訪談時，問過許多人同樣的問題，也是筆者自己感到好奇的，念佛人為什麼不把念佛的功德用來換取生活中現實的利益，比如彩票中獎啊，發財交好運等等，回答者們基本否定了這種利益交換，有人說：「這不是傻啊，拿念佛的功德求這個，那不就是拿個金子換塊糖嗎？」也有人說：「那相當於拿個金子疙瘩換一個棒棒糖，太不划算了。」回答者之間並不相識，我很好奇他們的比喻方式為何如此相似，直到有一天我問了XH居士同樣的

問題時，她回答我說：「你去聽法師的講法嘛」，於是我才知道了
這比喻的來源，同時在大安法師的博客文章裡也看到了類似的表
達，認為「將一顆舉世無價之寶珠，換取一根糖吃」是愚人念佛的
方法，這段話在他的講法音訊和視頻中也有講解，毫無疑問，那些
回答者們都可能看到過或聽到過這個觀點。這一點認識上的區別很
有意義，可以將他們與民間佛教信仰者區別開來，當然，兩個群體
的區別並不只是表現在這個理論認識方面。但可以說，在這種信仰
層級和身份的轉換過程中，從一個非教徒到教徒，從一個民間信仰
者個體變成宗教共同體中的一員，學習是其中重要的因素，同時，
有足夠豐富的學習資源和容易接受的學習形式，又與宗教組織利用
現代技術對宗教資源（如講經）的媒介化保存、生產與流通有重要
的關聯。

　　下面以在東林寺生活的女性信徒小Z的個人信仰經歷為例來看
這類媒介產品的使用對現代修行人生活的功能和意義。

　　小Z是筆者在東林寺裡最早結識的俗家信徒之一，她第一次來
這裡是2012年的冬天，一直到2015年秋天她才回了一次800里外的
老家。2013年我初見她的時候，她28歲，但看上去比實際年齡要小
得多。小Z個子不高，相貌非常清秀，總是留著短髮，在我的印象
裡，她似乎只穿兩種服裝，一種是灰色的居士服，即使炎熱的夏
天，她也要穿著長袖長褲的居士服，小小的身板在大大的居士服下
顯得很是弱小；另一套是褐色的海青，我常碰到她做完義工後匆匆
換上海青，小跑著去念佛堂念佛。2013年9月，我在一次社會人士
的體驗活動中見到她，當時以為她是外來人員，因為這個活動規模
比較小，寺內的人多半不知道，但是小Z不知怎麼就知道了，於是
她每天一做完義工就來聽課。那時候她已經在寺裡住了十個多月，
在這十個月裡，小Z參加了皈依儀式，從一名香客正式成為了一名
佛教徒，又用了很短的時間，迅速參加了俗家教徒所有被允許參加

的進階儀式，這意味著她在信仰上的決心越來越強烈，因為儀式越往後她要遵守的戒律也就越多也越嚴格，如果再往下一個儀式，她就該出家為尼了。但這一步必須謹慎，因為按照目前的慣例，女性出家只有一次機會，若中途還俗，則再無第二次機會，這讓她有些猶豫，但同時據她說最大的阻力是來自父母，但她決心不再回家，她告訴我說如果不能出家，就會一直待在東林寺內，不去別的地方或者別的寺院，她是如此的熱愛著東林寺，並認為它是自己學習和修行的最佳選擇，雖然小Z並沒有做過什麼比較。

　　小Z的日常生活主要由義工勞動、念佛和學習佛教知識三部分構成。與那些只熱衷於念佛的老年人不同，小Z除了上佛殿念佛之外，還不放過任何理論學習的機會。理論學習使她對自己的修行道路越來越有信心。我問她為何來到東林寺，她說因為受到姑姑的影響，因為姑姑是信佛人，然而過了不久，她再說起她的姑姑來，評價就不像從前了，她說：「像我姑姑那樣，其實不是正知正見，不算是學佛人，弄不好還是邪知邪見，念佛人呢，就是要了生死，就是要發菩提心，像他們那些人啊，到了廟裡就是燒高香，求這個求那個，都不是修行人。」為了讓姑姑能獲得「正法」，小Z特意寄了一大箱子的「法寶」給她，其中DVD講法光碟和「播經機」的數量最多，她說：「我們那裡沒有這些法寶，他們就是燒香，拜菩薩，拜完了又接著吃肉，要不怎麼說呢，叫做佛法難聞，我讓他們多聽聽法師講法。」有一次我去她宿舍，發現她新買了一台DVD播放機，我問她這個貴不貴，她說要100多塊，又過了兩個月，我去找她，發現她竟然購買了一支錄音筆，我很是吃驚，因為這支筆需要400多元，算得上一件「奢侈」品，而她每月的義工勞動補貼也才300元，而且也並不是每月都去領，每當領補助的時候，她總是覺得非常慚愧，說自己不應該得這錢，現在她卻願意用超過一個月的補助費去購買一個在我看來似乎完全沒有必要的奢侈配置，所

以我不能掩飾驚訝，她解釋說她已經報名參加了為期三年的佛法學習班，她感覺自己需要下課後反覆琢磨體會上課聽到的內容，所以才需要用錄音筆把法師講的課程錄下來，如果有電腦和網路倒是可以直接下載，但她住在寺內沒網也沒電腦，所以只好選擇錄音，把錄音筆放在包裡，一有空就可以拿來聽了。在她看來，這種投資是最有意義的，又告訴我學習班的課程是很「殊勝」的，不是誰想聽就能聽到，聽得到是一種福報，所以她分外珍惜，儘管作為女性教徒，她沒有資格坐在教室裡面對面聽法師講課，而只能是在另外的時間裡，和其他的女性教徒一起聽課堂的錄音，小Z的錄音筆是對錄音的再錄音。

小Z對「播經機」裡的內容非常熟悉，在和我隨意的聊天當中常常無意識而又比較恰當地用上許多較為深奧的佛教詞彙，這是反覆薰陶的結果，不過她坦誠地說，有的只是明白道理，還沒有在行動上做到，還需要好好學習。她和我一起做義工的時候，幾乎全程都戴著耳機，我很想找她聊天也沒機會，有一次逮到機會問她為何不和我說話，她說閒聊只是在浪費時間，還是聽經要緊，我說：「聽過一次不就行了嗎」？她有點不高興地說（2014年9月25日）：「你以為是世間法嗎？聽一遍是不可能掌握的，這個必須要反覆反覆地聽，才能領悟。光記住了還不行，要在平時注意把自己的言行和佛法對照起來，才曉得自己的問題在哪裡，才好去修正，不然的話，做再多的功課，念再多的佛心也是散亂的，你看我，煩惱心很重，我必須要多下功夫。」

2015年6月，我又一次來東林寺，卻沒在寺裡見到她，而她的電話也已停機，我猜想她可能是終於妥協而回了老家，因為她父母這幾年來一直沒有放棄勸她回去。然而過了幾天我卻在流通處的閱讀區碰見了她，她正在聚精會神地看經書，原來她只是最近搬去了外面住，她說她在寺院東門外的村裡租了一間房。我提出想看看她

住的地方，她很勉強地答應了。那是個大約8平米左右的房間，是一個三層樓房的第一層，同一層還有另一個房間，但她不能確定有沒有人住，因為她基本上不出房門，以避免與外人接觸。房間裡有一張小床和一個小桌子，朝著屋後開了一個小窗子。桌子上整整齊齊的擺滿了東林寺的書和光碟，在床尾的小紙箱子裡放了7、8瓶「老乾媽」辣椒醬，或滿或空，另外還有一包麵糊糊，麵糊糊加辣椒醬就是她每天的主食，看得出來她的經濟情況已經很不好，我問她為什麼不去寺裡吃飯，那樣好歹可以省一些錢，她說：「我最近狀態不好，覺得更要好好學習，所以做義工積極性不高，我想我必須要到外面來住一個月，把心態調整好了再回去，我不能在寺裡混吃混喝，我必須護持別人的善念，別人來做義工，都是為了護持道場，為了讓更多的人成就（佛道），我如果不是那種想法，我就不應該待在裡面，別人來了，看到我懶洋洋的樣子，那我也是造了一種業了，不知道怎麼搞的，最近脾氣不好，總是造口業，我必須得出來。你不知道他們是多麼發心。如果不是護持別人的善念，大家又怎麼能來念佛，能有這麼好的道場？像我這樣的「自了漢」是不行的。」我說：「你很不錯啊，你還關注到了別人。」她說：「我從來不注意別人，但道場是大家共修的環境，你修我也要修，大家都想成佛，你要注意到自己的一舉一動給別人帶來的影響，我在學佛前是沒有這種想法的，我想怎麼樣就怎麼樣，但是後來知道，這些在我們本具的佛性裡面就是有的，只是我們被五欲六塵遮住了，如果我們按照佛教導的那樣來做了，就會很開心，我們本來就是這樣的，只是以前沒有發現。」

　　即使小Z將來能出家，但像東林寺這樣的男性修行地也不能成為她的長住之所，無論她如何熱愛這裡，小Z最終只能算是一個過客，雖然她目前居住在這裡，也並不認識每一個前來修行的人，但她反覆地提到要「護持別人的善念」，在小Z看來，她是這個集體

中的一員，她有著強烈的宗教群體意識和對信仰共同體的認同，這顯然是一個民間佛教信仰者所難以具有的觀念和特徵。

我注意到在她的小桌子上擺放著很多光碟和佛經，還有念佛機。我問她：「這些書你都看了吧？」她說：「我現在就是想好好把這些書看完，把這些光碟都看完，在寺院裡呢，你無形當中自己就有進步。在這裡呢，相當於我自己呢要有很強烈的那種修道的心，去支撐我，一天到晚，我不停地把自己，不是把佛號打開，就是把法師的講經打開，我幾乎不會讓它空著，我自己在這裡製造一個小的修行的環境，我自己來製造。不像在寺裡，（那裡）不需要我來製造。」她租的房子雖然與東林寺只有兩塊農田的距離，但她對這相隔不過百米的兩處空間的感受卻完全不一樣。她感覺寺外的世界，以及這租來的房子都是危險的，她舉例說自己窗子對面的那戶人家，為了哄小孩而常常播放各種音樂，這讓她非常不舒服，她說「很多阿賴耶識中的種子就起來了」，小Z認為這些世俗的音樂會讓她自己的修行退步很多，又說如果她自己的修行已經到了很高的階段，將不會受到任何外在東西的影響，但她說自己還沒達到那種水準，而這些東西有可能會引起她的嗔恨心，並且會使她進行「造業」，因此這時候，她必須想辦法抵制這世俗的力量，她的方法是整天放著佛號或者光碟，讓自己浸在佛號當中，她認為她居住的現在的這個空間是不乾淨並且危險的，而寺院就沒有這些危險因素存在，她說寺院有護法神，有「結界」，並且認為這種「結界」是遊客們根本感受不到的，只有修行到了一定階段的人才能體會到。在小Z看來，只有依靠這些「法寶」才能改變她所處的這世俗空間的性質。這些媒介產品，既是她學習佛法的工具，也是她創造神聖空間的媒介。當她碰到修行上的問題時，就會反覆地看經或者聽經，而很少去找出家人「求法」，我問為什麼不去，她回答說：「寧擾千江水，莫動道人心，女眾要少與出家師接觸。」對於她而

言，書、視頻和音訊似乎才是真正的師父，導師是存在於媒介裡的。過了兩個月，小Z認為自己的狀態變得好一點了，於是又回到寺裡去做義工了。

與大多數依寺修行人的經歷一樣，小Z最初來東林寺，也只是單純地求神拜佛，因老家有人說東林寺的菩薩很靈。當她有機會（做義工）在寺裡生活了一段時間之後，她就成了一名佛教徒，在形式上成為了「東林寺弟子」這個信仰共同體中的一員。一系列道德上的要求與戒律，使她得到了一種新的身份，並對自我有了新的認識。在我與小Z接觸很長一段時間後，才知道她在來寺院之前有過痛苦的人生經歷，在世俗生活中，她曾經走投無路，曾經孤苦無依，接觸了佛教的理論之後，她發現她以前所有人生的遭遇都獲得了一種解釋，並且她被教導可以有一種相對簡單的新方式，使自己有可能會在將來獲得一種美好的存在，雖然也許遠在彼岸，但對於曾經絕望的她而言，這樣的可能性本身就是一種閃閃發光的希望，讓她找到了新的生存意義。並且，在這裡，不只她一個人有過創傷經歷，在這個共同體中，她第一次獲得了被瞭解和被接受的經驗，於是再也沒有別的力量能將她帶回世俗的社會生活中去了。對於小Z這樣的群體而言，信仰使他們的內在精神和生命意義都經過了重新構建。

小Z在寺院生活了兩年之後，在她的言談表達當中，有一個特別突出的變化，就是應用越來越多的佛教語言，從最開始對佛教的一無所知，到後來的應用自如的各種佛教術語，以及「了脫生死」的信仰理想的出現，使她發生了信仰身份上的轉變，這種轉變使她脫離了民間佛教信仰的「功利主義」，經過制度性宗教思想的薰陶與感染，在她的觀念裡，信仰不再是她一個人的事情，而是群體目標。雖然她評價自己是個「自了漢」，但正是這種反思性的認識，說明她已經具有了共同體的意識，正在走向比較「高級」的信仰模

式。在轉變的力量中，寺院的生活薰陶當然是一個重要原因，但這種便利的「聽經聞法」對她的教導，不得不說也是其中一個重要的推動力，在我記憶當中的小Z，印象最深刻的，除了她的灰色居士服之外，還有一個明顯的行為特徵就是她永遠戴著耳機，而耳機裡面播放的，絕對不會是流行歌曲，而是「佛號」或者講法音訊。這種自我學習是她能夠成為一個制度性宗教信仰者不可缺少的重要一環，作為女性信徒，她面對面接觸男性宗教導師的機會比較少，而且她也主動極力回避，但這並不妨礙她的宗教知識的獲取與增長，她所有的知識都來自於媒介產品，「播經機」是她修行生活中的重要導師，也是她精神世界的支柱和依靠。如果將這些媒介產品都抹去，那麼她作為一個佛教徒的成長也許會是另外一種模樣。

在佛教中，「聽經聞法」不只是用來獲得宗教知識的途徑，其「聽」的行為本身也具有宗教意義，能產生修行的「功德」，例如「端正身色」、「得辯才」之類的，可以認為是對宗教知識被教徒內化後在個體和精神層面帶來的（理想）變化的想像性描述，但不論其具體效果如何，可以確定的是在東林寺，佛教徒通過各種現代媒介產品進行自動學習的方式，已成為寺內的一大景觀。我們需要進一步思考的是，現代技術光明正大地進入宗教空間之後，它的到來是否弱化了傳統信仰方式和信仰空間的神聖性，以及人們對這種媒介種群的態度，這是後面會討論的問題。

第三節　再媒介化：新媒介的聖化之路

這些媒介產品，諸如佛號機之類的，在技術上和形式上，和普通的MP3沒有大的差別，但卻被視作「聖物」，信徒在面對它們的態度及使用方式上都有很多的禁忌和注意事項。稍稍觀察一下，不難發現，這樣的產品之所以獲得了神聖的特徵，是經過了「再媒介

化」的過程。「再媒介化」是媒介和傳播領域中的一個術語,「通常是指新媒介從舊媒介中獲得部分的形式和內容,有時也繼承了後者中一種具體的理論特徵和意識形態特徵。」[73]

通過新的技術,通過繼承舊媒介神聖的形式、內容和思想來使新媒介獲得神聖性,這樣的例子,在東林寺內主要表現為使用新技術來對傳統的宗教(藝術)媒介進行數位化再現或加工。如對手繪佛畫或手寫的佛教書法進行掃描後,直接傳輸到電腦中進行保存或複印,這樣處理後的畫面,在解析度、色彩及細節方面都會有更好的表現力,這使得大批量生產佛畫成為可能。在傳統的時代,因為技術原因,所以佛像或者佛畫往往具有唯一性,常常是寺院或者某些信仰階層中的精英人士所擁有的「私人」物品,普通信仰者比較難接觸或擁有,但現代的掃描和可複製性技術,打破了這種唯一性。在東林寺網站上,只要線上填寫位址,就可以收到自己喜歡的佛畫,這大幅度擴大了佛像的傳播群體和接受群體。又例如東林寺中的大佛,本是一尊雕塑藝術作品,由具體的物理材料製作而成,朝拜者要親自來到寺中方可得見這高大的佛像,但利用現代技術,可以利用3D掃描技術,對其進行全方位的資訊讀取,並利用數字處理技術,按一定的比例將其縮小,變成小型的立體雕塑作品或者是平面印製品,信徒們可以根據各自的喜好進行選擇,有些人甚至會將其帶在身上或者掛在車上、包上。雖然技術上有所變化,但內容沒有本質的改變,是對「神聖」的複製。

在東林寺,對現代技術的運用形式多樣,再媒介化的產品除了以上的掃描和複製技術,還有其他的形式,下面就以晨鐘暮鼓視頻和東林佛號的多媒介呈現方式為例來進行分析,可以更詳細瞭解新的技術如何被宗教應用,也能更好地瞭解信仰空間中新舊媒介如何

73　(丹麥)克勞斯・布魯恩・延森著,劉君譯,《媒介融合》(上海:復旦大學出版社,2015),頁92。

互動。

（一）聽覺的視覺化：以「晨鼓暮鼓」的視頻版為例

在本章第一節中，我們介紹過作為寺院文化象徵符號的晨鐘暮鼓，它主要表現為一種聽覺媒介，佛教認為其具有驅魔正心的作用，是一種神聖之聲，而教外人士則可能將其當作一種佛教音樂藝術來欣賞，並不一定瞭解其中的宗教內涵。但兩者有一個接受上的共同點即是「很好聽」。其旋律非常富有音樂的節奏感，有信徒說敲擊鐘鼓時，「如果敲得亂七八糟，沒有節奏，那是不恭敬的。」有社會人士說：「就是因為聽起來很好聽，我才喜歡。」也許正是因為對技藝上有一些要求，很多寺院並不保留這種具有表演性質的鐘鼓聲，如筆者在東林寺周邊10公里範圍內走訪的其他三所寺院都沒有，或者只略化成早晚簡單的鐘聲。

實際上，現代媒介技術的應用可以在審美性和宗教性兩方面同時作用於這些傳統的宗教象徵媒介，可以在一定程度上即保留宗教意義又能使之更富有美感，使得教內和教外人士都更易於接受和欣賞。我們來觀察東林寺「晨鐘暮鼓」的視頻。這種在東林寺內每天由值班僧人完成的工作被製作成了視頻供人在網站上觀看或下載，由兩個獨立的部分組成，一個是「東林晨鐘」，一個是「東林暮鼓」，時長共14分鐘。視頻當中可以看到鐘鼓樓的內景，這是平常無法看到的，不能進入鐘樓或鼓樓圍觀。據瞭解，平日寺內敲鐘鼓是由不同的僧人值日完成的，各自的技藝水準存在差異，水準也各不相同。對日常寺院而言，每天要「有」這個儀式是比較重要的，而對於發佈的視頻而言，首先在技藝水準上毫無疑問是要求能作到比較高的層次的，因此顯然是敲擊者當中水準最高者來錄製的。與平日筆者在寺內所見的不同，視頻中的敲擊僧人身著大紅袈裟，身份特徵極其明顯，在整個色彩上的呈現上能產生一種視覺衝擊力。

每天例行的晨鐘暮鼓是比較單純的聲音，沒有畫面，也沒有解說，只有僧人詠唱的聲音和敲擊發出的鐘聲和鼓聲。但視頻顯然是運用新技術進行了藝術處理，並且增加了新的敘述元素，並不是把每天例行的過程簡單地錄製一下。例如「暮鼓」這個視頻，開篇的第一個鏡頭就是一面老舊斑駁的黃色大鼓，使人產生一種滄桑之感，伴隨著畫外傳來的陣陣強烈的風聲，隨即畫面整體變黑，為了突顯同時顯現的變換的「風」字，接著就是大樹在風中搖擺不止的鏡頭，同樣的方式接著出現「雨」、「雷」、「電」等字，以及與之相應的傾盆大雨或電閃雷鳴的聲音和場景，真實的儀式現場只有聲音，但現在是聲畫合一，更能烘托一種氣氛，接下來就有字幕對這鼓聲進行了說明，除了解釋佛教上的意義，也說明其象徵「風調雨順，國泰民安」，這是非佛教徒也能很好接受的含義。在詠唱的同時，唱詞也一句一句非常清晰地呈現在屏幕上，而在現場，沒有提前瞭解的話，可能不能這麼清晰地瞭解唱詞的內容，這樣視覺上的處理很好地對原來聽覺的效果進行了補充。而在「晨鐘」這個視頻當中，演唱者無疑具有比較高的音樂素養，可以聽得出來超越了業餘的水準，也可以感受到聲音經過了一定的技術處理，使唱詞聽起來特別空靈遼遠，在畫面當中，不只有鐘樓內和唱偈的人，還有不同角度拍攝的寺內風景，對唱詞的含義進行了視覺方面的輔助性說明。

可以明顯地看出，視頻對真實儀式的錄影過程進行了剪輯加工，增加了敘述元素，畫面、場景的佈局也進了調整，增加了不少東林寺的場景，如僧人形象、修行場面、寺院生活等，囊括了更多的佛教元素。這鐘鼓之聲也有音訊版放在MP3的念佛機裡，[74] 有些佛教徒說自己出差時常常帶上這音訊，認為可以趕走酒店房間裡不

---

74 每部MP3機子的內容不盡相同，因此不能確保每個裡面都有，但筆者見過錄有鐘鼓聲的MP3機。

乾淨的東西，也有些體驗者把這視頻下載放在手機裡當作音樂來欣賞，說聽聽可以讓自己的心變得安靜。

借助於現代媒介技術，「晨鐘暮鼓」的視頻消除了真實儀式的地理空間障礙，強化了真實儀式現場的審美效果，儀式現場主要呈現聽覺資訊，而在視頻當中許多原本需要聽者個體想像的場景則被當作視覺的資訊一併呈現，觀看者既可能獲得更易感受到的審美體驗，也可能對其中的宗教內涵有更清晰的瞭解。可以說在宗教意義和審美兩方面都得到了更為強烈的表現。而對東林寺的信徒來說，則可以強化對寺院的記憶，能遠程喚起他們的宗教情感。

這種再媒介化的例子還可以找到很多，這種聖化的方式和道路不只是改變了神聖物品的存在方式，同時也拓展了新的意義和聯繫方式，下面我們選擇東林寺中最具代表性的媒介產品「佛號機」來分析。

（二）「佛號」的多媒介形態與意義生產

以各種各樣的形式來念誦「南無阿彌陀佛」這句佛號，是淨土信仰者的主要修行方式。但具體如何念並沒有統一的模式，不同的寺院有不同的方法。不論選擇哪種方式，目的和理由都是相同的，即都追求能使修行者長時間的念，並且能念出理想效果。一般在哪個寺院修行，就需要接受該寺院的念佛方式，至少在集體功課中是如此。因此念佛的方式和風格也會成為信徒們選擇寺院的重要影響因素之一。念佛的方式方法有時候甚至可能成為淨土佛教徒內部群體的認同因素和區分標誌。

東林寺在念誦佛號方面形成了自己比較特定的形式，並在日常功課中進行了多年的實踐和推廣，已經成為東林寺具有標誌性的寺院文化代表。東林寺的佛號念起來富有節奏和音樂性，許多信徒喜歡它的旋律。例如JMY居士，她已經在東林寺修行三年多，最初在

寺裡邊做義工邊修行，後來在寺外的村子裡租了房子，依然每天到寺裡做功課，中間也曾嘗試去別的寺院修行，但不喜歡別的念佛方式，於是不久又回來了，她解釋說（2015年8月8日）「就是迷這個佛號，一唱就來感覺了，別的地方也去過，（佛號）太快，適應不來，還就是喜歡這慢一點的。」

　　我們先來簡單瞭解一下淨土宗佛號的宗教意義和東林寺佛號的特點。佛教認為「南無阿彌陀佛」這六個字具有不可思議和不可言說的力量，可以將念佛者的身心統攝，可以創造一個神聖的空間，產生溝通神域的宗教功能。因此無論是親自念，還是聽別人念，都具有宗教意義，其聲源也因此獲得神聖性。佛號主要是集體功課時念，是集體性修行活動儀式的主要內容。

　　東林寺的佛號具有音樂的美感和節奏，不是純念，準確地來說是「唱」，這其實符合佛教的特點，佛教一向有「以音聲做佛事」的傳統，尤其是淨土宗，非常重視音樂在宗教中的作用，在其重要經典之一《佛說無量壽經》中，就描述過極樂世界是一處充滿著音聲的世界。表現在現實宗教生活中，就是利用音樂元素來增強儀式效果，音樂因此成為儀式的重要組成部分。佛教中的音樂形態豐富多彩，種類繁多，依其所出現的場合與功能，大致可以分為讚頌音樂、教化音樂、供養音樂和修行音樂，以及法事音樂。[75] 東林寺的佛事音樂種類也非常多，例如「鐘鼓聲、彌陀偈」等，但對修行者而言，最重要的還是「佛號」。我們前文已經介紹過，念誦佛號占據了修行者一天中的絕大部分時間。東林寺的佛號主要用在日常功課和各種修習儀式中，構成了儀式中的主體部分，也占據著儀式的大部分時間。在一天的功課當中約有6至7個小時人們都在集體唱念佛號，若是在一些加強性的修習儀式中，則會幾日幾夜地連續唱

---

75 凌海成，〈什麼是佛教音樂：佛教音樂的界說與限定〉，《佛教文化》，第1期（1995.1），頁10–12。

念。

　　東林寺的佛號由四句「南無阿彌陀佛」組成，引擎聲用在每一句開始的「南」和後段的「陀」字上，指揮著佛號的起落、快慢和轉合，並運用小木魚的敲擊來引領節奏。唱誦時，要求人聲、引磬聲和小木魚聲同時響起，反覆念誦，並要求念佛者在念佛時將佛號與步伐、呼吸相配合。同時，為了有更好的唱念效果，東林寺還對佛號在念誦時的感情和思想狀態做了一些要求，初學者需要一些時間進行練習。因場合不同，參加人員不同，唱念時在音高和音長方面略有差異，但其音樂總體特質並無改變。對淨土信仰者來說，佛號是一種人神溝通的方式，人們希望在佛號中與神界產生感應，反覆的佛號唱念無疑可以強化信仰。

　　東林寺的「佛號」有「修行版」和「欣賞版」兩種版本，兩者的主旋律相同，但在欣賞版的伴奏中添增了不少佛教聲樂器物之外的樂器之聲，而在真實的修行儀式中，這些樂器一般不被允許進入佛殿中，因其屬於俗樂樂器。欣賞版在唱詞之間的空隙和句與句之間的停頓處，全部都被器樂聲填滿，比「修行版」少了一些清淨，多了一些熱鬧。所以「欣賞版」自然比「修行版」聽起來更要活潑，音樂美感更強。欣賞版的佛號被一些著名的歌星（佛教徒，主要是馬來西亞和臺灣地區）在不同的晚會上演繹過，這些音頻也都可以在網站上下載。

　　佛號是以聲音為主體構成的媒介形式，在傳統的年代裡，主要依靠人體發音器官來實現。儘管修行者的理想是一刻不停地念佛，好將自己時刻保持在有可能與聖界溝通的儀式狀態中，但這種理想和現實存在著矛盾，人的生物性決定了人體不能無休止的長期發聲。但這種理想，在技術高速發展的今天，得到了很大程度的實現。

　　在東林寺，不分日夜，時時都可聽到佛號聲。白天的日常功

課時間裡，以及一些特殊念佛的日子裡，是修行人在佛殿上集體念佛的佛號聲。當夜深寺靜，佛殿上空無一人時，側耳細聽，仍然可以聽到從佛殿裡傳來隱約的佛號聲，徹夜不斷。不只是大大小小的佛殿，也不論是白天還是黑夜，只要走進東林寺，進入任何一間房內，甚至在後山的竹林裡，寺門外的菜園裡，都可以聽得見緩慢低沉的東林寺佛號聲，時大時小，忽遠忽近，在東林寺的每一個角落流淌。

這些佛號是由「電子唱佛機」發出來的聲音。「佛號機」幾乎無人沒有，人們隨身攜帶，在功課時間之外，有的人用耳機聽，有的人放開聲音來聽，有的人一邊走路一邊聽，有的人一邊幹活一邊聽。上了年紀的信徒，在宿舍走廊上曬太陽的時候，身邊也總是陪伴著打開的佛號機，且常常因聽力不佳而把音量調到很大。因為訪談，我去過很多居士的辦公室，他們不少人一邊工作，一邊播放著佛號聲。因此這佛號的唱誦之聲是無處不在的。就連流通處很多人在看書，佛號機也在小聲地播放著，我問義工慧通：「這麼多人在這裡來來去去，幹嘛還要放念佛機呢？沒有人專心聽吧，還有很多人是遊客，他們也聽不懂唸的什麼。」慧通說（2014年7月20日）：「這沒關係的，即使他不懂，但能聽上一句，也是和佛結了善緣，佛號功德不可思議，可以利益眾生，不管是誰聽上一句，對他都是有好處的，會增福延壽，我們總是說要利益眾生利益眾生，這播放佛號也是利益眾生的一種方法呀。我在家的時候，我們家裡的佛號也是一天到晚的放著呢，有空的時候我自己就跟著念上一兩句，沒空的時候就聽著，這樣身心都在佛號裡面哪，有些眾生哦也會來聽，你看那些冤親債主啊，前世父母啊，墮胎嬰靈什麼的，還有虛空中的眾生都會來聽呢，它們聽了，不但不會害你，還會保護你，因為你播了佛號給它們聽，它們也會往生，所以就會感恩你，會報恩哪。」旁邊的義工有福補充說：「佛號的功德是不可思議

的，自己念哪，還有聽佛號啊，功德都是一樣的，你看我們修行多麼有福報啊，不像以前的人，口乾了，念不出來就沒法了，我們還可以聽啊，有念佛機啊，真是有福報，以前的人修行哪有這麼好的條件哪。」在他們看來，佛號機裡的佛號和儀式中的佛號功能一樣，也具有淨化空間、構建空間神聖性的作用。

　　X居士的工作是管理寺內經書的生產與流通，有一次約好去訪談他，當我進入他辦公室時，佛號已經在播放著，看見我進來了，他就把音量調小了一些，但並沒有關閉，在和我聊天的時候，這佛號之聲始終循環圍繞，我問他（2014年7月21日）：「您整天都會這樣放著佛號嗎？」他說：「是的，如果能自己念那是最好的，但是念著念著就忘了，因為有很多事要處理，現在這樣放著，就相當於一直浸在佛號當中，不知不覺就會有好處的。」

　　R居士是位畫家，畢業於一所著名的美術學院，他在東林寺的主要工作是進行佛畫創作，他最近幾年的主要任務是創作一幅大型佛教經變壁畫，要將經文中的語言內容變成可視的畫面，進行從文字到視覺的轉換，其中一些抽象的內容轉換起來非常有難度，所以他常常畫了又改，改了又畫。有一段時間，我常去請教他一些佛教繪畫的問題，順便幫忙做一些簡單的查閱工作，討論一下如何將這些語言中的神奇場景變成可視化的效果。我每一次去，都發現他在電腦上小聲播放著東林寺的佛號，我問他（2014年8月2日）：「為什麼要放佛號呢？放佛號不會影響到你的思考和創作嗎？」他說：「不會啊，不斷地聽著佛號，就更有靈感，因為佛力在加持我呢。」

　　曾經有段時間筆者因為焦慮論文而常常失眠，因此對在凌晨4點起床做早課感覺很困難，常要別人催促好幾遍才勉強起身，我的室友，一位福建來的陳姓信徒非常不滿，認為這是不敬的行為，於是慧通和她解釋了一下我的情況，她馬上很友善地對我說（2014年

8月16日）：「那你就要更加精進地念佛，多念佛，都交給阿彌陀佛嘛，你的事情就一定能處理好，如果很難念，你就聽嘛，無論坐臥行走，都聽嘛，佛力一定會加持你的。」我表示一定會去嘗試，她於是非常高興，對我的態度也好了不少。

　　這種可以讓修行者們認為自己可以隨時進入念佛神聖狀態或類似神聖空間的物品就是「念佛機」，準確地說，應該叫做「電子念佛機」，是一種外形似小型收音機的能播放音訊的設備，體積小重量輕，攜帶方便，外觀形式多樣，有紅色、黑色或白色，可以反覆循環播放東林寺的佛號。佛號除了被裝在這種小機子中可以隨身攜帶之外，還被放在寺院的網站上，只要稍稍懂一點點電腦的人，就可以在網站上將其下載下來，也可以放在手機裡隨時聽，不過寺裡的大部分人還是喜歡用佛號機。這種新的念佛方式，大大延伸和拓展了修行者們修行的時間和空間。人們隨時隨時都可以「修行」，不必擔心嗓子問題。它彌補了人聲的不足，成為人體媒介的替代品，參與構成空間的神聖性，也延長了單位時間內神聖時間的比重，使得「佛號不斷」的宗教理想成為現實，這種理想在傳統的信仰時代是難以實現的。現代媒介技術突破了時空的限制，當一個在世俗空間中依靠「佛號機」而進入念佛狀態的人，實際上是對世俗空間進行了分割和對空間性質進行了轉換，強化了信仰行為，以更簡便的方式獲得更多的神聖時空。人手一個電子佛號機，也給初學佛號的人提供了方便，不必完全依賴於人際之間的學習，即通過其他的信徒或僧人來教導。人與人之間的聯繫，被人與媒介之間的聯繫進行了替換。

　　東林寺生產的念佛機是一種MP3音訊技術的媒介產品，與筆者在商場購買的MP3設備的區別在於內容。這裡的MP3內容是固定的，使用者不能自由儲藏或者刪除更改其攜帶的內容，顯然這在技術上經過了處理，也依然可以看作是現代媒介技術在宗教文化空間

中被改良的例子和方式，使之與寺院的文化環境更為和諧。這種產品是將信仰內容與現代技術相結合的具有彌補性功能或替代性功能的傳統媒介的「再媒介化」產品，因為內容上對宗教性的繼承使原本只是物理屬性突出的物質產品也因此具有了不一樣的意義和內涵。

同時，這種現象在寺院生活中也產生了新的意義，擴大了該媒介原有的功能，或者說是突顯放大了其隱含的功能。例如人聲念誦的佛號主要是用來使人神關聯，但把佛號放在MP3機裡，或者放在網上供人下載使用時，其產生的聯繫就不只是在人與神之間，資訊的發出者和接收者之間也同樣會產生一種關係，具體來說，就是宗教組織和信仰者個體之間產生了一種聯繫，當這種聯繫不斷地重複時，這「人寺」之間的意義關係就和「人神」關係一樣突出甚至是合二為一了。這種聯繫對於宗教共同體的形成意義巨大，在第三章中我們將會詳細地考察這種意義的生產和建構如何圍繞媒介產品的生產和流通來進行。

第四節　神聖的閱讀與觀看

新媒介技術與傳統的信仰內容結合之後，是否會因為形式上的現代性而弱化了宗教的神聖性，我們可以從人們的行為和態度兩方面來觀察。對於宗教象徵類的實物媒介，如佛像，信徒的態度自然是恭敬的，因為它們是宗教力量的外現，沒有信徒願對神聖力量表示輕慢而導致招來懲罰或禍患。但新的技術並不必然具有神聖性，那麼再媒介化後的新媒介產品在寺內的生存地位如何呢？且讓我們來看一看人們如何閱讀、收聽和觀看。

（一）關於「法寶」的禁忌

佛教常說「佛法難聞」，暗含著一種自我讚賞，表明其非常珍

貴難得，所以稱之為「寶」，寺院裡有很多東西屬於「法寶」的類別，於是它們自然屬於神聖物的行列，不可等閒對待。其表現之一就是面對這類物品或媒介時有一系列的禁忌。「宗教的禁忌行為是體現和處理人與神關係的一種特定的態度和方法。」[76]禁忌越多，越能突顯其重要程度。

　　首先是語言的表達。對於聖物，表達上會有特別之外。例如要去取一本經書或者佛教雜誌來閱讀，要說「請一本法寶」才算正確的。無論是「請」經還是讀經，或者是放置、收藏經書，都有一系列需要注意的地方，這些細節承載了人們的恭敬和虔誠。牆壁上常常貼有「一份恭敬、一份利益」的話語，點明了「恭敬」的重要性，如果在言行中沒有認真執行「恭敬」，則會使虔誠的信徒不安，不僅有可能失去「信仰利益」，更有可能招致禍患。

　　雖然「恭敬」在總體的精神方面是一致的，即通過一系列的言行舉止來對神佛表達敬意和虔誠，但在具體的細節實踐上卻有可能會因人而異。不過在東林寺的宗教生活中，有些行為模式還是比較一致的。例如筆者第一次在寺裡看到製作精美的佛經時，非常高興，像其他人一樣，也取了一本帶回宿舍閱讀，看了一會，就自然斜靠在床上看，因為沒有書桌，這實在是一種很普通的姿勢，所以沒有在意同室投來異樣的目光，當我把沒看完的經書中的某一頁折了一角當作書籤並順手把書放在枕頭邊的時候，住在我對面床鋪的教徒H終於忍不住了，她直接表達了她的不滿，並告訴我不應該把佛經放在枕頭邊，因為那是「俗地」，是非常不恭敬的行為，我很是吃驚，因為在我的理解來看，這純粹是一種個人的閱讀習慣，沒有考慮與他人的關係。和我關係不錯的義工慧通也勸導我說，「看經書一定不能躺著看，不然來世就會變成蛇。」我想聽到這句話的

76　戴康生、彭耀主編，《宗教社會學》（北京：社會科學文獻出版社，2007），頁91。

人即使不信佛，大概也不想繼續躺著看了。恐嚇常常是促使人們遵守禁忌的重要方式。在這裡住了一段時間，筆者就瞭解到了很多「恭敬」的表達之法，例如在每個宿舍裡，都有一個上中下三層的櫃子，在櫃子最上面的抽屜裡，或者就在櫃子頂上，是用來放經書或者海青的最佳位置，不止是佛經、禮服，凡是與「佛、法、僧」有關的東西，都要儘量往高處放，一定放在房間裡面最高最乾淨的地方才夠虔誠，與之對應的，則是不可在底層的抽屜或髒亂之處放置這些物品。如果背包裡有經書，去衛生間的時候就要特別注意，一定要先將包取下，東林寺所有公共衛生間的門外，都釘有掛鉤或者衣架，正是用來掛包或者掛放海青的。為了表達虔誠愛惜尊重之意，還有人專門裁剪漂亮的絲綢布做成布書皮拿來包佛經，有一次我看見XH居士從一種黃色的絲絨袋裡取出經書來，我讚揚說這書皮真漂亮，她有點不好意思地說：「慚愧、慚愧，我這是用禮品包裝布改制的，免得浪費，她們才是恭敬呢，專門去裁縫店做的，我還是恭敬心不夠。」2013年7月我初來東林寺，作為學習者獲贈了幾本經書，有一天晚上是聽法師講經，大家都把經書帶到了佛殿裡，我聽得很認真，在一些講解精彩的地方，就像平時讀書作筆記一樣，很自然地會在經文底下劃線作記號，並寫了一些注解在旁邊。坐在我旁邊的天津楊居士忍不住告訴我不可以在經書上作筆記。LN是一個美國來的大學生，在東林寺體驗生活，臨走的時候，義工們拿了很多佛經、佛像希望她帶走，她全部收下了，在收拾行李的時候，她把衣服放在行李箱裡的最下面，將經書放在最上面，我以為這是正確的做法，因為順序很準確。然而這些老菩薩們立刻提醒她這樣是不對的，法寶不可與衣服這樣的「俗物」擠壓在一起，一位老太太立刻回宿舍拿來一塊黃色的有精美蓮花圖案和花邊的布，把經書們包了起來，再慎重地放在衣服上，她們認為這樣做才是妥當的，是最恭敬的。

如何對待和處理佛像也特別重要。東林寺生產的佛像大小尺寸各不相同，有的是立體的雕塑作品，有的是印在畫紙上的，其中有一種是把佛像印在一張如名片般大小的金色卡片上，因為製作精美，被不少人隨身攜帶當作護身符，他們告訴我這樣的佛像千萬不可圖方便放在褲子後面的口袋裡，如果放在包裡的話則需要避免帶進衛生間，當然，所有的法寶都不可以帶進諸如衛生間這樣不「潔淨」的地方。一位揚州來的居士，很好心地用帶有濃重揚州口音的普通話跟我說（2014年11月10日）：「印光大師說過啦，紙上的佛，書裡的佛，跟真佛是一樣的，結緣來的佛像，最好是要裝裱，掛在牆上供著，如果是直接往牆上一貼，這是很不恭敬的，佛法要在恭敬中求嘛，尤其是佛像變舊了的時候，直接一撕，如果撕破了，那就是佛身血哦，那個罪可不得了，很重很重哩，要下地獄哦。輕慢得罪，恭敬得福，儂要牢記這一點哦。」G居士和我算是熟悉的朋友了，有一次聊天的時候，他突然想起來，很遺憾地說有一幅字畫，是以前一個老和尚寫的，要是送給我就好了，可惜被另一個信徒給要走了，我說沒關係啊，他說有關係，因為那是一位很有修行的老和尚寫的，經常看，就會產生有加持力，對修行有好處。

這些物品被歸為聖物的範疇，被相信具有神奇的力量，不僅能與神佛溝通，也能給行為者帶來福祉或禍患，因而所有的法寶從其產生到消費，以及最後的銷毀，每一步都有很多細節需要注意，都涉及到人神之間的關係，人們認為自己的行為會影響到這種關係的建設。「違背了宗教禁忌關係到終極命運，帶來的是有罪感，存在懺悔和贖罪的問題。」[77] 最後影響的可能是信仰的終極目標能否實現的大問題，因此一言一行，一舉一動，他們都在時刻提醒自己要

77　戴康生、彭耀主編，《宗教社會學》（北京：社會科學文獻出版社，2007），頁91。

足夠「恭敬」，雖然這「恭敬」並沒有定義，有的時候也似乎無據可尋，或者純粹來自信仰者自己的想像和猜測，但他們的確是真誠地認為應該是這樣做的。俗眾、僧人與神的關係等級和生活秩序都在這些言語與禁忌行為中被形塑和強化。

（二）　「誦經」的儀式

佛經，是有古老歷史的「法寶」代表之一，人們對它態度恭敬是很好理解的。而「誦經」行為本身其實也是實踐信仰的一種方式，有一套完整的儀式，與其說是「讀」經書，不如說是在修行，和念佛號的性質一樣，「誦」的行為有時比「誦」的內容更為重要。著名的咒語「大悲咒」是一個很好的具有說服力的例子，「大悲咒」基本是音譯過來的，至於每句話的含義如何，似乎人們並不太瞭解，我問過許多信徒「大悲咒」講的是什麼意思，卻沒有人可以很好地解釋，但每天仍有很多佛教徒在一遍遍的念誦這個咒語，是因為相信這些語言本身具備一種通神的能力。

勤於讀經或者念咒，可以成為判斷某人修行是否努力的標準之一，如果有人勤誦經，定會得到大家的讚揚，她（他）自己也相信功德每天都在增長。對經書的閱讀，在時間、地點和方式上，都有一系列的要求，如果違反，則這宗教實踐會被認為是無效的。

我曾經和三位老資格的義工同住一室，她們的平均年齡為75歲，最長者已86歲，在寺裡居住最短的人也已經有7年光景了。聽說86歲的那位義工，在她很年輕時就沒了丈夫，她獨自一人撫養大三個孩子，為了供孩子讀書不惜去賣血，兒女各自成家後，她便來東林寺做義工，一做便是多年，她的子女也很孝順常常來看她，但她更願意住在寺裡而不回家。這位老居士的工作主要是掃地，她每天三點起床，趕在早課前就把自己負責的那塊地掃好了，然後就安心去念佛做功課，從不落下任何一堂功課，齋堂忙碌時她常主動去

幫忙，在這些事情的空隙當中，她還要做一件事，就是讀經，且唯讀同一本經書，反覆地讀誦，認真嚴格地做著整套的讀經儀式，這本經書已經不知道被她讀過多少遍了。後來我才知道，她其實並不識字，沒有上過一天學，她是請了別人一個字一個字的教，才把一本《阿彌陀經》給背了下來，她每天都在重複地讀這本書，看起來是讀，實際上是在背誦，雖然她並不認得經文的字，也不確定她是否一定能懂經文的意思，但她這種行為得到了許多信徒的讚揚，因為這行為本身就富有宗教意義，是修行方式的一種。

讀經或者誦經，有一個完整的儀式過程，一般包括：香贊、請佛、懺悔、發願、開經偈、念經文、回向。有的情況下可以允許簡化一下程式，但「香贊—開經偈—回向」這三個部分卻必不可少，不然據說讀了也沒有功德，與讀普通的書沒有區別。讀經之前要洗手，選一個潔淨之地，千萬不可在髒汙之地讀誦。第一步是贊佛，即讚頌佛的功德和慈悲；第二步是請佛，將神佛請至這個誦經的儀式空間中來，要求誦者要以真誠之心向佛懺悔自己所造的業（今生或者累世以來）；第三是發願，說明為何誦經，誦經的目的一般是為了消除犯下的罪孽或積累功德；發願之後，再讀開經偈，然後再是閱讀經文的正文，也即經書的主體內容。例如東林寺出版的《地藏菩薩本願經》開篇經文有「香贊」、「覺林菩薩偈」、「南無地藏王菩薩（三稱）」、「贊」、「南無本師釋迦牟尼佛（三稱）」、「開經偈」這些內容，其中有一本拼音版的《金剛經》的開篇經偈有「香贊」、「淨身、口、意真言」、「普供養真言」、「奉請八金剛」、「奉請四菩薩」、「發願文」、「雲何梵」、「開經偈」等經偈咒語，並有說明「受持《金剛般若波羅蜜經》者，先須至心念香贊、淨口業等真言，然後啟請八金剛、四菩薩名號，所在之處，常當擁護」等。不同的經文前置的偈語各不相同，有通用的，也有專門只讚揚某一位佛的。但普遍來說都有「香

贊」和「開經偈」兩個內容。「香贊」的偈子常常是：「爐香乍熱，法界蒙熏，諸佛海會悉遙聞，隨處結祥雲，誠意方殷，諸佛現全身，南無香雲蓋菩薩摩訶薩。」（三稱），用語言召喚諸菩薩光臨誦經現場，包含有邀請眾佛的功能，有的經文還在裡面配上專門邀請「金剛」和「菩薩」的偈語，例如上文提到的《金剛經》，除了「香贊」之外，還有的偈語邀請「八金剛」、「四菩薩」等。佛教認為佛、菩薩、金剛分別屬於不同的果位，會有不同的境界。「開經偈」有許多版本，但這四句「無上甚深微妙法，百千萬劫難遭遇，我今見聞得受持，願解如來真實意。」是流傳最廣、使用率最高的版本，據說是由女皇武則天親自創作的，東林寺出版的每本經文開篇必有武氏「開經偈」。在網上讀經時或者現場聽法師講法時，一般先念三遍「南無本師釋迦牟尼佛」，再念一遍武氏「開經偈」，無論時間多麼緊，這個程式一定不能省。人們認為讀經可以通神，進入神聖時空與神交流，或者能清淨內心，產生通神的輔助效果。讀完經文之後，人們要將讀經的功德進行回向。

　　「讀經」用語言構成了儀式的程序，通過語言的構建使儀式參與者從世俗空間進入神聖空間，再又回到世俗空間，形成了一個完整的閾限過程。不同內容的經文偈語，幫助人們逐漸進入了與神交流的時空，這個空間中有佛菩薩降臨參與，佛、菩薩或金剛在護佑，因此人們相信這空間是安全而神聖的。佛教徒相信我們所處的自然空間不是所見的三維空間，而是多重空間並存，在人的周圍，還有人的肉眼不能見到的「眾生」或邪惡力量的存在，但通過誦讀經文，就能淨化空間或生產新的空間，不潔的或惡的力量將被隔離，或者被改造潔淨。當誦讀結束之後，讀經文的人認為同時還能獲得許多神秘的「利益」，例如「不受惡死、能驅鬼魔、善神常隨左右擁護」等，人們相信這些文字是神奇的，通過人聲或者電子聲誦讀出來，有聲讀或者默讀，都可以產生同樣的功效，可以驅禍帶

福，甚至認為在房間裡放一本經書，也可以起到防止鬼魔不侵的功效。

當有人正在誦經的時候，切不可打擾，以免破壞空間的性質。有一次，我在寺裡散步，路過地藏殿的時候，看見裡面有一個人正跪在佛像前誦經，聽起來很像小Z的聲音，於是我就走進殿內，從背影看確實是她，當我再走近一點確定是她時，我想和她開個小玩笑，於是就故意站在她身旁不離開，並且挨著她越來越近，可是我無論怎麼「打擾」，她都沒有停下來抬頭看我一眼，最後我只能自覺沒趣地走開，過了兩天，我問起她來，她說確實是她在讀經，因為她妹妹懷孕了，為了祈禱妹妹能生個健康的孩子，所以誦《地藏經》給她。接著她又非常嚴肅地跟我說（2014年7月9日）：「看在跟你也算比較熟的面上，我還是告訴你吧，按理來說，我不該說這些，你不懂自有你的因果，別人誦經時不能去打亂，打亂了等於剛剛的全部都沒用，不誠心來讀，也是要負因果，你和我都要。幸虧我當時忍住了沒有來跟你說話，我知道是你來了，要是有人正念著歡喜，與佛菩薩感應了，你闖進來了，不是斷人法身慧命嗎。」我於是急忙跟她道歉。後來有人告訴我，如果念經時被打斷了，可以趕緊讀一篇補救的經文，將前後補連在一起可以懺悔。我沒有考證過這樣的記載出自哪裡，但也說明了誦經作為一種行為對於佛教徒的宗教實踐意義。

修行人相信，每讀一遍經，人們離「聖域」就近了一步，每讀一遍，就能獲得相應的功德，不同的佛經，功德不一樣。也有不少人親自抄寫佛經，將抄好的佛經送給別人也被認為是一種「佈施」，也一樣產生功德。有人專門買那種金砂筆芯用來抄寫佛經，寫出來的字金光閃閃的，非常好看，然後把這些抄好的經文送給親朋好友，認為贈送者與接收者都可以得到功德和「利益」，但也強調以內心的恭敬為前提。

（四）「視神」或者被「神視」

　　通過訪談，可以發現更多的人願意選擇聽音頻或視頻來進行宗教理論學習，而不是研究佛經，後者難度更大一些。當人們面對這類電子媒介技術產品時，也如同在佛殿誦經一樣講求儀式，在時間、地點等細節方面同樣需要注意，以免陷入不恭敬的風險。如果有義工一邊幹活一邊聽講經機，那麼這機子一定是掛在胸前，而不能放在褲子的口袋裡；在室內看視頻的時候態度要認真，不要東張西望，不要說話。如果隨身攜帶著念佛機或者聽經機，那必定要先取下來才可去「不潔」的地方。

　　對於虔誠的教徒而言，當他們通過各種媒介進行「看」（或聽）經的時候，他們的行為並不等同於普通的觀看或視聽，而是會進入一種類似修行儀式的時空當中，從宗教性質上來說與在真實的時間和空間中參與的宗教儀式沒有本質上的差別，在情感和精神方面產生的功能和價值可能有時還有過之而無不及。那些富有名望的宗教導師，在信徒眼裡，不是普通的出家人，他們常常被認為是各種佛菩薩轉世來度化眾生的，叫做「顯比丘相」，人們相信聽高僧們讀經講經會產生加持力，他們的力量會帶給那些聽到他們的人並對後者有所幫助。當他們在屏幕上或者畫冊上以及其他的一切媒介場景中見到宗教導師，都如同見到了真人一樣，幾乎不存在真實與虛擬的區別，因為神佛是全知全能的超自然，不會因為媒介載體的不同（紙或電子屏幕）就減少了其神聖性，一位信徒說：「見得經典，如同見如來。同理，聽其音訊，如同見師父。不斷聽，就是不斷見師父。」因此，即使是在視聽媒介中見到的師父，即使只是聲音和相貌的批量複製，也一樣被認為具有「神」性。如果對此有疑問，可能只表示其信仰還不夠虔誠。因此在觀看錄影或聽音訊時，就如同在參加真實的儀式，在信徒與信仰對象之間，順從與絕對忠

誠的關係是顯而易見的，而那些音訊或視頻裡的講解者（一般多為高僧）可看作是信仰對象的化身與象徵。因而，信徒在面對視頻錄影中的出家人下拜頂禮，或者觀看前要沐浴焚香，像對真人一樣態度恭敬，就變得很好理解了。

可以說，這不是一種普通的隨心所欲的觀看，這是一種「神視」或「視神」，可以理解為一種神聖的觀看或被神聖所看。無論哪一種理解，其共同點都是在觀看者與被觀看者之間存在不對等的關係，觀神者或被神注視者都是屈從的，膜拜的，仰視的。當然，這是對虔誠的信仰者而言，不是所有的信徒從一開始就這樣表現，而是隨著信仰的深入和虔誠度的增加，才逐漸變化，越虔誠就越恭敬，並且相信越恭敬就越能獲得信仰利益。虔誠的信徒相信神佛對自己在電子屏幕前的一舉一動都瞭若指掌，所以不能怠慢，神是無所不知的，他們要做的，只是努力將自己的虔誠表達到更高的程度。

在現實中，講經（或者叫講法），也有一套相對簡單但程式完整的儀式過程。一般先要選一些信徒代表去請法師出來，叫做「香花恭請」，對有機會手執香花的人來說這無疑是一種殊榮。其他信徒則會早早等候，待到法師上堂坐好，要先念三聲「南無本師釋迦牟尼佛」，然後再念「開經偈」，經文講解部分按照傳統固定的程式來講，最後是功德回向。這樣的儀式將講經、聽經的行為都納入到修行功德體系當中，是一種宗教實踐。當它們進入電子媒介中時，固有的儀式與其宗教意義，都一起被植入，「聖人」並沒有是因為出現在電子媒介中而減少了其所攜帶的「神聖性」。因而，這種電子媒介創造的「神視」不是被動地看見，而是意味著與神的互動，同樣會產生深度的宗教體驗。義工慧通跟我講過許多她聽經時的體驗，說她送了講經機給她弟弟後，她弟弟第一次聽就明顯感覺到自己被一團紫光所籠罩著。我曾問一位寺裡做財務工作的李姓

居士為什麼要到東林寺來，她已經在這裡住了九年，李說當年她還在福建的時候，有一次偶然得到了大安法師的講法光碟，但她第一次看時卻發現在屏幕上看到的不是一個普通的人，她揉了好幾次眼睛，確定她看到的是一位菩薩，「沒錯，就是普賢菩薩在講法，上面有頭光」，李居士說直到現在她還清楚地記得當時看到那菩薩頭上的頭光，是五顏六色的，她覺得這是一個神喻，於是第二天就去買了火車票來到了東林寺，此後一直沒有離開。當然，這也許是她來這裡諸多原因中的一個，但我們應該相信這種體驗對她個人而言是真實的，一是因為筆者聽過太多的神奇的宗教體驗，二是因為信仰戒律使得說話者不會輕易「打妄語」，有些話在聽話者看來似乎是不可信的，但對於說話者而言卻是一種很大程度上的真實。

　　佛經教導信徒要親近「善知識」，[78] 信徒有福說：「高僧大德毫無疑問是善知識，一定要親近。」R告訴我說：「高僧大德一般都是乘願再來，你看虛雲老和尚就是八地菩薩，一生洗一次澡，身上也不會臭，是不可思議的。」人們相信「善知識」身上有更為深廣的力量，這種力量被叫做「加執力」，可以幫助被加持者實現自己的願望，這種「佛力加持」的故事非常多，常常可以聽到。筆者認為這種力量其實是一種對佛菩薩、對高僧的信任。在以前的年代裡，人們相要親近或見到自己心中仰慕的宗教導師並不是件容易的事，而電子媒介的介入和參與，使得這種願望的實現變得相對容易。東林寺裡每天都有許多人想要和大安法師交流，但這實現起來很有難度，但發達的影像技術讓所有的來過東林寺的人都認識了他，只要打開光碟、網路或者手機，就可以觀其貌聞其言，信徒可以隨時隨地聆聽他的「教導」，通過各種音訊或視頻與他進行「交流」，雖然這種交流表面上看起來是資訊的單向傳遞，但宗教體驗

---

78 善知識，通俗地來說，是一種尊稱，是指有修為的人，一般是指高僧大德，但有時為了表示尊敬，也可用於普通人。

的獲得就是來自超自然力量的資訊回饋，這種神聖的視聽行為，使得「神寵」實現有更多的機率，每一次看這樣的視頻或錄音，都是一種強烈的信仰的表達與互動，在每日「面對面」的練習當中，信仰和情感上的認同和歸屬感也隨之越來越強烈。

第五節　外來媒介

事實上，在一天的功課和義工工作都結束之後，可以看到不少最新的現代媒介的身影，有的人一邊走路一邊打手機，也有人裝了WIFI在上網，還有人趕緊把夕陽下的山景拍攝下來，在寺外小路上散步的時候，還可以看到一些年輕的義工用手機看韓劇，這些就是當代人普通且普遍的生活場景。但如果意識到這是一群修行人的行為時，就會觀察到這些行為主體多半是在比較隱密的情況下從事這些活動的，而且也幾乎可以判斷，其中不少人成為修行人的時間並不長，或者僅僅是體驗者，但即使是這樣，他們也仍然會注意到自己的言行是否與周圍的環境相協調，比如看韓劇這樣的行為會被選擇在寺外進行。

前文考察過東林寺內的媒介類型，並且討論了信仰空間在選擇媒介時的原則。即使是現代技術的廣泛應用，也並沒有改變其主流媒介的性質和屬性，反而在一定程度上突顯和強化了其宗教功能，宗教性仍是這些產品的主要屬性，其物質本身也獲得了神性，成為信仰空間裡的「高級」物品。

但修行人這個群體，無論是出家人還是俗世修行者，絕大部分都是半路出家，有世俗社會的生活經歷，也都具有各自的媒介使用慣習，從邏輯上來說，世俗生活中的任何一種媒介都有可能隨著他們的所有者而進入宗教空間，而這些媒介，並不必然就具有宗教性。我們先考察一下這種外來媒介有哪些類型。

　　首先是文字印刷通俗讀物，即書籍雜誌等。與寺內生產的宗教書籍和雜誌不同，它們隨主人入寺，屬於私人物品，只有少數居士攜帶。而一般普通義工原本可能擁有的書籍就很少，大部分人也沒有強烈的閱讀習慣，所以這種情況不普遍。我在R居士的書架上看到有1980年出版的《紅樓夢》，他說是三年前從老家帶來的，現在他正在做出家的準備，所以這些書不久後就要被處理掉。D居士說他在初入寺時，大約隨身帶了幾百本書來，有一些是非宗教類的書，但在入寺以後，慢慢都處理掉了。可見，這一類書籍屬於「世俗」媒介，大家都不約而同地認為它們不適合在這個空間裡過多的存在。第二種由外寺生產流傳過來的音訊和視頻宗教類產品，如有人從臺灣地區帶來的佛教光碟，或是從別的寺院或者網上「請」來的碟片，在宗教屬性上沒有問題，但閱讀這些則似乎涉及到了一個群體忠誠度的問題，所以多半只限於在小圈子裡分享傳看，總體數量很少。

　　不是每一種世俗社會中出現的數位媒介產品都能在寺裡看到。一些目前比較流行的移動媒介產品，例如很多大學生喜歡的IPAD等移動用戶端產品，筆者在寺裡沒有見到過。東林寺有兩類常見的數位媒介產品，一是電腦，總體數量並不多，全寺共約有三十多台，主要是「工作人員」用來辦公的設備。私人電腦極少，且沒有增長的趨勢，一是因為其常見的應用功能已經被整合在智慧手機中；二是私人電腦生存的條件不足，時間和空間條件都不具備，人們的生活是集體性的公共性的，因此人們普遍沒有購置的計劃。D居士也許是不多見的有個人電腦的修行人，他辦公的地方有一台寺院配置的電腦，用來工作，有時候他會在這個電腦上下載書籍，例如《當下的力量》、《空谷幽蘭》等，然後拿回宿舍，用自己的電腦看這些書籍，在他這裡，私人電腦被簡化成閱讀器。所有的宿舍都沒有網線，不具備上網的條件，對於僧人上網的事，DS告訴我

說：「寺裡不堅決反對，也不提倡，所以也不提供上網的條件。」
而僧人出於各種因素的考慮，在僧寮裡設電腦的人極少，在我所訪
談的以修行為主要活動的出家人當中，幾乎沒有人配置電腦，而擔
任僧職的出家人，辦公室裡有電腦，也就沒有個人購買的必要。在
世俗生活中幾乎家家都有的電視機，在寺裡數量很少，偶爾用來收
看與佛教相關的節目。筆者曾在一棟居士樓的辦公室見過一台，大
多數時候都不啟用，有一次通知樓裡的所有人去看電視，播放的是
某電視臺錄製的關於玄奘大師的記錄片。幾乎所有的電視機都只是
用作一個大的視頻顯示器，用於播放指定的內容，不能隨意觀看，
從這種意義上來說，電視機和光碟播放機的功能是一致的，接收社
會的資訊功能和娛樂功能都喪失了，帶來的影響非常小，可以忽略
不計。還有一類在寺內普及率很高的媒介工具，是DVD播放機，在
城市裡已經越來越少的人使用這種播放工具了，因為手機和電腦都
具有播放視頻的功能，不需要另外單獨配置，但在這裡卻是使用率
極高的設備，非常適應寺內的環境。在我訪談過的義工當中，大約
有一半以上的人都配置了DVD播放機。

　　真正值得注意的是手機，這是寺裡最常見且普及率最高的外來
媒介，且主要是智能手機。僧人DS說（2015年7月18日）：「我就
是想買個用來打電話的手機，別的什麼功能都不要，但是找不到，
賣的都是能上網的那種手機，……我們寺院比丘師父占多數，沙彌
約有五六十個，（我們）報紙、電視都不看，佛教雜誌多，差不多
人人有手機，電腦很少。……用手機呢，比丘師父還是比較自由
的，沙彌不行，他們有的是在做事，比如食堂買菜需要用手機的，
才配一個手機，而且是只能打電話，只能發短信的那種，其他的普
通沙彌不能用手機，比丘師父一般沒人管。」可見，信仰層級身份
會影響到手機的配備問題。修行人也有聯繫便利的需求，需要通訊
工具無可厚非。但智能手機從其來源和功能上看，都不必然具有神

聖性，而其強大的功能又似乎不能完全與修行世界分離開來，這使得它們在信仰空間中的地位非常微妙，成為寺內最具有複雜意義的媒介形式。

　　複雜的原因之一是作為通訊工具它在寺院生活中有存在的必要，是信仰個體與組織之間聯繫的重要工具，這是它存在的合理性。對於這個層面的功能，有福是很有感慨的，她多次跟我說起一件往事，這是快70歲的有福每每想起來仍覺得傷心遺憾的事情，她說（節選）（2015年8月25日）：「1988年的時候，我記得吧是春天，單位上組織我們去無錫玩，我呢喜歡寺院，但那時候呢也沒有皈依，就是一種，怎麼說呢，天然的親切感，別人都去別的地方玩了，我看到有個寺院，我就進去了，在觀音殿裡呢就碰到了智林禪師，……和我約好第二年的同一時間再來聚，後來呢，家裡的事一件比一件多啊，我母親呢，又病癱在床，我就沒有赴約，但是呢，卻一直沒有忘記，一直記著這個約定，想到師父那麼誠懇相約，我卻背約，心裡真不是滋味，可是呢，那時候也沒個手機，沒辦法聯繫，……唉，想起來真是難受，現在幾十年過去了，也不知道師父怎麼樣了。」有福在她的QQ空間裡將這個遺憾寫成了一篇小文章，文章的結尾她感慨說：「世事如夢，人生如煙。……故人無依，難再相見，一聲珍重，佛保平安！十幾年眨眼就沒了，師父你還好嗎？我也欣慰的告訴師父，我已皈依佛門，我有了更大的家。我不再漂泊，不再無依，我有了慈父阿彌陀佛。師父你可以放心了。」講完了之後，有福反覆地說：「如果那時候有手機該多好。」2013年我遇見68歲的女性信徒小曼來寺裡參加學習班，我問她是否是在網上報的名，她說不是，是寺裡發短信通知她來的，因為上一次學習班的畢業論文沒有及格，所以沒有拿到畢業證。負責這個工作的義工G居士介紹說會保留每一個報名者的聯繫信息，沒拿到證書的學習者會收到邀請再來參加，這無疑會加強彼此的聯

繫。

　　寺院生活中，佛教徒之間最主要的關係之一是「弟子」與「師父」的關係，也即出家人與在家人之間的關係，虔誠的俗家信徒對出家人這個群體抱有深厚的感情，這種感情有時真摯到超越個體生命體驗中所有其它的情感類型，女性教徒LM，是山東棗莊人，在棗莊開了一個修腳店，跟著別人來了一次東林寺，剛好成了我的室友，她對我說：「（對師父）這種感情比親人還親，比父母還親，父母只是給了我生命，師父不一樣，他們不一樣。」可見信仰認同中的情感歸屬是重要的因素，這種情感上的歸屬固然有利於維持信仰的忠誠，但如果把握不好尺度，也會帶來危險，佛教徒有個詞專門用來形容為「情執」。為了降低這種對雙方都不利的的情感風險，對於在家人與出家人如何接觸就有一些不成文的禁忌或規則，尤其是對女性信徒，例如不可單獨一個人去找「出家師」，特別是晚間，白天的話則需尋得兩到三人同行，據說「二對二」的模式比較標準，即雙方見面時在家人和出家人都有兩個人以上。

　　信徒有福每次來東林寺都要去見出家人BT，主要是就修行或生活中的難題進行諮詢，以求得一些行為指導，通常在家人和出家人都有一些相互之間聯繫比較密切的，就像學校裡有些學生和有些老師關係比較好一樣。有福給我講了其中一次見面的過程（2015年7月12日）：「那一天呢，我提前就和師父打了電話，師父說你過來吧，到了那裡呢，剛好有兩個小師父在那裡問一些事情，師父叫我坐下，我就坐下，桌上有水果，叫我吃，我也沒敢吃，因為那兩個小師父問的事情比較多，所以我就只好先回去了，師父說你下午再來吧，中午過完了堂呢，我又去找他，師父正站在殿門口，他就住在殿裡嘛，穿著短袖呢，一見我就說你等會兒，就進房裡去了，一會兒出來了，穿著長袖僧服，很莊嚴，說你有什麼事，就站在那邊說吧，我就站在離他兩三米的地方跟他說了一些我家裡的事

了。」可見在現實中，兩個群體見面時會有不少的約束，用來區分群體差異，體現尊卑。但這些受到時空場景約束的關係在手機中可以被悄悄弱化或者被削減。有福受了菩薩戒儀式之後，回到家發現很難堅持「過午不食」這條戒律，於是就打電話給BT，我問她什麼時間打電話，她說：「想什麼時候打就什麼時候打嘛，反正他上殿又不帶手機，沒人接聽就下次再打唄……我就問師父過午不食做不到怎麼辦，師父說那就只在『齋日』做到就可以了，又告訴我齋日是哪些天啊，哪幾天是齋日，我說我哪裡記得住那麼多，最後師父說算了算了，隨緣吧，哈哈，幸好是電話裡，要是面對面，還真不敢這樣說呢。」

事實上，女性信徒占了寺中在家佛教徒很大的比例，她們對於信仰也有強烈的追求，她們的行為方式受到性別的約束，有時讓她們很無奈。還好手機在一定程度上緩解了一下性別的張力和緊張氣氛，至少沒有發現在手機交流中她們有什麼被約束的方面，雖然也要注意儀禮，但至少無法規定打電話的參與人數，也無法找到通話時的監督者，面對面交流時的約束無法實施。手機在一定程度上消除了宗教空間裡不同身份群體交往時的時空限制，以及性別帶來的不便利因素，這種便利也對寺院傳統的宗教生活方式造成了隱密的影響。我和有福曾一起住在寺外的村子裡，她常常晚上9點以後忙完了其它事情準備休息時，就發短信問候一些她認識的出家人，有女性也有男性，有的在東林寺，有的在別的寺院，雖然9點是寺院的休息時間，宿舍的燈都會按要求熄滅，但手機這樣的媒介，使得人們並沒有那麼嚴格遵守時間規定。筆者觀察到不少修行人在夜裡9點之後更新朋友圈或在手機上交流一些事情。正如學者分析的一樣：「過去社會依賴物質地點作為接觸或隔離其他人的首要決定因素，受到了電子媒介的破壞，電子媒介弱化了男性場景和女性場景

的觀念，……以及或神聖或世俗的地點的觀念。」[79] 當然這種「破壞」影響如何還不能作出定論，或許有人正是如此而加強了信仰，有的人卻因此更世俗化了，兩者皆有可能，這和他們通過削減神聖時空而進行的私人媒介活動的內容性質有關。

也正因為如此，所以人們對手機的態度非常矛盾。我們前文做過假設，當一種媒介不具有宗教性時，則難以在宗教空間中生存，如果繼續生存，則意味著這種媒介可能會有意義上的改造，然後才被重新納入和接受。以上案例只是說明手機在當代寺院中生存的合理性和必要性，實際上智慧手機在寺內的遭遇遠比以上的情形複雜，我們將在第五章專門討論這種外來媒介在寺內的生存狀況，以及不同群體對它的態度和使用情況，綜合考察它們與寺院文化之間產生的碰撞和調適的表現與形式。

小 結

本章主要考察了在東林寺這樣的宗教空間中存在的媒介種群，根據媒介存在的形式、功能以及它們在信仰和生活中出現的歷史順序，筆者將東林寺中公開出現且普遍存在的，並具有較高普及率的媒介形式，分為三種類型。第一種是傳統的信仰媒介，常常表現為具有較高審美特性的視覺或者聽覺的宗教藝術形式，如佛教雕塑、佛教音樂、佛教繪畫等，審美性越強，其被接受度也越廣。它們通常依託於具體的物質實體，作為勾連人神之間的中介物，這種媒介其物質本身也因此而被神化成為「聖物」，可以說是寺院的必備媒介，是寺院空間神聖性的構成因素，也是佛教文化的外在表徵，雖然其表達的宗教內涵是一種意義的賦予和建構，但擁有歷史傳承的

---

79 美約書亞·梅羅維茨著，《消失的地域》（北京：清華大學出版社，2002），頁216。

過程，其意義基本固定，是信仰空間中的上層媒介種群，擁有崇高的地位。當新的媒介技術和新媒介形式進入寺院之後，它們首先成為了新技術再媒介化的對象，並參與形成了其他媒介產品的內容，也即是說，這類媒介有了新的表現形式和功能。媒介種群之間的關係也隨之體現。傳統媒介的形式多種多樣，是信仰空間文化的代表，具有豐富的宗教內涵，與寺院的空間性質相輔相生，是信仰空間最基本的媒介種群之一。在傳統的信仰時代裡，人們必須要親臨神聖空間，才能接觸到這一類表現為宗教文化的各種媒介形態。例如親自仰望高大的佛像，才能感受到其產生的視覺震撼；而傳統的寺院音聲媒介，轉瞬即逝，必須親自參與到儀式當中才能有所體驗。但現代電子媒介技術，可以將視覺圖像進行複製、將聲音進行保存，並能在某些時候替代或彌補其傳統形式的不足之處，它們被再媒介化之後，再次參與塑造空間的神聖性，且本身的物質載體也獲得神性。

　　第二種是寺院教團自主生產的具有大眾傳播性質的媒介產品，是寺院文化與當代媒介技術相結合的產物，宗教仍是其內容構成的主要特點，但在功能和意義方面都得了更大的拓展。新媒介技術支援下的媒介產品，參與構建了現代寺院空間的神聖性生產，例如念佛機，在無人上殿念佛的時候，可以徹夜播放佛號，成為人聲念佛的替代品。人們相信佛號具有強大的力量，可將「惡」轉變成「善」、「危險」或「骯髒」淨化為「安全」和「潔淨」，電子佛號機參與建構了物理空間的「神聖」性，將空間秩序重新整理和接納。新技術的應用，也彌補了人力的不足，生產並強化了信仰空間的神聖性，一定程度上實現了理想當中的信仰實踐模式。當這種新媒介形式被宗教群體運用時，神聖性不是減弱了，而是得到了強化。網路虛擬中的東林寺又將文字、音訊和視頻的媒介進行了「再媒介」化，將其全部融合在網路數位技術當中。任何媒介，無論其

傳遞的資訊是何種形態或類型，都會受到某種限制。單一的媒介形式只能滿足特定的人群。從東林寺媒介產品的形式和內容上來觀察，其在媒介使用上已經呈現了鮮明的「媒介融合」的特點，不僅能將傳統媒介與現代技術相融合，現代媒介技術之間也進行了一定程度的融合，在同一種媒介形式上可以觀看不同的媒介內容。這一類媒介的特點是將傳統的宗教文化內容穿上新媒介技術的外衣，可以看作是宗教文化對現代媒介技術的利用，是對媒介時代的一種反應和應對策略。利用不同種類媒介的優勢，將宗教資料進行了保存和傳播，突破了地理空間和時間的限制，進行了跨地域的宗教知識傳播和資訊傳遞，並在一定程度上阻止了非宗教內容的進入，從而有效地防止了世俗文化的入侵，並改變了傳統寺院學習和教育的方式。在這些產品當中，DVD光碟可以看作是宗教文化與現代技術完美結合的範例，通過對其內容的控制和現實宗教儀式程序的移植和複製，最大限度地保留了其神聖性，並通過後期編輯，增加其「神聖性」的內容，例如在裡面增加一些想像的視覺資訊來增強觀看者的效果，且不受其他資訊的干擾，這種形式的媒介是寺院本土文化的再生產。這是新媒介技術在寺內生存的方式。說明新媒介與傳統媒介之間存在著繼承和合作的關係，利用新技術對傳統的基礎性媒介進行了再現或再媒介化。

　　保存內容上的宗教元素是新媒介能在宗教環境中生存的重要原因。也正是因為其宗教性，使其在寺院生活中獲得了崇高的地位，成為「高級」媒介。信仰群體對它們的態度是恭敬小心的。信仰者們不以形式為標準，而以內容為依據來判斷對該種媒介應採取的態度。因為其內容神聖，連帶著承載這些內容的物質載體也一樣獲得了神聖的地位，例如印刷佛經的紙張，播放佛號的MP3音訊播放機等。對於信仰者而言，利用這些媒介進行閱讀或視聽的行為，不等同於普通的閱讀行為，除了對知識的獲取之外，這形式本身也被賦

予宗教意義，有一定的儀式程式，是一種實踐信仰的方式。對他們而言，觀看某個宗教導師講課的視頻，並不是資訊的單向交流，而是雙向的，這是一種神聖的行為，即「神視」或者「被神視」，與信仰的最終目標是緊密相連的。

可以說，第一種媒介是基礎性的媒介，溝通人神，是信仰空間必須具備的基礎性媒介，是神聖的媒介形式。第二種媒介因其內容的宗教性或是對傳統媒介的再現，也獲得了高級的地位，是新的神聖媒介。第三種是寺外來的媒介，它們並不必然具有宗教性。手機具有的即時通迅功能，加強了寺院組織與信眾者個體之間的聯繫，也為信仰交際圈的建設作出了貢獻。但同時，這種外來媒介也帶來了隱密的破壞性和潛在的威脅，不同的修行者對它的態度和使用情況都不相同。這使得其在寺內的地位非常微妙，是最有可能產生複雜含義的媒介形式。

第三章　媒介生產與信仰關係建構

　　在本世紀初，我也曾來過東林寺以及近旁的LX寺，像普通遊客一樣，走走看看就回去了，因此2013年來也算得上是故地重遊，但兩次所見的東林寺差別之大，足以使筆者感覺恍若兩地，當然在漫長的時光中，一切都在變遷當中，但同為寺院，與東林寺僅一田之隔的LX寺變化卻不算大，除了場地有所擴展之外，總體和以前差不多，寺內也如同多年前一樣安靜。這讓筆者忍不住好奇，為何地理位置相同，歷史同樣悠久，LX寺裡終日寧靜，而東林寺卻人來人往，那些自稱為東林寺弟子的人是如何千里迢迢被牽引而來的？他們又如何成為這個信仰共同體中的一員？

　　我國大陸的佛寺數量並不少，那些遠道而來的人，即便在他們的居住地附近沒有寺院（或廟），但至少一定可以找得到比東林寺更近一些的宗教場所。如果只是為了尋找一個佛教中介場所，他們大可不必跨省跨市甚至飄洋過海而來，顯然，距離不是信徒選擇信仰空間的首要因素。他們與東林寺之間的關係顯然不同於與一般佛教場所的關係，所以距離遠近與是否是信仰空間這兩個因素都不是決定信仰者個體與團體產生深刻聯繫的關鍵性因素。不少研究者認為，我國大陸的宗教信仰具有高度的非排他性，「寺院與公眾之間幾乎不存在任何社會網絡、情感依附等投資的關係，從一個寺廟轉

向另一個寺廟並不會導致這些社會資本的丟失，且各個寺廟之間往往沒有特定的宗教教規和禮儀學習，這種轉換也不會導致宗教資本的遺失。」[80] 依筆者早年對佛教的印象和觀察，認為這種描述是中肯的，尤其是用來描述普通香客群體與一般寺院之間的關係。但東林寺的情況顯然與這種整體表現不符，東林寺與它的弟子之間明顯存在著相互依存的關係和強烈的情感依附。

若問人們為何而來，十之八九的答案是「被感召而來」，因此，「感召」可能是最初的使兩者產生聯繫的原因，後續的行為是建立在這基礎之上的。從邏輯上來說，任何一個教徒都可以有多種的選擇，任何一家佛教寺院都有可能與之產生聯繫。現代教徒甚至可以不通過中介性的宗教人員和場所，直接與神佛產生聯繫，例如那些在自家燒香拜佛的人。任何一家寺院都是「佛」在人世的代表和中介，因此去哪一家寺院沒有信仰本質上的區別。在訪談中，少數人是直接來或偶然來到東林寺，與之接觸後再產生緊密的聯繫，而絕大部分人則是人未來，而心先嚮往之。且其中大部分人並不長期住在東林寺內，當他們離開了東林寺，他們與這個寺院的關係是否就斷裂或淡化消失了呢？答案是否定的。有一些力量可以保持甚至強化彼此之間的聯繫，並不以身在其中作為必要條件。

通過深入觀察和訪談，我們認為東林寺的媒介生產對信仰選擇和後期的信仰行為有極大的影響，這不是唯一的因素，但一定是最重要的因素之一。我們先來瞭解作為一個宗教組織，東林寺如何成為媒介生產的主體，其生產所需的各種資源如何被整合起來，其流通和消費方式有何特點，觀察媒介及媒介生產如何產生推動或牽引之力促進一個信仰共同體的形成，這是本章的研究重點。

---

80 文永輝，〈神異資源〉（廣州：中山大學博士學位論文，2007），頁130。

第一節　修行中的媒介在場

第二章曾介紹過，東林寺一年當中的修行活動非常多，各種各樣，適合不同的信仰層級。因為活動眾多，參與者不盡相同，因此即使一個常年生活在寺內的人，也不能完全知曉昨天舉行了哪些活動，但神奇的是，住在寺外的人可能知道得更多，也就是說寺外的人有可能比寺內的人更瞭解寺內的情況。

在東林寺內所有的修行活動或社會活動中，無論參加人數與性質如何，總有一種特殊的人會在其中出現，在大型的修習儀式中，所有人都嚴肅謹慎，不敢妄動，但這類人卻可以自由地走來走去。例如農曆七月十五日的「盂蘭盆會」，四面八方趕來了許多信徒和香客，儀式由穿著大紅袈裟的法師在大雄寶殿內主持，僧人們能在大殿內參加儀式，在家佛教徒只能穿著海青立在殿外，有的人為了能站到大殿前露臺的位置而提前一兩個小時就來了，準時來的在家信徒只能在露臺臺階下的廣場空地上擺個墊子，再後來的人只能與遊人挨著，遙遙地跟著大殿內的儀式節奏行動。即使大殿內有多餘的空位置，也沒有俗家的信徒敢跨過大殿的門檻加入裡面的隊伍，僧俗的界限嚴格分明。而有一兩個人卻是例外，他們可以在儀式現場內任意走動，隨意進入大殿內外，甚至不用穿禮服。

修行活動結束之後，常常會舉行經驗交流會或者感言分享會，讓那些修行成功的人有機會發表自己的經驗或感想，這時候，這些特殊的人必定會再次出現，拿著錄音筆，給許多發言人錄音或拍照。有戶外活動的時候，他們會扛著攝影機跟著隊伍；而法師升堂公開講法的時候，更是少不了他們的身影。

這些擁有「特權」，可以自由進出佛殿、並能出現在寺內所有嚴肅儀式現場的人，是寺裡的記者，或者從事音訊、視頻製作的工作人員。他們在儀式現場不用穿修行禮服，脖子上常掛著相機，

在黑壓壓一大片灰褐色海青的人群中，很是引人注目。他們的勞動成果很快就能被看到，如果這儀式是當天上午舉行的，一般第二天上午，甚至就在當天下午，就可在東林寺的網站上看到與這儀式相關的文字介紹和現場照片。他們的工作讓一個天天住在寺內的人還沒來得及知道昨天有多少人閉關結束，而在千里之外的一個在家教徒，就已經看到了交流的照片，還有可能會因為情緒激動而在電腦前流下淚來。因為幾乎現實中東林寺的一切，都會在虛擬的東林寺中呈現。

這些被稱為記者的人，只是專職進行媒介工作的參與者之一，除此之外，負責不同工作的部門也都設有專門負責網路工作的人員，可以說寺內每個工作團體都會參與到虛擬空間來，這樣使得媒介資訊內容更加全面而完整。當然，像別的媒體工作機構一樣，在資訊上傳到各種媒介平臺之前，有人會對稿件進行把關和審核，如果不符合要求，就需要馬上修改。

WX部是專門負責在網站報導寺內舉行的各種修行活動和儀式的部門，約有三四個專職負責撰寫稿件的居士，D居士就是其中一員，他三年前來到東林寺，我在許多場合見到他帶著設備出現，有時是拍攝照片，有時是記錄一些人的發言。他告訴我說（2013年9月26日）：「我一個月大約要寫到七、八篇稿子，有時候活動多就更要忙一些，我和其他的居士負責的內容不一樣，每個人的工作任務都是提前分配好的，我們這個部門的稿件大約占了網上全部新聞的四分之一，每個部門還會有自己負責的具體內容，工作量看起來雖然不是很大，但是速度要很快。我上面大約有兩三個人還要審核我的稿子。所以速度一定要快，不能拖。」因為有這樣的意識和制度，所以東林寺中幾乎所有的公開活動都可以在網路中被瞭解，常規性的修行會被持續性的進行報導，能從它開始的年份一直延續到現在。面對社會重大事件，尤其是災害性的，東林寺常會非常迅

速地舉行相關的法會活動，為傷逝者祈福，這些法會的儀式和照片會在那個時段成為消息的頭條。例如2014年3月8日「馬航失聯」事件，2015年6月1日晚上「東方之星」號輪船沉船事故等。

　　虛擬東林寺是寺外信徒群體知曉和瞭解並與東林寺保持聯繫的一個重要管道和方式。訪談中不少人說自己每天或者每隔一兩天就會上東林寺的網站，觀看各種消息報導或者觀看更新的視頻音訊。下面是2013年7月24日中午齋堂前排隊吃中飯時的一段隨機開放式訪談：

> 筆者：您好！您是來參加體驗活動的吧？（從她身上穿著寺
> 　　　院統一製作的T恤可以看出）
> 女士：是的
> 筆者：您從哪兒來呀？
> 女士：青島。我是XX學校的後勤職工。
> 筆者：哦，我聽說過您的單位。您是怎麼知道這個活動的
> 　　　呢？
> 女士：我在東林寺網站上看到的。
> 筆者：您經常上東林寺網站嗎？
> 女士：嗯，幾乎每天都上。
> 筆者：主要是看新聞嗎？
> 女士：新聞也看，主要是看法師回答信眾的問題。這些內容
> 　　　占了我上網的主要時間，每天下班後都看，都成習慣
> 　　　了。

　　L是湖南人，30歲，已在東林寺做了三年義工。2011年，他打算離開家到寺院去學習佛法，但又不知道去哪裡好，於是就在網路上搜索，對比了很多家寺院，他仔細研究了東林寺的網站後，就決定來這裡，一直到現在他仍然在東林寺裡一邊做義工一邊修行。

　　H居士介紹說自己來東林寺之前，在深圳做服裝打版師，每個

月的薪酬非常可觀，但後來認為學佛更重要，於是在深圳某個著名寺院參加了皈依儀式，也曾獨自到廣東某個鄉下閉關了8個月，他說他在自學了很多書和光碟後，最後決定選擇專門修習淨土法門，他說：「JK法師說，他的師父在他五、六十歲時叫他修，法師都說自己是下根之人，要修淨土，何況是我們這些人。」但他發現深圳當地幾家寺院都不是純淨土寺院，所以就到處尋找，終於在網上看到了東林寺，詳細瞭解之後他非常激動，正巧遇上學習班招生的通知，於是報名參加了考試，並被錄取了，H當時在深圳的工作報酬不錯，但衡量再三還是把工作辭掉了，他說：「將一切都放下，到東林寺來了。」來了之後又重新皈依了一次，認為：「現在要系統地學習東林寺的淨土思想。」他常常塞著耳機，我問他在聽什麼，他說在聽一位法師上課的錄音，他的U盤裡有這位法師講課的音訊全集，我問他是否能給我拷貝一份，他說：「你真是太有福報了，這個很難得呢，要好好學習哈。」我非常理解他的話，因為他們都認為有這樣的機會是非常珍貴且值得珍惜的。

D居士告訴我一件他工作中遇到的事情，從中可以看出信徒觀看寺院新聞和一般讀者看新聞之間的差異。他說有一次他寫了一篇關於閉關修行的稿子，對他而言這是慣例性的工作，像往常一樣稿子審核過後就在網站登出了，D居士並沒有覺察到這篇稿子有何不妥，然而隔了兩天，方丈室轉過來一封信，確切來說是一封投訴信，因此方丈室要求他們部門好好處理這個事情。這是一封從美國來的電子郵件，寫信的是一位老太太，她曾在東林寺住過很長的時間，後來因年紀太大了行動不便才沒有繼續，她特別景仰主持閉關活動的T法師，郵件中問為什麼在最新一期的閉關報導中沒有看到T法師的照片，她在信裡強烈地表達了她失望和難過的心情。D說沒發的原因是這一次T法師特別交待了不要在稿件裡發他的照片，名字也不要出現。D說：「看來以後都要繼續發法師的照片了，我

也是很能理解他們的心理的，有的時候，信眾沒有在網站上或者照片裡看到法師，就像丟了魂似的，很失落。」

東林寺自主生產的音訊和視頻作品，不僅可以在本寺網站上下載，同時在優酷網、土豆網、搜狐網、鳳凰網等大型門戶網站上顯示和被搜索。東林寺的網站是宗教性網站，一般來說，教外人知曉的可能性較小，有意願瞭解的非教徒也不是很多，但以上這些網站是綜合性網站，社會各界人士都有極大的可能會流覽進入，以這些網站為平臺，無疑會增加宗教與信仰群體「相遇」的機會，令更多的信徒有機會瞭解東林寺。然而有意思的是，據製作管理相關工作的L居士介紹說，這些綜合網站中的有關東林寺的內容並不是他們主動的結果，而主要是對方的主動行為，以及部分信徒的個人行為，有的教徒看了東林寺的東西之後主動將其傳到其他的網站，因為在這些網站上傳視頻相對自由不受限制，也不收取費用，是傳送者的一種宗教實踐，即「傳教」。L居士還說，因為品質好，影響力大，所以別的網站常常會主動地轉載東林寺的消息，東林寺與這些網站之間並不存在合作協定，原因是「因為他們也需要佛教新聞」，這位居士接著又強調說這都是因為佛力加持的原因，是因緣所致。在訪談中就有信徒說他們是通過其他的更為著名的綜合網站，轉而才進入東林寺網站並來到東林寺的。那些對東林寺充滿感情的信徒，當他們不能來的時候，就會特別依賴網站上的資訊提供慰藉。就網站這一媒體形式來看，東林寺也呈現「融合」的特徵，即被動或者主動地融合了其他網路平臺的力量。

我們前文觀察到，東林寺的主要媒介並不只有網站，還有其他多種形式，媒介在場的成果同樣會被放在雜誌上、報紙上，呈現為文字或視聽的媒介形式。強烈的媒介應用意識，促成了東林寺媒介在場的制度，這種制度保證了信仰空間中組織活動和群體最主要的宗教生活，都得到了即時傳播、同步傳播和連續傳播，實現了寺

院生活的媒介再現。資訊的快速更新，培養了觀看者的媒介習慣，也促成了情感上的聯繫。上東林寺網站已成為不少信徒日常信仰生活的一部分。如果網站內容沒有及時更新，或者沒有出現期待中的內容（如法師的照片），有的人就會感到失落甚至恐慌。正如研究者所說的那樣：「……最原初，最高級的表現不在於傳送睿智的資訊，而在於建構和維繫一個有序、有意義的，作為人類行為控制器和容器的文化世界。」[81] 成為這個世界中的一員，在接收資訊的過程中就能產生類似參加一場修行實踐一樣的感覺，能給他們帶來精神和信仰實現上的滿足。佛教中描述的極樂世界是難以體驗的，但作為其理想的外顯——寺院的生活——卻是真實的可由經驗直接感知的。東林寺將寺院生活編排成一種有序的可感知的模式，通過各種媒體呈現在信仰者的眼前，不同地理空間中的同一文化成員在媒介製造的環境中互動、共用和交流，懷著同樣的情感，思維方式和相同的理想目標，運用著這個群體特有的話語和詞彙，建構信仰的虛擬群體空間。雖然這空間需要依託於一定的媒介實體，但在其中產生的心靈和精神的體驗卻是真實的，又因為想像的美化參與，這體驗甚至可能比現場更為強烈。「新聞像小說、戲劇一樣，重要的不是傳輸信息量的多少，而是通過對世界的描繪為我們搭建一個虛擬的平臺，使每個人都能參與其中，並能在不同角色之間轉換，通過扮演者真實感情的投入，將參與者聯繫起來以達到維繫統一的目的。」[82] 教團定期的持續的資訊更新和通過多媒介進行的資訊傳遞和接收，共同構建了一個有序的、有意義的共享的信仰世界，緊密維繫著媒介兩端的組織和個體。

---

81 James W. Carey, *Communication as Culture: Essays on Media and Society*（Boston, Unwin Hyman, 1989），P18-19.

82 詹姆斯‧W.凱瑞著，丁未譯，《作爲文化的傳播》（北京：年華夏出版社2005），頁7。

第二節　媒介生產與資源整合

　　媒介生產，尤其是影像製作，需要一定的設備和技術。在很長的時間裡，媒介生產一直由某些機構所壟斷，主流機構之外的組織，難以具備相關的條件進行媒介生產實踐。隨著當代媒介技術的進步，這種情況已經有所改觀，例如DV設備的出現，使影像記錄成為不必太受專業的訓練就能掌握的技能，瓦解了傳統社會中主流媒體壟斷的壁壘，使得非主流的邊緣群體也可以應用影像技術來進行自我記錄和表達，而不必依靠「他者」進行轉述。

　　經過訪談，筆者瞭解到東林寺的媒體產品，主要是由寺院教團中的媒介生產機構主導的，例如有的部門專門負責經書的校對與出版，有的部門負責佛教藝術品的製作等。其中有個專門的部門負責制作視聽影像產品，根據寺內資料介紹，從其建立（2005年）以來，已經出版發行各類光碟多種，總量已超過300萬套，流通地覆蓋了全國以及新加坡、馬來西亞等國家和地區。L居士介紹說（2015年8月18日）：「我們在2006年開通了住持大安法師的個人網站，在2009年開通了法師的個人博客，在2009年底又開發設計了兩款網路音訊和視頻的線上播放平臺，在微博和微信出現以後，又開通了以東林寺命名的微博和微信，其中微信有中文、英文和日文，也可以通過手機用戶端接收（以上資訊）。」除此以外，也有些產品是由信徒自發組織製作的，例如有相關設備的居士，就主動製作了東林寺的航拍視頻，完成後將作品獻給東林寺，放在網上供人觀賞或下載。寺院生產所需的專業技術設備和相關儀器有一部分來自生產廠家的捐獻，X居士說：「因為法師有這麼強大的感召力，他的慈悲之心使得很多人都感動，（所以）我們許多的儀器和設備都是生產廠家贊助給我們的。即使有些人不是佛教徒，但是他們也有向善的心。」有一些設備是購買的，資金來自信徒的捐贈。

雖然東林寺生產的媒介產品總量很多，但其實並不需要特別高、新和複雜的設備和技術，當確實需要高端技術的時候，他們通常會選擇與專業廠家或公司進行合作，不得不說，這是現代社會自由市場給宗教帶來的一種福利，如果這些廠家和公司被壟斷的話，那麼宗教組織的生產將會是另一種情形，不過負責這些工作的居士們也抱怨說在尋找合作的廠家時仍會受到一定的限制，但總的來說依然有一定的相對自由的空間。教團中的俗家教徒們的存在，使這樣的合作或工作的開展變得相對容易，免除了僧人與社會群體交往時的諸多不便。然而需要說明的是，技術或設備因素只是生產過程當中的一個要素之一，要使生產和消費實現並持續運轉，其他的相關因素也非常重要。誰是生產的參與者？誰是消費者？如何消費？整個程式如何運轉？下面以個案訪談為例來進行瞭解。

（一）文字「供養」者

媒介生產的工作由寺內專門的部門來實施，這些部門的模式基本由僧人加居士組成，具體的工作多由居士來擔任。東林寺裡設置了多個工作部門，類似於一個公司及其內部分工結構。但這個「公司」顯然與世俗社會中的公司有本質的區別，其中一個顯著的特點就是其不具備明確的規則和制度，寺院生活中的總體原則來自佛經，一切言行均由佛教思想指導同時也是佛教思想的體現，同其他事物一樣，「隨緣」是媒介工作的制度，因此媒介生產的工作及工作人員是經常處於「緣分」的流變之中。筆者曾對這種「自由度」相當高的生產模式感到非常吃驚，因為這工作不是單獨個體能夠完成的，需要分工合作，但是佛教徒們好像對事物的不確定性習以為常，也並不為此擔心，G居士說（2013年11月21日）：「在寺裡，就是這樣的，一切隨緣嘛，沒有什麼非要不可的，你看，雖然人來人去，但也沒有帶來什麼不好的，當然不得不說是佛力加持呢。」

筆者以為更可能的原因是因為核心的主導力量沒有喪失，所以人員變動頻繁也不會影響到整個生產的存在與運轉。

在媒介生產的實施過程中，最主要的力量仍是在家居士群體。我們分析過這些居士們的勞動性質，從內部看，屬於佛教的「護法」行為，其中的勞動源動力，被稱作「發心」。「發心」即依靠每個人內心的熱情和信仰的虔誠度以及神秘力量的成全，來決定其勞動能達到的程度和水準。「發心護持三寶」是俗家佛教徒的信仰實踐行為，也是教內的分工。因為媒介當中全部是關於佛教的內容，關於教理教義或者實踐方面的，這種將佛教思想進行傳遞的行為，屬於佛教的「弘法」活動，佛教內部不少人認為「弘法」是出家人才能做的事，在家俗眾沒有弘法的資格，但現在居士可以依靠自己的教育和技術，來參與這一過程，這無疑提高了他們在信仰群體中的地位以及在信仰上獲得更強的自信和動力。居士LZ說（2014年4月29日）：「我們發心大，出家人就會更精進，出家人更精進修行，義工們護持就更起勁了，這樣，出家人成就了，護持的人就是無量功德了，將來度的眾生就多，護持人也就成就的多，就是同登極樂了。」這是一種共同體的思想，在LZ看來信仰不是自己一個人的事情，而是關係到整個群體的信仰目標和信仰前途，並認為個體的行為會對群體產生影響，這樣倘若個體能在群體中有所貢獻或者貢獻大一點，毫無疑問，他在精神上的滿足感就會更強。

有一些居士的才華得到了僧人的欣賞，他們在工作中的自由度就會更高，比普通義工受到的限制就會少得多，這有利於發揮他們的信仰熱情，同時也可以給整個信仰群體帶來更大的利益，例如知名度高的信徒自然就會使教團獲得更高的關注度，或者能使更多的信徒加入共同體當中。雖然直接參與媒介生產的居士們的背景和經歷各不相同，但共同的信仰理想和追求使他們願意將自己最大的熱情和努力投入其中。我問X居士為什麼製作經書要求這麼嚴格，並

且常有很多好的創意出現呢，他說：「這是師父們的要求，也是他們大家的發心，每個人都盡最大的努力把這些事做好。」這種由信仰力量支配的帶有慰藉性質的、非外力強迫的媒介工作與世俗社會中以勞動交換為目的工作方式有所不同，下面選擇三位媒介生產過程的主要參與居士的個案來進行瞭解。

在寺裡專門寫網站稿件的D居士是山東人，他介紹說自己畢業於某外國語大學，在很多地方工作過，當過翻譯，閱讀興趣非常廣泛。有一次我在寺外的小路上碰見他，他在散步，手裡還不忘拿著一本書，是一本英語原著的哲學書籍。D居士說他早年信仰基督教，後來轉向佛教，在許多寺院居住過，但在東林寺的時間最長。D居士頗有寫作才華，筆者對佛學並無很深的研究，但作為一個普通的讀者，也很欣賞這種富有文字美感的佛化文章。他在稿件上對自己要求很高，即使是一些常規修習儀式的稿件，也常常要求自己寫得靈動而有文采，D居士的知識比較淵博，對不同的宗教都有所瞭解，他說自己常常有一些修行的感悟與心得，他希望能將這些「有益」的東西融合在他的新聞稿件中，他說（2014年10月26日）：「你知道，我寫東西有一些要求，即使是普通的稿子，每個月都舉行的，像閉關的，經行的，還有佛七的，我都要求每一次寫出一些不一樣的境界出來，我努力在東林寺的情懷上，再加上我自己的修學和理解，你也知道，我是看了不少書的，中西方的，佛教的，基督教的，眼界也還算比較開闊，所以我覺得看的人是能受益的，這也本來就是修行人的追求，大乘佛教本來就講求自利利他，我是不能接受我自己只是例行公事那樣的寫一寫就行的，所以有一段時間覺得很累，有時候都快要吐血了一樣。不謙虛地說，有的人是很喜歡我寫的東西的，有的師父看了也覺得很有啟發。」對於佛教徒D居士而言，這並不是一份單純的工作，而是和他的信仰結合在一起的信仰實踐，他的追求不只是停留在將這種活動現場進行媒

介記錄，他的理想是要借著這些新聞報導將他自己對佛法的理解和修行的感悟傳遞出去，希望與觀看的人產生交流，獲得共鳴，不只是追求資訊的傳遞和發送過程，還在乎資訊接收之後的精神共享與再生產，如果能對看的人在修習實踐上和思想上產生作用，D居士才認為達到了他的工作目的。有學者說在資訊傳遞中，「參與其中的個體或組織不是為了發佈或接收到多少資訊，而在於溝通和交流，這些個體或組織扮演的就不再是發送者或接收者的角色，而是儀式的參與者。」[83] 對於D居士而言，寫寺裡的新聞稿件，參與文字資訊的製作和發佈，就是一件類似修行儀式一樣的神聖事件了，與他的信仰觀念緊緊聯繫在一起，每寫一次稿件，就相當完成了一次修行。寫作者和觀看者，都是佛教徒，他們在文字與圖片當中進行信仰的共享和交流，共同生活在媒介構成的信仰世界裡。相同的一份修行新聞報導，在信眾和非信眾讀來，效果和影響會截然不同，對資訊的再生產以及閱讀後續的行為實踐也會不一樣，它們可能會直接影響到信仰者的行為與實踐。對於D居士來說，雖然他花大力氣去寫和隨便例行公事地去寫，對他個人的生活現狀不會帶來改變，也不會因此而獲得額外的物質利益或獎勵，但顯然，對他的精神層面和信仰層面而言，意義就太不一樣，「發心」去寫，是作為一個修行人為信仰而做出的努力，他用文字創作的方式和這個群體緊密聯繫成為一個共同體，用文字供養的方式去實踐他的信仰。

　　D居士在成為佛教徒之前，經歷坎坷，這也是很多居住在寺內的修行人的共同特點，多半都具有「創傷性」的人生歷程，他說寺裡的人際關係相對鬆散淡漠，因為大部分人都有太多的煩惱和問題無法找到解決的方案，才渴望被宗教救贖，D說：「我們這些人扔在外面是貓不理、狗不叼的，這裡簡直就是一個救命的地方。」因

83　詹姆斯‧W.凱瑞著，丁未譯，《作為文化的傳播》（北京：年華夏出版社2005），頁12。

此對於他們而言，建立起與神佛之間強勁的聯繫是他們生存和追求中的第一要事，對於自己從事的工作而言，相互之間的協調合作或者團隊關係的處理並不是排在首位需要考慮的，而怎樣通過手中的工作去表達對信仰的虔誠以及獲得信仰的內化和認同才是最主要的，最終的回報是來自彼岸的，然而正是因為這種統一的個人化追求，卻可以讓個體關係鬆散的整體取得不錯的工作效果。信仰使得平凡的自認卑微的甚至是痛苦的生命找到了一種富有價值的存在方式，普通的行為被賦予了高尚的利他意義。如同念佛者每天反覆念誦阿彌陀佛，並將念誦的「功德」回向給眾生一樣，這行為在筆者最初看來是「荒謬」的，但修行者們卻認為這是最有意義的存在方式。

　　XH居士是位女性，有少數民族的血統，畢業於某著名大學，有人告訴我她的家庭條件非常優渥。XH已經放棄了她的工作，一年當中的大部分時間都待在東林寺裡，偶爾離開也常常是為了辦寺院的事。我與她相識於2013年，那時她已經來東林寺一年多了，她的工作是為遊客做解說員，聽說最開始東林寺並沒有開展這樣的活動，但XH經過觀察，發現很有必要對遊客講解東林寺的歷史，於是她就組織人員建立了一個義務導覽組。在寺外跑私家車生意的張師傅說起XH居士來，讚不絕口，張師傅專門在東林寺外做生意，拉送往來的佛教徒，因為已經有8年的時間了，所以他對寺裡的情況很瞭解，認識的人也很多，他說XH居士朋友很多，每次總是照顧他的生意，請他去機場接人，給的工錢也比一般客人要多，他說（2015年8月26日）：「她做事好認真，要導覽嘛，不信佛的人看不懂，XH還錄了導說詞在那裡放，她的聲音好聽，普通話好準，她還去請了一個什麼播音學院的教授來給這些講解的人作培訓呢，這個教授還是我去機場接來的，你曉得不，她有時工作不方便嘛，她叫兩個朋友把她家的寶馬車開到這裡來了呢，那兩個人在路上開

了一個星期，北方來好遠嘛，她家裡車好多哦。」XH居士為人謙和有禮，和別人聊天時從不提及個人私事，也不張揚她為寺院做的事，所以我也不便證實張師傅的話，只聽她說過自己朋友挺多，會邀請大家一起來護持東林寺。我問她為何信佛，她笑笑說因為吃的苦太多了。XH在修行上對自己要求很嚴格，念佛非常努力，認識她的教徒都對她評價很高，認為她是真正的修行人。

　　2015年XH居士的工作是負責大安法師的博客，我曾對她說如果有機會我也想來做義工，幫忙製作音訊或者視頻，她特別高興，反覆地對我說了幾次：「做這些相關的文字處理工作，一定要多聽法師的講經，我們要好好護持法師，把這麼好的正法發揚出去，讓更多的人受益。做這些工作呢，必須要對法師的語言表達方式特別熟悉，方法就是儘量多聽，大量地聽，我是有兩部講經機，在家裡的時候，我就都放著，這樣的好處就是隨時隨地，時時刻刻都在聽，晚上睡覺我都不關，有時候一邊睡著，會突然說出一句『講的真好啊』，又睡過去了，呵呵，就是這樣的，天天浸在法水裡，我自己感覺真的很受益，太受益了。」這些話語大約能解釋她在這裡依寺修行的目的和動因，她介紹了自己正在做的博客方面的事情（2015年8月9日）：「博客不是法師親自在管理，因為法師很忙，沒有時間，我們在博客上是注明了的，是代為管理。博客文章的標題呢，都是從法師講法的內容中選取來的，或者是自己選擇了相關的內容，然後取一個標題，有時候為了一個內容，會把法師所有的，不說全部的吧，至少會把他在近幾年來在講法的過程中，曾經提到過的和這個內容相關的全部都找過來，儘量讓內容全面、豐富。一篇文章大約在500字到2000字之間，但是花費在上面的時間就很多了，並不是簡單的抄錄就完了，你想啊，這是在弘法啊，是法佈施啊，我們能把法師的講法傳出去，讓更多的人受益，不能馬虎大意。當然前提就是要對法師的講法特別熟悉才行。（博客）現

在已經有6年了，文章也有800多篇了，儘量不能和前面的內容相重合，至少不能很大程度的相似，不然看的人就會說哎呀怎麼老是相同的內容啊，我以前嘗試過的，就是幾篇內容都講一個問題，把問題講深講透徹，但是效果不好，人們好像不太願意看延續性主題的東西，要打散，每次的主題要不一樣，打散了之後呢，發現閱讀量就有變化了，我也是在迎合他們讀的人的習慣，呵呵。底下跟貼子人的問題呢，我從來不回覆，因為是代為管理嘛，所以我是不能代表法師回覆的，不過，你知道，法師每月有一次答疑嘛，我就會把問題整理下來，抄在紙條上遞過去，有時候問題比較多，就來不及回答，有時候回答了，我就會在相關問題下面回覆讓他們去聽法師哪一次的答疑。」XH居士是東林寺的忠實信徒，應此對弘法非常熱情，認為這是意義重大的事情，非常希望筆者也能參與到這樣的義工工作中去，並打電話問她的上級主管，問現在是否有事情要幫忙，得到的答覆是讓先做準備，於是她對我說：「這一段時間可能還不太需要人，但是有很多工作正在啟動當中，以後有大量的工作需要我們，這些博客啊法師講的內容都是要出書的，我們要一起努力啊，有的時候，只要努力了，就一定會心想事成的，有句話叫做『但做善事，莫問前程』，只要發心去護持三寶，佛菩薩一定會加持你的，你可以先自己做一些聽打練習。」我說如果我聽打了一遍，發現別人已經做過了，那不是很浪費嗎？她說：「那你自己也受益啊，至少你自己又把這部經又全聽了一遍，熟悉了一遍，這是真正的自利利他呢。」

　　L居士參與很多媒介專案的製作，可以在很多儀式現場見到他，經常穿著一個上下都有很多口袋的卡其色工裝馬甲，看起來很像一個專業的攝影師，後來他告訴我這件馬甲是攝影器材店的老闆贈送的。L的老家在江西南部，他於2012年來到東林寺，此後一直沒有離開，2014年春節他終於回了一趟老家，但只過了幾天便回

來了，說自己已經不能適應家裡的生活了。L的性格內向而靦腆，說話的時候緩慢而謹慎，他擔心不小心說錯了話而犯了「口業」。2013年我在寺裡經常見到他，那時他留著稍稍有點長度的偏分頭髮型，清瘦的樣子，2014年再看到他，變得比以前更瘦了，髮型也幾乎接近光頭了。D居士說L居士是因為工作高度緊張才變瘦的，因為L不僅要負責新聞稿件中的照片拍攝，還要參與很多視頻、音訊的製作，每天還要負責編輯、發佈大安法師的微信。我沒有問L居士為什麼來東林寺，我和他們相處了一段時間之後，已經學會不輕易問人們這個問題，因為沒有人喜歡提起過去人生中的傷心往事。L在寺裡做過各種義工，例如在佛殿做看守人，在齋堂裡打飯菜等，後來「機緣到了」，就跟著製作視頻的一個老居士學攝像，學了一年多，那位老居士因故離開了，於是他就接手了這個攝影的工作，「都是佛力加持」L說。讓L感到非常緊張的是微信的發佈工作，因為不能出一點點差錯，但他同時又為自己的這份工作而自豪，因為「這不是普通的個人微信」，他說：「把這麼好的佛法傳出去，可以給更多人的帶來利益啊，也許一個人開始可能不信佛，但是看了我們發佈的一個東西，比如說一個失戀的人，痛苦得要死了，但是看了大安法師的答疑，就知道這個情執是怎麼回事了，就不去執著，他的心態就變好了，就慢慢地信佛了，你說這不是很大的功德嗎。」對於L而言，這項工作雖然有點難，但他相信自己會獲得更多的神佛的暗中幫助，也認為自己會影響更多的人。當然，也有現實的原因需要被顧及，那就是當這工作做得不夠優秀時，不僅是「發心」不夠，同時也會失去繼續工作的機會，以及這種生活方式的繼續和對自我信仰的懷疑。下面摘抄一段2015年7月3日在寺外素齋館與D居士和L居士的訪談記錄：

> 我：L師兄變瘦了，比以前看到的時候瘦多了。
> D：他這個工作壓力大，加班，所以瘦。

L：加班不算什麼，主要是緊張。

我：緊張？

L：因爲不能出一點差錯。

我：萬一出了點差錯怎麼辦呢？

L：一般不會出現，小的可以有，但是大的還沒有，不然早
　　就自己走了。

我：你的微信工作主要是從法師講的法裡摘抄一段，你自己
　　還要加工嗎？

L：一般不，但格式啊排版上面要注意，有時候，標題我會
　　改，我會自己取標題

我：我喜歡裡面配的圖，太好看了。

L：這個不能找錯啊，找錯了絕對那個，一個錯別字發出去
　　了，那就是笑話了。

我：錯別字不是由聽打組的人把關的嗎？

L：那什麼事也不可能有百分之百的，還是要特別注意的。

D：關鍵是有時候他還特別忙，有時活動很密集的，比如今
　　天晚上是預備會，你得準備，攝像，話筒，三寶歌，歌
　　詞投影，這些設備都要管。

L：不能說是只幹這個不幹那個，能做的都去做，利用我們
　　的（智慧），盡最大的能力來護持道場，而不是只是完
　　成本職工作，這也是修行，叫做「巧把塵勞作佛事」。

我：那這個公眾號的微信是通過誰的手機發？

L：公眾號先是在電腦上申請好，然後在發的時候，有一個
　　身份來驗嘛。

我：你那個手機是工作手機吧？

L：私人手機。

我：私人手機？那你自己還有沒有微信呢？

L：我自己的微信也是爲工作申請的。除了這個微信之外，

　　我不怎麼用（手機）的。

我：我有時候想，微信做得這麼漂亮，法師的手機肯定是特
　　別高端的手機，我還想他怎麼忙得過來。

D：外面的很多人，瞭解不到，是我們工作人員在做。

L：也可以說，也可以不說，不說嘛，別人以為是法師發
　　的。

我：不啊，法師那次講經說了，說我從來都不用手機，你看
　　這不用手機，咋發微信呢？

L：你哪見過哪個高僧大德隨時拿個手機在手裡？

我：對，其實，這都是你們在，嗯，這其實也是一種供養
　　嘛，算不算？

L、D：嗯（同時）。

我：法供養，那你不是供養寺院，是供養給眾生？

L、D：（同時說）法佈施。

我：哦，法佈施，有沒有很自豪的感覺？

D：（問李）會有一點呵。

L：（笑）當然。

D：我記得我當年剛管理博客的時候，看到有的人發過來的
　　資訊，說大師，請問你什麼什麼，我還真的有臉紅心跳
　　的感覺。（大家都笑）

　　……

我：那這些寺院裡的師父會不會看這些博客啊、微信啊什麼
　　的。

D：有一些人，博客嘛，有的人嘛，是學教理的需要，有的
　　人呢，是工作的需要，還有的人嘛，也可能是喜歡本人
　　的文章（笑），外面的文章，比如英語博客吧，一方面
　　可以學淨土，一方面還可以學英文，所以說各種方法都
　　可以接引一些人，這叫「巧把塵勞作佛事」。

> 我：哦，真好。那個不同版本的微信，大家會交流嗎，比如
> 　　說你今天發這個，我也發這個，然後翻譯成不同的版
> 　　本。
>
> L：沒有，都是大家各自在家裡做，或者自己做。
>
> 我：我是很好奇，有一次看到微信，說這個翻譯成英文，怎
> 　　麼翻呢？然後我就去找英文的，我發現不是一個內容。
>
> L：不是對著來的，都是個人自己在做。

　　我在2015年7月見到H居士的時候，她剛來這裡三個月，正在負責寺內一個部門的網站維護和該部門微信的發佈和管理工作。H在大學的專業與計算機技術處理有關，以下是7月15日我和H在寺外的訪談記錄：

> 我：阿彌陀佛，師兄您好，聽口音您是東北人吧？您是啥時
> 　　候來的？
>
> 她：我是，那個時候，接觸佛法，在家裡看佛經嘛不是，看
> 　　佛經，看《無量壽經》什麼的，時間長了呢，就想去寺
> 　　院轉轉，但是呢，又不知道寺院是什麼樣兒的，因為我
> 　　從小沒進過寺院，那次正好手機裡有個微信群，是哪一
> 　　個寺院吧，它發了一個全國各地五一「打佛七」的時間
> 　　安排，哎，我說什麼叫佛七，上網查了一下，哦，明白
> 　　是怎麼一回事，哎，看見一個什麼呢，東林寺，這幾個
> 　　字把我給吸引了，我看了照片介紹什麼的，我說上那兒
> 　　去，肯定沒錯，背著包就來了，第二天。我提前打了一
> 　　個電話問師父那邊可以住不，沒好意思說吃，說可以，
> 　　哦，好，我就來了。想著就七天，吃能吃多少，主要是
> 　　把住的問題解決了就行，來了他們說你去掛單，我說什
> 　　麼叫掛單啊，也不懂。
>
> 我：來了才發現不僅可以住，還可以吃。
>
> 她：嗯，來了以後就不一樣了，整個的，一個人生就在那個

時刻變化的。有個師父也對我促進很大，我那次來每天
都起得早，基本就跟在師父後面做功課，他整個的一天
下來，他那個頭，不會抬一下不會看任何人，那個時候
就感覺，這個功夫，我差得遠哪。就感覺人家怎麼那麼
有修為啊。

……

我：您現在主要作什麼呢？

她：主要是網站和微信、微博這一塊。我們從各個渠道來宣
　　傳，都是自發的，自己發心，師父他也不懂這一塊。

我：師父對你有什麼要求嗎？

她：師父對我沒啥要求，因為他也不知道怎麼去要求，他不
　　瞭解。完全是靠自己發心來做。現在網上有那個新浪博
　　客，那主要是對不信佛的人不定期發一些東西，現在這
　　個微信，佛友比較多，主要是針對信佛的。

我：這兩個群體不一樣？

她：是啊，所以同時在網上也是通過各種方式，鏈接啊，讓
　　更多的人知道這個網站。

我：哦，你們部門還有專門的網站？我以為就是合在這個大
　　的網站裡頭，還真不知道呢。

她：剛建的。

我：也是你在弄？

她：對，也是我在弄，但是不是我建的，因為我來得的時候
　　它就已經建好了，以前基本上更新的比較慢，沒有專門
　　的人在打理，也有人管，但是畢竟好像不是這個專業的
　　吧，加上還有別的工作，可能忙不過來。

我：那博客裡一般發什麼類型的文章呢？

她：現在博客呢，就是把網站的東西分享到博客上去，現在
　　主要是想把這個網站的流量提上來，博客我不單獨發文
　　章，我網站上的文章上去以後，它同時就分享到微信和

博客，這三個管道的內容現在是一樣的。

我：都是你在打理，好辛苦吧！

她：是我在打理，不過現在這流量很可觀。那天，我寫的文章是「問世間情爲何物」，然後「直叫人六道輪回」嘛，（笑）這個文章現在的流量哈，這才幾天啊，現在是達到127。

我：這個怎麼看流量的啊？

她：一個是，可以在上面安裝一個流量統計軟體，在網站上，再一個呢，上面有一個小睛睛似的，對，就是點擊率。可高呢，現在這個文章（開心笑）。

我：那咱們寺裡網站這個流量怎麼樣？

她：咱們現在流量也可以，尤其是咱們那個學習班那個課程，我一看，嚇一跳啊，兩萬多，還有B法師的講課，好傢伙，你說這個群體是蠻龐大的。

我：兩萬多，是什麼概念呢？

她：它這個就是說，它這個流覽量，你比如說講的那個課呵，就是兩萬多，就是說看到這個課程，下載或者沒有下載的，達到兩萬人次。其實這個是一個很大的帶動。

我：所以不同法師流覽量也能看出大家比較喜歡哪一位師父？

她：對，您能看出來。有的課下的人特別多，大家都喜歡聽。

我：我和小曾也去找過他，他很有修爲。

她：是啊，這個善根啊，它不是一世兩世的。

我：你們這個工作，做到什麼程度才可以呢？

她：我這個工作，你要做到什麼程度，完全在於自己，因爲你旁邊的人他也沒法要求你，他也不知道怎麼要求你。自己眞正發心就可以了。

從以上的訪談中可以看出，這些來自不同地區，有著不同教育背景或社會資源的居士群體為東林寺的媒介實踐提供了大量必備的人力資源。對他們而言，這些媒介生產活動是信仰、工作以及生存方式的結合體，與個體對東林寺的認同緊密相結合。信仰會激發內在的熱情與力量，會促使參與媒介生產的人員「各顯神通」，竭盡所能地去表達其「發心」的宗教理想，這些工作在他們看來都不是普通意義上的個人的或者群體的事務，是一種「佛事」，是為佛菩薩做事，把工作與超自然領域相聯繫，從而獲得信仰上的滿足感和在群體中的存在感。

同時也能發現，L居士和H居士都是以個人的手機來發佈以寺院命名的微信或微博內容，他們的工作特點呈現「公」、「私」不分、「組織」與「個體」融合的特點，甚至會為此而去特意購置品質更好的手機，這是他們「發心」即宗教實踐的表現、原因和結果，虔誠的信仰和積極成為這「神聖」隊伍中的一員是他們進行媒介生產的動力。雖然這種勞動會獲得一定的物質津貼，使其不用為生存物資而擔憂，但這勞動和物質補貼之間的性質不是商品的交換，也不是工作的回報，但無疑會有助於安身立命的歸屬感產生，能促進教團內部僧俗之間的團結，也喚起了後者更多的情感，以及對信仰更大的熱情。實際上，這些居士是在兩個文化體系和空間中游離，他們過著修行的生活，面對的群體卻是世俗空間中的人群，這就會在世俗追求和修行理想之間產生一種張力，他們到寺裡來的一個目的就是避開與之曾經關係緊張的「世間」，過修行的生活，向著靈性的那一端前進，然而他們每天從事的活動卻是面對世俗的群體。從淨土宗的教義來看，這些活動產生的宗教回報，在「成佛」的道路上沒有「念佛」的功德來得更直接有效，但信仰又號召他們應該「自利」又「利他」，用「巧把塵勞作佛事」對其進行神聖意義的賦予，這就完全改變了工作的性質，使這些看起來非常

「世俗」的行為（例如不停地用手機）也進入了信仰實踐的體系當中，使信仰的實踐行為打下了媒介時代的烙印，並促進了新的信仰實踐方式的出現。用手機來做「佛事」，絕對是這個時代的饋贈。類似觀念的例子很多，2013年8月22日，我和T居士及其他幾位義工去做「助學」活動，主要是給附近三所高中剛考上大學的貧困生送去捐助的學費。到了現場，兩位男居士一人負責拍照，一個負責採訪，兩位女居士一個負責發紅包，一個負責簽字。一下午的時間走訪了三個學校，沒有接受任何學校的回贈，回來的時候將近6點，已經過了晚餐時間，我只好回宿舍吃了一包速食麵。然而第二天一早，我打開電腦進入網站就看到了昨天助學活動的文字報導和儀式照片，原來是那兩位居士當夜就把稿子寫出並上傳到網站，速度很快，這些行為全部都被納入了「佛事」的範疇。

　　通過現代媒介技術來「供養」或「護持」寺院，這種方式不同於傳統常見的供養方式（體力勞動或者物質財富貢獻），這讓一部分受過教育的居士有機會參與到寺院的組織當中，並根據相關工作背景，可以不必拘泥於出家人的指導或者依託於他們的經驗（類如法事活動就需要僧人來指導儀式程序），於是在家信徒在實踐和表達信仰時有了更自由和更為寬展的空間，在一定程度激發了他們的智慧和創造力，他們可以根據自己的經驗來選擇他們認為最好的方式進行「供養」，調動自己在世俗世界的有效資源，而這些技術和資源往往是僧人群體無法具備和提供的。借助於這種僧俗合作的模式，整個宗教組織的力量也可以變得更強大。

（二）遠程「護法」者

　　長年住在寺院裡的在家信徒，儘管從事的具體工作不同，但在佛教內部來說其實他們具有共同的身份，即「護法」，這是一種重要的信仰實踐途徑，也是對某個宗教組織表達感情和認同的

直接體現。《佛教大辭典》中對「護法」有兩種解釋：⑴護持自己所得之正法，⑵擁護佛之正法者。[84] 這兩種解釋都建立在信徒對宗教組織的認同之上，所以無論是哪種方式，只要是提供宗教組織及人員所需的保護或者支持都是「護法」的行為。傳統護法的方式是在寺院中進行，像前文介紹的義工或者從事媒介生產的居士們，因為佛教認為寺院是給眾生培育福報的最佳「福田」，所以那些不能常來寺院的信徒們往往會羨慕能常在寺院的信徒，就是從這個意義出發的，認為後者可以長住福地，自然是有福報的表現。現在，「福田」能在虛擬空間中存在，自然，「護法」也不再拘泥於實地寺院。筆者在考察教團媒介生產的參與人員時，發現生活在寺內的參與者其實只是整個生產環節參與人員的一部分，還有許多看不見的、住在寺外四面八方不同地區的「隱形」的遠距離護法者們，並且人數可能會大大的超過居住在寺裡的人。

可以先看一看媒介方面的工作量。我們瞭解過，東林寺的住持大安法師講法頻率很高，每週都有。筆者聽過多次，從未見他使用過相關的設備輔助，如PPT課件之類的都不用，手勢語也極少，表情平和，但有特別豐富的口頭語，抑揚頓挫，妙趣橫生。而居士們的媒介工作就是要將這現場口語表達的內容轉換成適合不同媒介承載的形式。工作量並不少，有技術要求，同時又有品質和速度方面的要求，需要多人合作才能完成。據2015年的訪談資料，寺裡只有4位居士在專職從事這些工作，其中有的人還身兼多職，例如L居士，每天負責發佈微信，同時還需要攝影，並負責儀式錄影和視頻短片工作。法師每一次的講法內容大約會轉換成三種主要的媒介形式，一是在一些剪輯和製作之後，以最快的速度製成音頻，放在網站上提供線上收聽或下載；二是將音訊文字聽打出來，製作成光碟

---

84 任繼愈主編，《佛教大辭典》（南京：江蘇古籍出版社，2002），頁612。

視頻所需的字幕；第三是整理成書面文字印製成叢書，已經生產了一部分。僅由住在寺內的人來完成這些工作，在時間、技術和人力方面都顯得欠缺。在這種情況下，就「隨緣」出現了「線上義工」群體，顧名思義，線上義工主要是在網路中出現，即為寺院作義工，但又不在寺院中。東林寺的線上義工群體，比寺中實際工作的人數更多，力量也更大。這種隱身在網路中的義工，一般由寺內的居士發起邀約，也有一些是寺外的教徒聯繫寺方，主動為寺院完成相關工作。組織或聯繫的方式主要是通過媒體社交平臺，例如QQ群等，信眾之間「滾雪球」的方式也會吸納更多的成員，例如寺內出版的雜誌內容中就有不少的攝影師由寺外信徒擔任。下面我們以CHD小組為例來瞭解一下這種宗教實踐的方式與特點。

　　CHD小組是視聽工作的居士組織的線上義工團隊，CHD的意思是傳遞明燈，富有佛教象徵意義。筆者也曾按東林寺在網上發佈的招募CHD小組志願者的通告，填寫了一張申請表並寄到其提供的郵箱，4個月後收到了回信，接收我加入QQ群開始義工工作。彼時這個線上義工小組約有100多人，來自全國各地，有一些是海外地區的信徒，例如加拿大、新加坡等國家，主要是利用QQ群和郵件來進行工作的分配與協調。工作流程首先是從網站中下載講經音訊，對內容進行聽打校對和文字整理，每個人都有工作任務，完成後通過郵件提交，由專人匯總整理成某一時間段講法的文字稿，再交給後期製作組的成員，這是第一步的基礎工作；第二步是在文字定稿的基礎上，進行精選提煉，為微信和微博提供內容，為微視頻製作提供文字腳本。同時這些文字稿還將提交給外文翻譯組，進行外語翻譯，為外文字幕版光碟提供字幕，為外文版的微信和微博提供文字來源。報名的條件是「有志於弘揚淨土，護持三寶的正信弟子，熟悉電腦文字操作，有時間參與文字整理，沒有經驗的要求（外文需要專業人才）。」這些勞動都是義務的，沒有人提報酬，參與者

認為能在網上為東林寺做事，是非常難得的機會，是與佛有緣的體現，應當感謝有這個機會，應感激佛的恩德。正是出於利己又利他的動力，所以成員做事都認真努力。小組裡的劉居士說：「我們每天的工作只是用來謀生而已，常常不小心就『造了業』，而我們現在這種事情是在修行，即為自己做了功德，又利益了眾生，即使不在寺裡，也能為護持三寶為眾生做事，這多有福報啊。」劉居士曾在澳洲生活多年，回國後曾在東林寺裡做過一年的文字校對工作，後來回到了杭州老家，但依然繼續在網上為東林寺做義工，有時候還包括一些翻譯工作，這讓她感覺到自己每天依然是一個修行者，雖然人不在寺中，但修行的狀態卻還沒有丟失。這樣的機會有時候需要「發願」去努力爭取，也要接受考核。XH居士說曾有一位教徒，非常仰慕法師，特別希望加入線上義工團隊，然而當時工作人手已經夠了，沒有任務分配給他，「但他發心發得真，他自己在家裡就把法師講的整整一部經，聽打下來了，送到寺裡來了，大家都讚歎，這是真發心，他現在專門負責英文微信。」這位信徒依靠媒介工具和自己的專業技術能力實現了他加入信仰共同體的願望。

　　筆者以為這些遠程護法的群體，同樣是東林寺教團媒介生產的參與者，是其中重要的組成部分。獲取功德是人們參與寺院媒介工作的動力，發達的媒介衝破地域的限制，成功地跨地域組織了媒介生產中所需要的技術和人力資源。

（三）資金的來源

　　除了技術、人力資源以及勞動的深層動力之外，媒介生產的完成還需要一個重要的條件，就是資金，用於購買原料以及支付郵寄費等等。我們看到東林寺裡所有的媒介產品，都是無償提供給所有願意獲取的人。那麼作為一個非贏利性的生產，其經費來源是一個需要被關注的問題。

　　這個重要問題可以在產品本身找到答案。仔細觀察一本東林寺印刷的佛經，可以看到上面除了有寺院的標誌之外，不能在其中找到書號、版本或者出版社等資訊，作為內部發行讀物，沒有這些相關信息，但在每一本書的末尾部分幾乎都會有「功德芳名」，即出資印書者的名字，還附著有出資印書的方式介紹，如銀行帳號和諮詢電話號碼等資訊，與之同時出現的還有最後一頁的「功德回向」，出資印書者自然是功德回向的對象之一。在寺裡，有專門接受募捐資金的地方，募捐的人可以說明自己的資金意向，可以指定用於製作MP3或者CD光碟，也可以指定用於印製經書或者某一本具體的佛經。也即是說，所有的媒介產品的經費都來源於信徒捐贈。

　　已經無法考證最初是先有經費，還是先有產品，但現在生產與經費之間已經形成了一個視覺可見的良性循環的狀態。信徒們有的是固定每個月捐贈一些資金到東林寺，也有一些人是在得到了產品之後回贈一些資金。無論哪一種形式的捐助，其實都是一種間接的媒介生產參與，有的人捐贈後自己獲得了產品，也有一些人捐贈是為了生產產品給別人，這些人，無論其是否親自去閱讀這些書籍，他們都既是生產者，也是消費者，成為生產環節中的組成部分。D居士說：「寺裡的各項經費都是專款專用，講究因果，如果捐贈者指定這個款項用於印經書或者光碟，就一定要用在此處，而不用在別處，否則就會承受因果報應，要是錢不夠，就不印製出版，一切隨緣。」從信仰角度來看，這種捐贈行為和做義工的性質是一樣的。而東林寺一個非常明智的做法是讓捐贈者可能存在的疑慮有被證實的渠道，即給出查詢的方式，捐贈者可以查詢記錄，以明瞭自己捐出的款項的蹤跡和去向。捐贈者人數眾多，且距離遙遠，如果都到寺院裡來查看比較難操作，仍然是網路媒介很好地解決了這個問題。在東林寺網站的最上端，有一行小字，第一個項目就是「功

德芳名」，點擊進去，按照日期，捐款者的名字和款項數目都能被查詢，和經書末頁的公示一樣，具有公開表彰和鼓勵的作用。捐贈出於自願而非強制，這叫「隨喜」，即憑個人意願隨意捐款。所有的隨喜行為都具有信仰上的功德，不受金額大小限制，叫做「隨喜功德」。發達的網路為遠距離的捐贈提供了便利條件，從捐獻的來源看遍佈全國各地，名義上有個人、家庭或者民間佛教組織等。筆者隨意查詢了某一天的記錄，如在2015年5月18日這一天，就一共有來自各地共150多筆捐款。正如法寶流通處的X居士所說（2014年9月2日）：「目前還不存在資金不夠的情況，等到萬一哪一天不夠了，不印了就可以了，錢是四方來四方去。」江蘇來的張居士說她家每個月固定郵寄30元錢到東林寺，而寺裡每個月也會寄雜誌到她家，過年時還寄檯曆和春聯，這樣的互動已經維繫了好幾年。捐贈是信徒表達和實踐信仰的方式之一，也是寺院獲得必要物資的主要方式，在佛教教義上這叫做「佈施」，本質上是一種交換或者禮物的互動，交換的東西是物質或者精神，有形的或者無形的形式，這使得寺院內外的群體得以互動並使得各種資源可以被整合起來。

　　佛教中的捐贈有很長的歷史，而表彰形式似乎也與之相伴隨。我曾在東林寺附近的一個小型佛寺裡（該寺無網站，也不生產媒介產品），看見該寺院對於信眾捐贈這種慷慨行為的表彰形式，是用黑色毛筆在大紅紙上寫出捐贈人的姓名和所贈金額，張貼在寺院大門旁的牆壁上，經過風吹日曬，字跡逐漸模糊，大紅的底色也漸漸消退，從上面殘留的數字可以看出捐贈的數額相對比較少。這是一種常見的傳統做法，即張貼在外公佈於眾。民間還有另一種做法，是將捐贈者的名字刻錄在石碑上，這也是很多宗族祠堂中常用的表揚方式。筆者在一些寺院也見過在青石板刻名字的做法，但只有極少數人因為捐贈數目巨大才能獲得這種比較特殊的紀念方式。傳統的張貼方法突出的弊端就是不易保存，也不便隨時更新，而石刻的

方法顯然不適用於大規模的表彰。當人數眾多，不僅刻錄起來很有困難，也不利於存檔保留。祠堂的建設常常是一次性的投入，而寺院的捐贈是流水式的一直在進行中，相比而言，網路方法優勢就很明顯。在《為權利祈禱》這本書裡，作者曾描述晚明佛教與士紳捐贈之間的關係，作者在考察中也發現，捐贈除了信仰為主因之外，還有其他的功用，類如彰顯身份、表達虔誠等。雖然不能排除確有捐贈者完全出於真誠的信仰追求，並不在乎其攜帶的其他社會功用，但不能忽視這種行為對其他信徒帶來的榜樣激勵作用。一位家在南昌，而本人卻在東林寺裡住了9年的83歲的老居士，因為每年春節給寺裡供奉一個非常厚實的紅包而受到其他人的高度稱讚，捐贈比較多的人並不反對自己成為他人學習的榜樣，無論哪種方式，都隱含著鼓勵的效果，帶著傳染性的力量。在這些方式當中，網路線上查詢的方式無疑會使得捐款的資訊更易保存和更新，只要願意，人們也可以知道其他人的捐贈情況，這種方式既保留了傳統方法的功能和優勢，又成功地抹去了其不足之處，同時還有利於消除捐贈者內心隱密的擔心和懷疑。這種相對公開的形式可以吸引更多具有捐贈意願的信眾，也使得媒介生產可以維持良性循環的可能。

（四）流通的形式

　　進入消費領域是所有生產的最後環節，這關係到下一輪的生產行為是否能延續。這豐富多樣的媒介產品是如何流通呢？筆者瞭解到，對於實物，例如書籍、雜誌、光碟、佛像等有形的媒介產品，採用的是在寺內現場流通和在寺外設立流通點的方式，而虛擬空間中的產品主要是採用網路流通的方式，即使用者通過電腦或在媒體終端伺服器中進行線上觀看或者下載。這當中，流通的有形或無形的產品本身就成了流通雙方建立關係的媒介。

　　東林寺裡設有一個「法寶流通處」，位置顯眼，內部裝飾雅

致，有座位，每天都有很多人在裡面看書。該處有多名義工，有的
義工專門負責管理寺外的地址和郵寄工作，有的義工負責產品上架
和現場打包，當然也有人專門負責把產品從廠裡運過來。筆者在該
處做過2個多月的義工，見過各種前來看書的人，有的人是自己帶
走，有的人是寄給寺外，遊客們也經常會挑選一些淺顯易懂或封面
精美的書和雜誌帶回去。有一次見到一位雲遊僧人，把流通處所有
的書和光碟以及MP3機子都各挑了一份，有義工找了一個大箱子幫
他打包，他說自己從五臺山來，準備回去好好地系統地學習淨土理
論，他認為這是需要的，又坦誠地說希望自己將來能到東林寺來做
常住，所以要多多用功學習才行。一些規模較小的寺院住持或者鄉
村念佛堂的熱心組織者們，當他們從東林寺回去的時候，總是要帶
上幾大箱的「法寶」回去。碰到人多的時候，流通處滿滿的書架，
不用半天就空了，義工們就忙著去書庫運書及時補充，使書架上
總是保持滿架的樣子。流通處的義工為了讓書籍方便攜帶，特意選
擇了優質的塑膠袋供人取用，有的義工將包裝箱裡大張的牛皮紙留
下來，給需要佛像的人打包。每個義工都很想讓自己的「發心」體
現出來，於是總能看到一些新的情形出現，有一回我中途離開東林
寺，過了幾天再回來，就發現流通處裡面多了很多綠色盆栽，這是
一個月前沒有的景象，一打聽原來是負責打掃衛生的老居士回家探
了一回親，聽別人說綠蘿這種植物可以淨化空氣，於是回來時就用
女兒給的錢買了10盆綠蘿放在這裡。人們尋找各種機會表達自己在
信仰上的熱情，但有的時候也會因為「不如法」（即不符合佛法）
而被批評或取消，但新的情形總是出現，人們願意去想怎麼樣做得
好一點，他們願意在這上面去「發心」，這事關虔誠，也是群體認
同和歸屬感的外在表現。

　　在「流通處」進行的是現場流通，比較而言，這些只是流通
總量中的少部分。更多的產品是通過郵寄或者物流的方式走向寺外

的。X居士說（2014年7月9日）：「我們在全國很多地方都設有流通點，數量還在不斷地增加，醫院、素食店、中醫館、寺院等各行各業中都有流通點，全部都免費，不僅書免費，而且連郵費都是寺裡出。只要給我們打個電話或者發郵件，只要給我們留下準確的郵寄地址，我們就會定期將書寄到你家中……三年前雜誌的發行量是3000多份，現在是7萬多份，許多著名的寺院裡都有流通我們的書。書籍的發行量現在一般一年三四百萬冊了。流通處只是一個小的展示台，另外有三個庫房不在寺裡，那個是大批量的，一箱一箱往外寄。有的寺院粗製濫造，經書裡錯別字都有……另外，你看禪宗，不是每一個想看的人都能看得懂的，我們這些書，只是解釋它的意思，並不作評論，這樣大家都很容易看懂，而且字型又大，為了讓老年信眾也好看得清楚，我們排版一般都是3號字，看起來眼睛舒服，不累。」在物流方面，X居士說他們會考察多家物流公司，儘量選擇最省資金而速度又能更快的公司，有四位居士專門負責聯絡這些外地的流通點。

　　一次有一位外地的僧人到法寶流通處，直接說想要5箱（每箱20部）講經機，義工慧通認為數量有點兒大，說需要去跟師父請示一下，於是帶他去一位主管僧人的辦公室，這出家人介紹說他從成都來，現在他們的寺院也是念東林寺的佛號來進行修行，效果很好，每次大約會有600多人參加，想從這裡請一些MP3機子去作獎品，主管的出家人一聽非常高興，馬上說這次先提供20箱，以後每個月都寄去，不僅可以送給所有來參加修行的人，還可以讓他們帶回去送給自己的家人、親戚和朋友，並說如果有條件，希望可以在對方的寺院設立一個東林寺的流通點，那成都來的出家人聽了也非常高興，說回去和家裡師父商量一下，應該很快就能實施，於是便留下了地址，感激地離開了，接下來義工就會將這些物品打包郵寄過去。這樣，這家寺院就和東林寺初次建立了聯繫，相信不久後就

會有很多那邊的佛教徒到東林寺來「朝聖」。每月向寺外郵寄雜誌的時候，需要很多人一起工作，接收者有的是個人，有的是組織，打印好的地址有厚厚的幾大疊，把這些地址粘貼到信封上要花很長的時間。義工們常常會把雜誌運到齋堂，那裡空間足夠大，能讓許多人一起工作。每到這時齋堂的義工班長就會號召大家在用餐結束之後來幫忙，於是早餐過後，有許多人就留了下來，有的負責貼封條，有的負責將雜誌裝在信封裡，有的負責裝到麻袋裡，有的負責裝貼膠布，齋堂的長桌上一會兒就是堆得小山一樣的大牛皮紙信封，即使有三四十人一起工作，把發往全國各地的雜誌都打包好，也大約需要一上午的時間。從教義上看這是一種「法佈施」，「佈施」是佛教「六度」中的首度，[85] 佛經中說佈施有三種，即法佈施、財佈施和無畏佈施，雖然「法寶」的文本內容生產不是每個人都可以參與，但普通教徒參加了成品流通的相關工作，也算間接參與了佈施的過程，也具有功德。X居士介紹了它的宗教意義（2014年7月9日）：「佛法僧三寶當中，法寶是非常重要的，我們常常說經典是三世諸佛之師，如來法身舍利，是應該被當作真佛來看的，我們做這個工作，心裡要特別恭敬。流通的地方越廣，才有可能度化更多的人……我們製作一本書大概要經過10道工序，有的還用手工，但是因為總量很大，所以成本不高，一本法師編著的一個大師的經文（講解），成本價大約10塊錢左右。」

　　在「法寶」的流通中，寺院特別注意避免「邪知邪見」，即在該門派看來不正確的觀念或是錯誤的理解，因而對外地流通進來的產品控制比較嚴格，主要是對內容上進行篩選，對一些可能造成「邪見」的或不好影響的產品會限制其流通，並對一些在信徒中流

85　「度」的意思是「到彼岸」，即是從煩惱的此岸度到覺悟的彼岸。六度就是六個到彼岸的方法。參考：趙樸初，《佛教常識問答》（北京：北京出版，2009），頁165。

傳的經文進行鑑定，整理出了「偽經」名目，號召教徒不要閱讀此類經文。有一天晚上，有幾個陌生人到居士樓來發放一種光碟，看標題內容是關於墮胎的，光碟上的圖像看上去非常恐怖，上面沒有東林寺的標誌，顯然是來自寺外的產品。第二天一早，就有樓裡的管理義工來回收這光碟，並告訴大家不要看，這天上午在流通處，不斷地有人將收集到的這種光碟集中過來，不一會兒就收了一大箱子，放在隱蔽的角落，流通處的組長叮囑義工不要把這個光碟結緣出去。我問為什麼這個不可以結緣，是不是它的內容是假的，組長回答說：「這個沒有經過師父審查，這不符合東林寺出版物的要求，因為來結緣的還有很多是社會上的人，以免他們看了會對佛教有不好的印象。」

第三節　「感召力」的牽引與關係的生產

在東林寺裡，隨便問一個人為什麼TA會來這裡做義工或者來修行，多半都會聽到一個相似的答案：「我是被法師感召來的」，另一個高頻回答是：「這裡是我的（娘）家。」第一種回答指向的是關於宗教導師的個人魅力，後一種回答的指向者是宗教組織。這兩種回答都表達了說話者對宗教導師極大的認同感以及對宗教組織強烈的歸屬感，當然也間接說明他們在很大程度上接受了東林寺宣導的宗教思想和實踐模式。筆者認為，這種關係的生產和建立最初是由媒介或媒介的實踐來實現的。我們需要從東林寺的媒介內容觀察來明瞭這一點。

任何一種媒介的資訊傳遞，實際上都包含著兩種資訊，一種是內容的文本資訊，一種是內容之外的其他資訊。[86] 在分析東林寺媒

---

86 龔新瓊，〈關係、衝突、整合：理解媒介依賴理論的三個維度〉，《當代傳播》，第6期（2011.6），頁28-30。

介生產中的意義生產時，應該先瞭解媒介內容的本身，也正是文本內容將寺院媒介產品與其它類似的世俗同類產品區別開來。對內容文本進行分析，可以發現東林寺的媒介內容其實只有兩種類型，一類是關於宗教思想的，主要是關於佛教淨土信仰的理論，其中不少是對淨土法門中經典的佛經進行逐句的講解，在知識結構上比較成體系。也有一些內容是大安法師對佛教的個人看法和理解，表達了他個人的宗教情懷與社會理想。第二類是東林寺教團的情況介紹，通過媒介對宗教組織進行自我信仰形象的塑造和表達。通過分析文本對信徒產生的召喚牽引之力以及文本之外的意義構建，可以觀察媒介實踐在現代宗教共同體中的巨大功能。

　　這裡絕大部分媒介內容，首先是對東林寺的淨土思想的介紹，對於這部分，本文並不打算深入分析，在前言中我們曾特別說到，淨土信仰在不同的地域和不同的寺院中，存在著或大或小的差異，雖然淨土宗派在思想和實踐上都有比較清晰的歷史和傳統，但繼承不是複製，各種因素都會產生影響使之無法在當代完全統一，本文無意對東林寺的淨土思想進行佛學上的探究，筆者只能從一個局外人、一個非教徒的角度來說說對東林寺淨土信仰方式的主觀感受。

　　宗教社會學認為，在宗教實踐與世俗行為之間，存在著區別和對抗力，宗教市場理論中將其表述為「張力」的概念，認為這種張力類似於一個軸線，在軸線最高的區位，宗教與「外部」世界對抗嚴重，而在最低的區位，兩者張力很小，以致難將兩者進行區分。表現在宗教組織中，前一種會極端嚴格，對信仰者要求非常高，但後一種會非常鬆散，對信仰者要求很低。如果我們借鑒這種概念來分析東林寺的觀念和修習行為特點時，可以發現其呈現為比較平和的特點，即張力比較平衡，對信徒有一些要求，能在一定程度上保持本宗教的基本特徵，在實踐上使之與世俗世界區別開來，但這種要求和區別又不至於是絕大部分人都無法達到的高度。修行者只需

要在實踐中多付出一些努力，大部分人還是可以達到基本的要求，總體特徵表現為即嚴格又溫和，即有強度上的要求又具有一定的包容性，保持在大部分信仰個體都可以承受的範圍和程度。

例如24小時不間斷念佛實踐，是一種小型強度的「苦行」，但又不至於太「苦」，絕大部分人經過訓練是可以完成的。筆者聽信徒閒談，說有些寺院推行的是強度更大的方式，據說使一些參與者疾病發作，幾乎產生生命危險。[87]也有僧人說有些寺院則完全主張個人自己修行，缺乏監督系統，例如SC等地的寺院，在佛教徒中的聲響並不是很好。東林寺對張力平衡性的把握，使實踐能保持著與世俗存在一定的「張力」，使之與世俗之間不至界限模糊，但也不完全漠視違反人的身體性能規律，因而其修行方式廣受接納和歡迎，因為大部分的信徒都可以通過適度的努力獲得信仰實踐上的滿足感，這就鼓勵了他們的後續行為，能繼續與宗教組織互動往來，這種「往來」對個體和寺院兩者來說都富有意義。在許多念佛修行活動中，對信徒的態度相對也是比較溫和的，會有一些懲戒方式，但不算太嚴厲，據說前些年信徒在佛殿上犯了錯就直接上「香板」，[88]但現在已不再用，對犯錯者多半用口頭語言規勸或者「跪香」（懺悔一柱香燃盡的時間）。在東林寺的活動群體中，也有人屬於信仰上的「搭便車者」，[89]但並不會受到驅逐，在不產生破壞影響的前提下允許其部分存在，並相信「欲令入佛智，先以欲勾牽」，用寬容的態度對他們，認為也許其中有些人會在將來成為佛教徒。這些觀念和態度體現出東林寺宗教思想的特徵，因此總體上

87　田野調查中，聽信徒閒談，說北方有個寺院不是24小時，而是以7天為單位，有的甚至七七四十九天不休息，使得有人走得小腿如同桶粗，但筆者並未到實地證實。

88　一種長形窄木板，持香板者有權用其懲罰違規者，持板者一般是地位較高的僧人。

89　用來描述不付出信仰成本而享受共同利益的信仰投機者。

比較容易得到佛教徒的接受和選擇，也會受到善於隱藏的「搭便車者」們的歡迎，因此即使是偽教徒也很是認同它。

（一）對自我宗教形象的構建和表達

在東林寺的媒介產品中，有一些內容是關於寺院和宗教組織本身的，例如對東林寺裡的景物、歷史、宗教生活等進行介紹、描述或講解，包括寺內的建築、傳說、人文景觀，以及各種各樣的宗教生活。在這些以視覺畫面為主要構成的媒介內容中，運用多種媒介技術手段對自我宗教形象進行構建和表達，對其忠實信徒而言，產生的結果可能不只是一個真實存在的宗教中介空間，而是具有更為豐富涵義的情感依賴所在，信徒們常說東林寺是「我家」，「家」這個概念可能是一種主觀感受，也可能是一種被賦予的概念，或者是兩者相結合的結果，下面我們以東林寺的原創視頻《J》和《W》為例來分析其作為一個宗教組織如何在媒介中進行自我意義的構建和表達。

《J》時長33分42秒。視頻的開端，是茫茫宇宙當中逐漸顯現的一個星球的輪廓，屏幕下方是類似月球表面的畫面，寂靜而荒涼，對面漸現一個很小的星球，四周是渺茫無邊的深藍色宇宙，兩個星球相望，營造了一種瀰漫的孤獨之感，伴隨著有些淒怨哀婉的小提琴聲，視頻從右至左依次出現了豎排的四行字：最初不覺、忽起動心、無所能之跡、一聲阿彌陀佛。接著字幕隱去，鏡頭越過巨大的火焰中心，因為有提琴聲，那火焰是無聲的。接著屏幕上方出現一個小女孩的臉，大寫的鏡頭中是一雙清澈而又迷茫的略帶驚恐不安的孩子的眼，屏幕下方火焰繼續翻滾。接著眼睛和字幕都淡去，出現的是高樓大廈的城市和擁擠的都市人群，鏡頭是從空中向下俯視，人群非常渺小。開始出現字幕解說，配音很是沉重：「人類繁衍在這個地球上，追尋的究竟是什麼？財富、權力、聲色

犬馬、還是精神的解脫？」，最後7個字的配音變得緩慢、語氣加重表示肯定。接著畫面出現了美麗的自然景色，河流、草原、大片的野花，與前面的城市和人群形成對比，可是忽然電閃雷鳴，之後是房屋倒塌、海嘯、雪崩的場景，那個孩子的驚恐不安的大眼睛又出現在屏幕上，接著有解說詞出現：生命是短暫的，生命更是脆弱的，生命終究要歸宿何處，我們的家園究竟在哪裡？然後，屏幕上漸次出現四個黑底白字「家在哪裡」，提出了這樣的疑問之後，畫面上雲影變幻當中，伴隨著一輪日光升起，佛經的唱誦之聲也隨之響起，在誦經之聲中，出現了擱淺的船隻、流淚待宰的鯨魚、乾涸的土地，配音繼續發問：棲息人類已久的藍色星球，今天怎麼了？……最後再次出現孩子眼睛的鏡頭，並有孩童清脆稚嫩的聲音：媽媽，我也要念佛，念阿彌陀佛。在這個視頻當中，運用了多種象徵手法，來展示人類的苦難、自然的不可抗拒的或者是人類本身的行為造成的災難，並最終點明視頻的主題：認為人類的世界危險重重，人類的生存是孤獨無依的狀態，要信仰，要念佛，才能找到安全和依靠，人生才有意義。《J》的結構分成三個部分，從人類當前的憂患到認為佛教在當代社會具有的價值或意義進行討論，最後認為信仰是解決人類危機的選擇。為了進行說明，視頻當中插入了不少東林寺內的修行儀式，以及法師對這儀式及相關活動具有的宗教意義的介紹，把東林寺納入到了這個宏大的主題當中，並成為突出的代表，這對於信徒的鼓勵和吸引作用是很大的。

　　《W》可以看作是《J》的續集。視頻的一開始就是一個孩子喊著「媽媽，我要回家」，然後出現的鏡頭是一輪明月當空下的東林寺的佛殿飛簷，接著出現標題。接下來是翻騰的波浪和蒼茫的雲海，境界闊大，有配音出現：生命是百思難解的奇跡，我們受著業力的牽引，投生到了這個藍色的星球，經歷著或悲或喜的生命歷程，我們沉溺於聲色貨利，迷惑於虛幻的功名利祿，生，從何來，

死，將何去……」視頻後續的內容則主要轉移到東林寺的念佛修習活動中，對寺裡舉行的「佛七」以及念佛所具有的功德進行介紹。和《J》一樣，通過對人世和人生一些苦難現象的描述，通過否定一些現實價值追求，來突出佛教對現世人生的超越感，呼籲觀看者應該具有超越現實的意識，並將實現超越的途徑歸屬落實在東林寺的「念佛」這種宗教實踐中。

在這些視頻當中，「家」被當作一個重要的意象，象徵著精神的歸屬。在我們的生活中，「家」這個字眼代表著溫暖、安全，有歸屬感，不再漂泊。視頻中通過對現實中諸多現象或者價值觀的否定，認為人類在現實當中無法找到精神的家園，靈魂處於漂泊當中，人類不能克服這些與生俱來的悲哀，例如生老病死，認為只有回到阿彌陀佛身邊，才有永恆的安全和溫暖。用這些比較容易理解的與人們日常生活比較貼近的意象來表達宗教的意義。當然，其中的邏輯和思維，以及時空觀、人生觀等都是佛教的思想體現。這樣淺顯易懂的視頻對信徒是非常具有吸引力的。念佛堂的義工班長告訴我，他就是看了《J》這個視頻來到東林寺的。這位義工長得胖胖的，肚子很大，甘肅人，2012年來到東林寺，他說自己和家人關係特別不好，和父母、妻兒關係都不好，以前很困惑，學佛了才知道原來都是自己前世造了孽，他曾經想出家，老家附近正好有一個廟，他去求那個廟收留他，但沒有成功，他在雨中跪了一夜，對方都沒有答應，後來偶然看到了錄有這個視頻的光碟，他就立刻來了，他很高興地說：「我現在要在這裡出家了，到家了，再也不走了。」在他看來，精神歸宿的極樂世界中的「家」與現實世界中的東林寺是合二為一的。這些視頻通過廣泛傳播和線上觀看，吸引了大量的信徒，喚起了他們的共鳴，將佛教的終極信仰與東林寺本身進行了勾連，將信仰思想和具體的宗教組織進行了揉合。傳播學認為傳播能創造一個大的共同體，東林寺教團可以看作是這樣的範

例。

　　還有一小部分視頻，帶有一些娛樂性質，可以歸為娛樂性質的佛教視聽資料，通常表現為卡通人物形象，即動畫片，形式比較活潑，內容貼近世俗生活，這些動畫片有的是從外地引進的，有的是東林寺和一些動畫片公司合作生產的。2015年8月，我租住在寺外的村裡，我的鄰居是一位修行者，帶著她5歲的兒子，她每天的活動是去東林寺念佛拜塔，說：「我20年的病都拜好了。」那個5歲的男孩不會說話，但別人若是向他合掌說「阿彌陀佛」，他會立刻雙手合十，低頭還一個禮，動作非常標準，惹人憐愛，他每天放學回來的娛樂活動就是在電腦上看佛教動畫片，我問他媽媽在哪裡找的動畫片，她說是在東林寺網站上下載的。這樣一來，佛化家庭中的不同年齡段的人都可以在其中找到自己所想要選擇的內容了。

（二）「感召力」的傳遞與信仰的牽引

　　許多信徒說自己來東林寺是因為「受到了法師的感召」，我問他們感召是什麼意思，信徒們的回答各不一樣，有的人說是感動，有的人說是希望，有的人說是一種力量的感染，總之是不平常的感覺。「感召」從字面上可以理解為「感動和召喚」，感召力的英文是charisma，據說這個詞在希臘語中意味著「神的魅力」，這種神奇的力量被社會學家馬克斯・韋伯表達為「卡裡斯瑪」。按照韋伯的觀點，卡裡斯瑪是人或物所具有的一種超凡的資質，[90] 通過對眾人創造福利來獲得聲望，從而具有一定的支配力量和尊嚴，它主要表現為某種人格特質，某些人因具有這個特質而被認為是超凡的，稟賦著一種超自然以及超人的，或至少是特殊的力量或品質。[91] 在

90　〔德〕韋伯，康樂、簡惠美譯，《宗教社會學》（桂林：廣西師範大學出版社，2005年），頁3。

91　〔德〕M.韋伯，康樂、簡惠美譯，《韋伯作品集（II）》（桂林，廣西師範大學出版社，2004年），頁353。

經濟上，卡裡斯瑪主要依賴於自願的奉獻來維持。[92] 韋伯認為卡裡斯瑪式的領袖具有神聖性，但「這種神聖性不是孤立的，而是在與追隨者的關係中不斷得以表現和證實。……卡裡斯瑪式領袖的魅力和追隨者對他的承認是相輔相成的。」[93] 筆者以為這後面一句話特別重要，表明這種力量並不是能夠獨立存在的，而是人們互動的結果，與追隨者的認可密切相關。我們可以簡單的將「卡裡斯瑪」理解為一種個人魅力，不是每個人都具備這種能力。通過大量的訪談，筆者以為大安法師是具有卡裡斯瑪人格力量的宗教人員，他在宗教精神上感染了很多佛教徒，也促使了很多教徒在信仰層級上的進階。下面是筆者隨機遇到的一些例子，通過閒聊而得的。

　　上海來的信徒慧明，女性，58歲，是筆者在2014年8月同室的室友，她最近幾年每年暑假都會來東林寺裡做義工，她說：「我以前不曉得念佛呢，只曉得拜佛燒香，原來念佛這麼好，大安法師講經真講得好啊，現在我不只是在寺院裡才尊敬師父，阿拉在街上的時候，看到僧人也都是會行禮問好哦，沒有僧人，佛法怎麼傳播嘛，我每年都要來這裡做義工，有時一個月，有時兩個月，這是我的家，我們要在這裡念佛回家。」我曾和XH居士同處一宿舍，她常常發出感慨說：「大安法師是真正的法師，幾乎天天講法啊，不是每一個出家人都有資格叫法師的，我看過很多很多法師的光碟啊，書啊，我覺得大安法師是真有智慧的法師。」2014年春節我在東林寺裡做義工，大年三十的傍晚宿舍裡來了一個人，她放下行李來不及歇一下，馬上就去要求安排一些義工工作，很顯然她不是第一次來，我因趕去佛殿做義工也沒來得及和她說話，晚上兩點我回宿舍休息時，看見她的床鋪是空的，被子都沒有展開，等我大年初

92　同注92，頁359。

93　劉琪、黃劍波，〈卡裡斯瑪理論的發展與反思〉，《世界宗教文化》，第4期（2010.4），頁86–92。

一上午醒來的時候，卻看見她正在收拾東西，說是馬上要去趕火車，我這才有機會和她聊了幾句，她從北京來，40多歲的樣子，相貌清秀斯文，帶著眼鏡，臉色有點蒼白。下面是我和她的一段對話：

> 我：您才住了一晚就要走啊，不多待兩天？
>
> 她：一直沒空來，終於找了點機緣來了，只能住一晚上。
>
> 我：千里迢迢的，好不容易來了一趟，卻只住一晚上。您很喜歡這裡吧？
>
> 她：（坐正了身子）喜歡，這是我魂牽夢繞的地方，如果地球上只有一個地方，我想去的地方，那就是這裡了。
>
> 我：啊，您都把我感動了，您是大安法師的弟子吧？
>
> 她：嗯，我是在這裡皈依的。
>
> 我：那您經常見大安法師嗎？
>
> 她：也沒有。07年我沒來，08年沒見到，09年見過一回，（嚴肅）現在這個時代高僧難求，好不容易出現一個，我們一定要好好護持。
>
> 我：那您是怎麼知道東林寺的？
>
> 她：我母親的朋友送給我母親一套大安法師的光碟，聽了以後，我就決定一定要來。
>
> 我：在這皈依了就是這兒的弟子吧？
>
> 她：嗯，我們就是大安法師的弟子東林寺的弟子。

我認識ZH居士的時候，他已經在東林寺裡工作了三年多，他是江西南部人，曾經做過中學老師，但很早就皈依成為佛教徒，因為對淨土宗教義非常感興趣，為此考到北方某大學宗教學系讀碩士，碩士論文研究的就是淨土信仰，他的願望是打通藏傳和漢傳佛教的隔閡，他說佛教思想如此通融，不應該有門派之見，我常常來請教ZX居士一些佛教的基本知識，他非常溫和謙遜，每一次

都很耐心地回答我的疑問，分享他對佛教理義的理解，因為他的教育背景，因而常常能用學院派的方式跟我討論一些佛教理論，讓筆者能比較容易地明白一些佛教理念。他常常勸導我參與修行，認為只有自己真正參與才能明白信仰的意義，說：「否則永遠只能是旁觀者，不僅會自己理解不正確而且還有可能誤導他人，這就是『造業』了。」他又鼓勵筆者說：「若不是因為論文，你可能就和佛教擦肩而過了，既然有緣，就應把寫論文當作修行。」有一次我問他為什麼要信仰淨土宗，他大笑說因為怕死，說小時候第一次看到家裡親人過世之後，知道每個人都會死，於是就非常害怕，後來信了淨土，就不再害怕了。我又問他為何選擇到東林寺來修行，因為淨土寺院有很多家，他回答說（2014年7月8日的QQ聊天記錄）：

> 我：阿彌陀佛，ZH師兄好，您為啥選擇在東林寺修行呢？淨土寺院也有不少。
>
> ZH：我來主要是認同大安法師的修行理念，這裡道風純正。
>
> 我：您最開始是怎麼知道東林寺的，有來考察過嗎？
>
> ZH：最先是朋友給我請了大安法師的講經光碟，那上面有網站地址，通過學習瞭解後，就認同了法師的修學理念，然後就來進行實修活動，一直到最後選擇到這裡長期修行、工作，也許將來終老也會在這呢，呵呵。
>
> 我：您開始也來做過義工嗎？
>
> ZH：一開始就是參加修行，後來各種（義工）都做過。天天聽法師講經、看書和讀經，解決了很多問題。

像這樣，最開始通過與東林寺的媒介產品接觸，繼而產生到東林寺來的願望或行為，這是絕大多數信仰者與東林寺發生聯繫的主要模式。2013年我在東林寺作義工，負責接待一批社會人士的佛教體驗活動成員，參加這次活動的人員共有43位，其中13人是本省人，外地來的30位成員中有25個人都說是因為看了法師的講法，才

有了想親自來體驗一下的想法。一位山東來的接觸佛學不久的人說：「我喜歡聽大安法師講經，怎麼說呢，感覺和很多別的法師不同，他們吧有的從小就出家了，而大安法師和我們一樣，也曾結婚生子，也學馬克思，一樣考大學，再參加工作，你感覺聽起來就不像別的法師那樣有隔閡，我們的人生經歷相近，而且普通話也準，講得通俗，有時候還講些笑話。這次我是來看看感受一下，下次還要來，來參加修行。」筆者在2013年7月第一次聽大安法師講經也留下了深刻的印象，他像是一位老師在課堂上講課一樣，深入淺出，還時常會夾雜一些社會網路流行用語和一些幽默的表達，比如講到地藏菩薩發願「地獄不空，誓不成佛」，法師說：「你看你們還不成佛，都拖了地藏菩薩的後腿了。」聽經的人都哈哈大笑起來。

　　大安法師不可能與敬仰他的每一個佛教徒都面對面進行交流，但他的宗教理想和觀念卻可以通過音訊或者視頻在教徒群體中廣為流傳，作為宗教組織的東林寺也隨之被一部分佛教徒瞭解和嚮往。當信徒們接觸了這些媒介產品之後，他們的行為就不僅僅只是停留在閱讀或者觀看這樣的消費階段了，他們希望並需要有不斷的延續性的行為產生，以延續其信仰意義的追尋，就像追電視劇的人看了喜歡的電視劇之後，就希望有續集產生一樣。開始的接觸也許是被動的，隨意的，或者是偶然的，但後續的追尋就會轉化為積極主動的行為，尤其是當他們的生命或生存狀態產生危機時，他們與嚮往之地（或人）產生聯結的渴望就越加強烈。齊格蒙特‧鮑曼說：「共同體」不是一個已經獲得和享受的世界，而是一種熱切希望棲息，希望重新擁有的世界。[94] 在外省，許多人因為受到屏幕上法師的信仰召喚和對古老道場的仰慕而來到東林寺，想要一睹名僧的真

---

94 齊格蒙特‧鮑曼著，歐陽景根譯，《共同體：在一個不確定的世界中尋找安全》（南京：江蘇人民出版社，2003），頁4。

容，這是消費產品之後的常見行為。若從寺院組織的生存角度和信仰共同體的構建而言，又具有另外的重要意義。信仰可能主要是個人內在的事情，但個體到寺院來做義工或修行這些行為所產生的關係就更為廣闊了，不僅僅只是停留在提供書籍和閱讀書籍這樣的簡單靜止的關係中，人們來到寺院後，就和一個群體一個組織以及這當中出現的許多的成員產生了關係和聯繫，群體就是這樣形成的，而信仰個體成為一個信仰共同體中的一員後，對該個體則意味著一個全新的信仰狀態，從這個意義上來說，媒介產品消費的後續行為意義是巨大的，是動態的，是蘊含著更多可能性的行為。

下面是一段在東林寺外7路公車上聽到的對話（2014年4月29日）。7路公車經過寺外的國道，距離東林寺5分鐘的步行路程，這是寺內去往市區主要的交通方式。起因是一個外省人問下了公車後如何去火車站，鄰座的人就住在市區，她很熱情地指明了路線，於是兩個人就愉快地聊了起來。

市區人（以下簡稱市）：你們從哪裡來啊，第一次來這裡吧？感覺怎麼樣？

信徒（以下簡稱信）：我們從吉林來。這裡好啊，山好水好人更好哦，以後還要來，這地方風景太美了，這一次來的急了點，下次來要多待些時間。

市：是到東林寺來吧？

信：是啊，可能你們不信佛。

市：我媽媽每年來一次，我來得少，你們跑了好多地方吧？

信：也沒，平常都在家附近。

市：那為什麼到這裡來了呀？

信：我們是因為受到了大安法師的……感染（她稍微停頓了一下，想到了這個詞），現在這個社會，進門不提錢的事，這太……那什麼了（又稍微停頓了一下，也許是一

時間想不到用哪個能表達意義的詞）。我們今天才知道
過兩天要打佛七，票買早了點，想換票，說是要去火車
站改簽。

　　這種情況很是常見，初來的人往往不瞭解寺裡的活動是一個接
一個，因為許多活動都想參加，所以不得不把提前買來的票退掉或
者改簽。

　　家在東北的李居士是一個修腳店的老闆，她2013年7月第一次
來東林寺，說：「以前在家天天看在大安法師的碟片，看著看著就
想見見師父本人，就來了東林寺了。」我問她：「您這和追星是不
是一個感覺？」她說：「那絕對不是一個樣，大安法師不是偶像，
而是比父母還親，父母只給了我們身體。淨土宗可是『了生死』的
法門，我現在什麼都不怕了，看開了，只要好好念佛，什麼都不用
怕，我以前怕鬼，現在呢，助念後還給人家拾骨頭呢（火化後）。
我這年紀要抓緊念佛，家裡人不能管太多，不然誤了自己。這個道
場太難得，太殊勝了，太慈悲了。」我問她是如何知道這寺院的，
她說是別人送了光碟，她在自家的店裡天天放著，聽著聽著自己就
想來了。可以說大安法師的光碟是李居士和東林寺發生聯繫的最初
的媒介。李居士來到東林寺之後，參加了一系列的修行活動，接受
了很多「法佈施」，同進也將她自己的修腳技術「佈施」給了許多
修行人，幫不少人治好了腳上的病痛，彼此之間的互動往來讓李居
士對東林寺的感情迅速深化，走的時候她淚流滿面，說一定要再
來，兩年後還給筆者發資訊詢問最近是否去過東林寺。

　　2015年ZH居士的辦公室新來了一位居士，姓謝，廣東人，非
常年輕的男性信徒。我問他為什麼要來寺裡，他說：「我是在網
上看了法師的講經視頻才來的，來了之後發現網上的還是比不上面
對面的交流，在網上看還是，嗯，我常用一句話來說，是懂理不
懂事，懂得法理，卻無法和日常行為結合起來，雖然懂得道理，可

是卻不懂怎麼去做，現在在這裡，真是怎麼吃飯怎麼穿衣都要從頭學。」這正如一位學者說的那樣，「一種媒體的意義不僅在於文本，也不僅在於人們用它的文本做什麼或對它的文本做什麼，而在於從作為一個整體的媒體中產生又對之發生作用並且常常再生產出來作為整體的媒體的那些活動，消費不僅僅局限於觀看、閱讀或傾聽的那個時刻。」[95] 這段話的意思是說，對文本本身的閱讀或者觀看只是媒介消費當中的一個組成環節而已，並不能囊括全部「消費」的意義，媒介的生產和消費應該是一個包含更多相關意義的過程。例如當信徒看到東林寺的書或光碟等媒介產品時，會有很多附加的相關行為產生，這些行為也是媒介消費中的組成部分，且可能更重要。當教徒們越是接受或者認同講經視頻中的觀點時，他們對東林寺的渴望就越強烈，就越想強化或進一步加強與東林寺的聯繫，對宗教導師的仰慕會轉化成對宗教組織或其所在地的追隨行為。

筆者認為「感召力」是一種綜合素養的體現，是與一個人自身的各種因素緊密相聯所表現出來的特質。但這種感召力能在多大的地域範圍內發生作用，則是由宗教組織如何利用媒介的複製技術和傳播渠道決定的。東林寺吸引信徒的一個重要因素，是因為大安法師的講法風格，出家前多年的學習和教學經歷，使得大安法師講經效果非常好，加上他個人的宗教情懷和理念，引起了很多佛教徒的共鳴。但是假設沒有現代媒介技術的發展，沒有大批量的媒介生產和主動積極的流通方式，人們只能到現場參與講法活動，話語內容即不能保留也不能反覆播放，那麼有理由可以推測這種「感召力」發揮作用的層面可能會小得多且影響力的傳播也會慢得多。當然，這裡存在一個邏輯，即媒介產品不是東林寺獲得其信仰群體認同的

---

95 薩拉・迪基，〈人類學及其對大眾傳媒研究的貢獻〉，《國際社會科學雜誌（中文版）》，第3期（1998.9）。

唯一原因，但卻是不可缺少的重要因素之一。具有強大號召力的宗教導師與多樣的媒介技術相結合，兩者之間相輔相成，如果只具備其中一個，結果都會不一樣。雖然宗教領域中的傑出人物並沒有太多機會出現在較具影響力的世俗媒介上，但是會出現在信仰者所能接觸到的所有媒介中，包括一些知名網站，並且持續不斷地出現，「他們為人所知，因為他們的名字經常出現在一些有影響的期刊上」，[96] 媒介本身就能產生輔助作用，一個常出現在媒介中的人與一個不常出現的人，即使整體水準不差上下，但其影響力可能會有天壤之別。保持與信徒在媒介中的「相見率」很重要，信徒的資訊依賴在不知不覺中會被培養起來，資訊要及時且持續更新，否則就會快速被遺忘，因為不斷有新的同類內容來占據媒介空間。

　　極富個人影響力和號召力的宗教導師，通過媒介融合，多渠道散佈，對信徒進行信仰的牽引，使信仰者接受認同本門宗派的教義、教規和導師言論的正確性和權威性，並在信念上對教義進行遵從。這種牽引是依靠宗教導師和宗教組織來發揮作用的。宗教導師具有號召和使人信服的能力，宗教組織則利用媒介技術將之複製和傳播，而寺院的生活環境和其制度化的活動及儀式，又為這些思想的內化創造了條件。傳統的宗教權威通過與現代媒介技術的結合，成為宗教導師影響力擴散的重要推動力量。

（三）關係的意義生產

　　「作為一個物體，一本書不僅僅是傳播媒介，它也是一件藝術品和財產，這樣，它不僅僅是提供資訊的一種渠道，而且也是自我和身份的象徵。」[97] 拋開媒介內容層面，單從媒介產品的物質形體

---

96 拉塞爾・雅各比著，洪潔譯，《最後的知識分子》（南京：江蘇人民出版社，2002），頁7。

97 約書亞・梅羅維茨著，肖志軍譯，《消失的地域》（北京：清華大學出版社，2002），頁75。

（例如外觀設計、色彩、紙張的品質等）和消費流通方式（出售或者贈送）的本身來看，也具有一種表達相關價值或觀念的作用，這是媒介產品流通中一種新的意義生產。

有時候，這種意義或許只是一種身份的彰顯或裝飾作用。FQK住在離東林寺不遠的市區內，大約每隔兩周，他就來寺裡轉轉，主要是看看有沒有新的佛經流通，有時候還會托寺裡認識的人幫他找書，這些書他多半用來放在他在市區經營的一家茶館裡，擺在書架上，讓客人喝茶的時候看。尤其是一些經書，他說在一般的書店買不到，這些書還可以讓他的茶室看起來更為雅致，有一些書他會用來送給熟悉的客人，用於增進關係，「佛法很好嘛，讓更多人知道也好嘛，是吧」，他說。

筆者曾在東林寺附近的其他寺院裡觀察過書籍情況，發現書的種類都很少，製作方面也比較粗糙。筆者曾探訪過東林寺位於重慶的一家流通點，是一家素食餐廳，在這家餐廳的三樓，設有一個佛堂，裡面擺滿了東林寺印製的各種經書、雜誌和光碟，並一直小聲地播放著東林寺佛號，在就餐桌旁也有很多書，顧客可以隨手翻閱，也可以將其帶走，這家店的老闆介紹說他曾在東林寺學習過三年，並曾帶著所有的店員去寺裡參觀學習，他的店員全部在那裡參加儀式成了佛教徒，這些店員之間也互相稱「師兄」，不忙的時候，他們就看東林寺寄來的各類書籍。老闆跟我說：「賺錢事少，把生死問題解決了，才是重要的事。我每天念佛，一天至少一萬聲。」這些東林寺信徒雖然不在寺裡，但他們和寺裡的人，以及各地的信徒群體一樣，看著一樣的書籍，聽著同一個法師講經，如果有上網的條件，他們將會和寺內的人一樣能看到最新的講經視頻。

媒介產品本身的外觀品質，會影響不曾謀面的人對生產者最初的印象，而那種積極主動且無償的「結緣」方式，擴大了寺外的個人、群體與東林寺接觸的機會，提供了產生進一步聯繫的可能。網

站和流通點的設立，使得以前靠「偶然」相遇才能建立起來的關係得以向雙方聯繫上的「必然性」轉向。產品寄送出去，對方收到產品，這是建立關係的第一步，「建立了關係的個體往往創造出一系列新的期望、強化舊的期望，或者改變現存的交流模式。這也即是說，任何一次傳播行為都必然裹挾、生成或改變著某種關係。」[98]當人們收到寺院寄來的精美的媒介產品時，毫不相關的兩個實體間就產生了聯繫，這種媒介產品和資金之間的交換常常能引發更為穩固的關係的創設和形成。

　　家住江蘇的徐居士是一位教師，她的丈夫是資深的佛教徒，她有兩個孩子，一個讀大學，一個讀高中。2013年7月徐第一次來東林寺，和她一起來的還有她的兩個孩子。徐介紹說她丈夫兩年前偶然在一個地方看到東林寺的雜誌，覺得很好，並在雜誌上看到了可以申請免費流通，於是就試著聯繫了寺院的流通處，不久就收到了雜誌，每一期都按時寄到，從來沒有遺漏，春節時還會郵寄春聯和檯曆。作為回應，徐家每個月從家庭收入中固定撥一些款項寄到東林寺來，徐認為自己的家庭很幸福，孩子們成績好，丈夫事業順利，這些都是信仰帶來的好處，徐大姐來寺之後，和兩個孩子一起參加了皈依儀式，隨後幾年的夏天，她的孩子都來寺裡參加了活動，還帶了一些要好的朋友來，對徐大姐一家來說，東林寺在他們信仰道路上的意義是其它寺院所不能比擬的。在平常的生活中，閱讀或觀看東林寺的媒介產品是他們生活的重要組成部分。

　　在由現代媒介（或技術）參與構建的信仰關係網中，生產的持續進行，將更多的信徒納入其中。在媒介產品的生產和流通的過程中，有兩種關係被建立和強化。一是「人－神」之間的關係，這是在獲取媒介文本內容中宗教知識的過程中實現的；二是寺外的信仰者個體與東林寺作為宗教組織之間建立了關係，管理流通處的X

---

98 同注87。

居士說（2014年5月10日）：「寺院免費提供這些書籍，目的也是與眾生「結緣」，佛教講究「因緣」，俗說話「佛度有緣人」，有緣人才可以看得到這些法寶。」這很好地為這種關係的建立作了注解。

這種關係對寺院的生存和個體的信仰都極為重要，通過傳遞共同的價值和知識以及認知和語言，建構並維繫著一個共同體的存在，如果不持續更新，不能保持彼此之間的「頻繁互動」，很快就有可能會被取代，或被遺忘，不能成為循環系統中的結構性力量而被邊緣化，甚至淡出信仰群體的視野，變得無足輕重。當這些產品流通出去，原本無關的兩者之間就建立了一種佛教中的「緣」的關係，隨著關係的持續進行，這個聯繫的強度和深度就會被期待，並產生其他附加的行為，例如信徒們前來做寺院做義工或參加各種修行儀式，逐漸進入一個以寺院教團為中心的，以寺外信仰追隨者為群體邊界的循環系統當中。一個外地的信仰者通過媒介知曉了寺院的資訊，於是出於嚮往而到來，而通過參加這些活動他們又體會到了作為群體成員的感受並產生了認同。於是寺院和信徒就在媒介世界的互動中建立並強化了彼此的關係。信徒們常常說「這個道場好殊勝」，用「殊勝」這樣一個只可意會不可言傳的詞語表達了他們對東林寺的各種感情和附加意義。可見，在由媒介構建的關係當中，「人」與「寺」之間的的意義構建是更為突顯的，深刻影響「人與神」的信仰關係。

當宗教產品成為勾連生產者與消費者之間重要的媒介時，就改變了傳統寺院與寺外信徒群體之間的連接方式，通過媒介產品的持續流通與寺外的信徒個體或者群體產生了頻繁而密切的互動，這種互動不僅強化了信仰者與宗教之間的關係，更加強了信徒個體與作為宗教組織者的寺院之間的聯繫，同時在一定程度上削弱了該信徒（或群體）與其他同類型寺院之間的關聯。

小　結

　　作為一個媒介社會中的宗教組織，東林寺具有很強的媒介在場意識，教團應用媒介技術積極主動將佛教知識和寺內資訊持續向外傳播，不同層級的信徒參與其中，實現了宗教作為主體的媒介生產。作為一個非主流的媒介生產組織，宗教思想在媒介生產環節中發揮著重要的作用。宗教組織運用教義來吸取、整合媒介生產所需的各種條件，包括人力、技術、設備以及資金等資源，並對參與媒介生產過程中的群體，以及他們的參與動機和目的都賦予了宗教意義，使媒介生產成為當代佛教徒實踐信仰的一種方式。

　　在實際的媒介生產和消費過程中，生產者成員並不應當只包括文本內容的提供者和製作者們，有多種群體或個人參與了這個過程，共同促成了這個生產的實施，有的起著主導作用，有的起著輔助作用；有的是直接參與生產中的某個程式，有的是間接參與提供資源。總體而言，這是一種自產自銷的模式，決定了其生產者同時也是消費者，幾乎可以說每一個閱讀和捐資的信仰者都參與了生產，雖然生產和消費之間並不存在一對一的關係，但在這過程中，他們生產並且共享了諸多的意義，所以生產實際上是由整個信仰共同體來共同實現的，媒介生產將共同體中所有的成員都不同程度的囊裹在了其中。

　　從生產到流通到信徒，再由信徒捐資並回到生產，形成了一個循環的過程。這當中不僅僅是媒介內容文本被進行了傳播和遞送，這種過程本身也可以看作是一種文本在進行意義的書寫。媒介的生產方式、產品形式、流通方式和閱讀方式本身有諸多要素組合，也可以被看作是一種文本，是一種信仰實踐的特殊的文本，與媒介內容的文本關係密切，是關係建構和意義生產中的要素。也即是說，信徒個體與宗教組織或信仰對象之間關係的建立和維繫以及相應的

意義產生並不僅僅只是由媒介內容中的「有意義的那些話語」、那種狹義的「文本」來實現的，必須把圍繞著其行為的一系列要素都綜合到其中才能看清楚帶來的影響，例如經費的資助者、閱讀者都與文本有著或明或暗的關聯，都是間接或者直接的生產者，並不只是文本內容話語的講解者或生產廠家才是生產者。文本之所以有意義，不在於其自身，而在於與其他要素之間的關係。生產和流通的方式以及整個過程，結束了信仰者個體孤立的狀態，也改變了寺院傳統的生存狀態，信仰者個體擁有了專門為他們打造的媒介形式和內容，個體又通過直接或者間接的方式參與生產、流通和閱讀的過程，從而與宗教組織連成整體；而宗教組織通過媒介的傳遞與寺外的個人和群體進行了關聯，進而有機會儲備各種資源和力量。這過程形成了一個儀式化的場域，帶來一種類似宗教儀式化的功能。例如一個人捐資印製了一批「播經機」進行免費結緣，他本人也許沒有聽過或只聽了其中的一部分內容，但他這種行為同樣被認為具有很大的功德，即具有很大的佛教信仰意義，因而是一種實踐和表達信仰的方式。佛教認為寺院有義務去推廣自己的主張（弘法），而信徒則被教導有義務支持和供養前者，這是佛教信仰內部的「規則」，這規則的實施在當代同樣通過媒介產品生產流通的形式來體現並強化。這種關聯持續進行且不斷加強，使得個體與群體的關聯越來越緊密，表現在現實中，就是信徒與東林寺的關係越來越牢固。通過消費，到向生產機構進行捐助，信仰個體在這個過程中學會了與宗教組織相處的「規則」和行為模式，而宗教組織又與寺外不曾謀面的信仰群建立起了關係，並將兩者間的秩序也複製並擴散了出去。可以說，宗教組織與信仰者個體、寺院內部與外部、寺院與世俗社會、個體與群體、個體與個體等等，都在媒介的生產過程中建立起了關係，從而構建生產了一個龐大的信仰共同體，認同就在其中被獲取、維護及強化。所以一張光碟的流通並不僅僅只是視

頻本身所蘊含的內容被傳送了出去，還有更大範疇內的意義被生產了出來。

　　相對其他社會子系統來說，寺院的生活是相對封閉的。如果宗教組織不主動尋求在社會群體公眾視野中出現的機會，就會使自身游離於信仰群體的選擇範圍之外。脫離媒介，相當於自動邊緣化，失去了被選擇和被關注的機會。社會學家曼紐爾・卡斯特認為：「網路社會的這種支配性邏輯，要求將一切社會文化資訊包納進以數位化和網路化整合為基礎的新的溝通系統中。在這個新的溝通系統中，所有的社會文化資訊均以一種二元模式運作：亦即在系統中『出現』或是『缺席』。惟有在系統中出現，才能參與到社會溝通與社會化過程中。否則，其他所有的資訊則被化約為一種個人的想像，或者日漸邊緣化為面對面接觸次文化。」[99] 換言之，在當代社會，不進入媒體空間，就無法參與世界。東林寺強烈的媒介利用意識和保持「媒介在場」的制度，使得寺外信徒有可能消除地理障礙成為宗教生活的「直接」觀眾。寺院與媒介的聯手，不僅產生了新的信仰實踐形式，更為寺院向外推廣的過程中拓展了空間，可以說，當代無法在媒介中占據一席之地的宗教組織，在現實中也難以得到更多的關注，會逐漸被排斥在媒介選擇視野之外。在潛在教徒沒有變成宗教徒之前，他們的媒介使用習慣將在他們作出與哪個寺院進行密切聯繫時發揮重要作用。如果宗教組織不重視媒介，將會難逃在邊緣中更邊緣的前途。

　　寺院作為宗教組織，有神聖的一面，也有世俗的一面，寺院的日常生活儀式創建了人神交流的空間，指向通往神域的路；而寺院世俗的性質，決定其需要生存和發展的資源，這就需要與「世俗」的那端產生聯繫，「世俗」世界是僧眾和信眾的來源，也是寺

---

99 曼紐爾・卡斯特著，夏鑄九等譯，《網路社會的崛起》（北京：社會科學文獻出版社，2003），頁464。

院生存所需的一切物質資料的來處，寺外廣大的「眾生」更是佛教認為要救度的對象。因而，寺院一定要與寺外發生聯繫，包括社會大眾、寺外信眾、別的寺院組織及其信徒群體，其中對寺院生存意義最大的是信徒以及潛在的信徒群體。東林寺與寺外的聯繫方式是通過媒介的延伸和在媒介空間中的互動來建構並維繫的。東林寺媒介生產和流通的整個過程，可以看作是一種與世俗世界處理關係的「技術」。這當中，一個新的空間正在由媒介構成，這個空間不等同於寺院的物理空間範圍，並且遠比真實的物理範圍更為寬廣和緊密。

第四章　修行個體的媒介實踐

　　前文曾考察，在東林寺這樣的信仰活動空間裡，生存著各種形態的媒介種群，其中有生成空間性質的溝通神靈的媒介，也有用來進行傳播宗教的大眾媒介，以及修行人個體由寺外攜帶而來的新型媒介形式，主要是指手機和網路。

　　第一種媒介的地位無需再多言，對於第二種媒介，它們能在寺院生存，獲得重要席位，是經過了被改良的過程，從而獲得了神聖性以及被移植的尊崇地位。例如DVD光碟，可以比較輕易的通過技術改造而保證其內容上的宗教性質，既豐富了群體的宗教生活，也滿足了宗教發展的需求，同時還在一定程度上阻止了同類世俗產品對信仰空間的入侵，因此在信仰生活中比較活躍。

　　但第三種媒介，即修行者個體攜帶的寺外來的媒介，人們的態度並沒有獲得統一，其中最突出的就是手機，以及手機所連接的互聯網。對於一張CD光碟，修行人可以輕易決定自己要不要觀看，並能迅速決定對這光碟的取捨，但面對一部手機，到底要不要留，人們的態度很複雜。

　　本章主要觀察在集體性的公開性的活動之外修行者個體的媒介實踐方式，具體來說就是修行人如何使用手機。

第一節　對手機的多樣理解

　　觀察東林寺裡所有的媒介類型，現代移動媒介或者直接說智能手機，從來源上看是一個純粹的「外來者」。修行人購買手機的目的之一是為了聯繫上的便利，出家人和依寺修行的俗家教徒雖然居住在寺院裡，但也有社會交往行為，有父母親人，也有師父朋友，他們並不是完全意義上的「孤家寡人」，這是手機在修行群體中普及的主要原因。僧人DS說（2015年8月3日）：「我的手機主要是用來打電話，有時候給信眾寄了一點法寶，就打個電話，告訴他一下。出門了，別人來火車站接你，要是沒個手機，別人找不到，那不是給人帶來煩惱了嘛，（手機）主要是為了聯繫方便，現在的手機也不貴嘛，就幾百塊錢，都可以買得起。」對於俗家的修行者而言，雖然離開家到寺裡居住後，與原來生活世界聯繫的範圍和頻率普遍都會縮減，但並不會完全消失，因此完全可以理解手機的必備性。但是一個以追求彼岸回報的宗教群體，手機是否會和修行生活產生矛盾？他們和非教徒在手機的應用上是否相同呢？這是筆者忍不住想問的問題。

　　對於東林寺裡的出家人或居士來說，擁有一部智能手機並不是困難的事情。僧人DS在聊到手機時，特意強調說現在能上網的那種手機也不貴，幾百塊錢就可以買到，因為他們也會有一些收入，主要是一些法事的報酬。在東林寺中從事技術工作的居士們也會有一些勞務津貼，能夠承擔購買一部普通智能手機的費用，而對於付出體力勞動的普通義工而言，經濟可能會是其中一個比較重要的影響因素，但並不能成為他們是否使用智能手機的決定因素。MM已經在這裡做了三年的義工，可能還會做下去，因為一直找不到合適的女性寺院出家，她有一部很舊的手機，屏幕正中碎了很大一塊，是三年前在浙江打工時買的，我問她為什麼不換一部新的，是因為

新的太貴了嗎，她說：「反正現在用得也很少，這些都是身外之物，我要是想買啊，肯定不是難事，問題是我不想買，念佛都還來不及呢」，MM是一個20出頭的女孩子，她每月可以獲得三百元的生活補助，她一般將這補助中的三分之一拿去放生，三分之一用於供養師父，如果還有結餘的話就放在功德箱裡，她最大的願望是在東林寺出家為尼，但是目前這裡並沒有供女性出家人修行的地方，所以她還只能做居士，一邊等待著合適的機會，期間她也曾去過外地的寺院並打算剃度，但幾經周折還是回到了東林寺，MM年紀不大，卻經歷坎坷，從小寄養在別人家，吃了很多苦，她說她的生父曾經到東林寺裡來找她並給了她一筆數目不少的錢，因為他後來做生意比較成功，而將幼時的她送人也是因為父親生意失敗無力撫養的原因，但她並沒有接受這筆錢，她說：「我不要，我要錢做什麼呢，我只要好好念佛，我不喜歡買東西，真的沒什麼意思，手機什麼的，我現在很少用，用了也是造業。」在她看來攢錢買手機，肯定不如把錢用於供養或放生更有意義，在她那部碎屏的舊手機中，留著一張她修行以前的照片，染著黃色的長髮、穿著裙子。

被明確規定不能使用手機的是沙彌群體，即剛剛出家的僧人，信仰階級不高，正處於考核試用期，但如果他們承擔了一些寺院的工作，則可以被允許配手機，只能用來打電話。也有很少一部分人確實沒有手機，主要是上了年紀的義工和一些老年僧人，他們沒有用手機的習慣，即使買了也幾乎沒有什麼機會使用，他們在寺中居住多年，原本的世俗社會關係幾近凋零，有的人幾乎沒有親人，有些義工本來就是孤寡老人，連可以通電話的人都找不到，他們在寺內的人際交往也極少，每天最主要的活動就是專心念佛，看書的話要識字，聽錄音的話要聽力佳，對眼力和聽力都有要求，還是念佛最為簡單，他們是真正置身在媒介社會之外的一群人。60多歲的義工CXQ，在寺裡住了多年，像其他老年人一樣，她最大的願望是能

在這裡一直住到去世，她有一部老版手機，市場上已經買不到了，但基本上處於關機狀態，我問她總是關機別人打不通豈不是會誤事，她說修行人不願意與人多聯繫，除了念佛其它不會有什麼大事，又說大家都不喜歡聊天，除了念佛之外，她主要的閒暇活動是去寺外的菜地種菜，除了她女兒每隔幾個月給她打一次電話之外，基本上她不與外面的人聯繫，她說：「我女兒曉得我要上殿念佛，要打電話也是晚上8點多以後。」

在世俗生活中，品質上乘且功能眾多的手機價格不菲，因此有人會以擁有一部最新款的名牌手機而自豪，手機也常常能成為一個人社會地位、經濟能力或者生活品位的外在顯現。有研究者認為手機在鄉村社會當中除了基本的通訊功能之外，還是村民炫富的方式之一，用消費新的手機來證明他們的財富能力，並因此獲得較高的社會評價，[100] 這種情況在其他群體中也不是不普遍的一種現象。但在修行者的世界裡，手機這些社會附加的價值沒有體現的空間。修行人認為對物質的公開追求是一種墮落的表現。人們被教導，個人應當儘量不要去貪圖物質方面的享受，所有的好物都應用來供奉佛菩薩，在佛經中可以看到常用珍寶、華服來供佛的例子，現代供佛的物品也非常豐富多樣，不斷有新的供品出現，但筆者走過多所寺院，從未見過手機被作為供品出現在佛像前，這暗示了手機這種媒介在信仰空間中的生存狀態。我們發現修行人對手機的主要態度有以下的表現。

（一）被規約的「外緣」

手機最大的特點是可以超越時空的限制，即時地與手機那頭的人產生聯繫，除非事先約好，不然這種「打擾」簡直就是隨時隨

100　張曉東，〈媒介在鄉村生活中的角色〉（福州：福建師範大學碩士論文，2011），頁11–21。

地。

正因為這種「隨時隨地」的特性，使得修行人包括教團的整體態度都是頗為複雜的。修行人通常可以比較容易地從內容上去判斷一本書是不是「好書」，從而決定對其採取的態度類型和行為方式。然而這些判斷方法和標準很難被複製在手機上，尤其是能上網的那種手機。似乎也找不到很好的理由將之完全隔絕在寺院圍牆之外，但它的存在又確實會讓修行人感受到一種明顯的威脅，這是一個有意思的現象，手機既是寺內普及率最高的媒介之一，又似乎是破壞力最大的來源之一，可以猜想正是因為這樣一種擔憂，因此在寺院的許多公開集體性的場合中，手機常常被特意提及並享受到了被規約的「待遇」，例如不允許將手機帶入殿堂，也絕不能在任何儀式當中出現，包括每天的日常功課儀式場合。在每個殿堂門口都貼有醒目的白紙黑字：手機禁止入內。遇到類似「佛七」這樣重大的修行活動時，佛殿門口的義工更是人手舉著一塊牌子，上面寫著：請關閉手機。舉著牌子的人在門口走來走去，以便過往的每個人都能看見，他們不僅高舉著牌子，有時候還要一個一個地詢問：手機關了嗎？果然總有人對牌子上的文字視而不見，直到問到自己了，才打開包尋找手機，不過這一般都是初來者，常住者已形成習慣，手機只放在宿舍內。

如果在念佛的儀式過程中，不幸有手機不合時宜地響了起來，這主人便要被「請」出去，如果是在大型的修行期間，則有可能罰「跪香」，就是跪在佛像前懺悔，等待一柱香燃盡的時間，不然人們相信將會受到更嚴厲的「因果」的懲罰，並影響到最終的修行成果。這當然也是維護儀式秩序的必要手段。河南的小雅第一次來東林寺，第一次上早課時便忘了關手機，偏偏這時家裡人就打了電話來，於是早課散了之後她就在佛前跪了一柱香的時間，並因此錯過了早餐。小雅認為自己38歲還沒有結婚，是因為前世業障太重，所

以特意來東林寺拜佛做義工，以便抵消一些業障，沒想到第一天就犯了錯，她特別擔心，不過懺悔之後，她得到了安慰，說（2014年2月2日）：「師父說了，真心懺悔就可以了，我不知道嘛，下次不會再犯了，我是真心懺悔的」，過了一會兒又高興地對我們說：「那位菩薩說了，這正是在幫我消業呢，你想啊，早不打晚不打，偏偏念佛時打，讓我跪香，可不是幫我消業嘛。」這是因為手機而引起的修行「事故」。

在後山的關房裡閉關，是一種修行的強化訓練，對每一個閉關者每天需念多少聲佛號有具體的要求，從開始到最後出關的整個過程類似一個儀式空間，手機自然是不能用的，也有的人直接不帶手機。義工有福跟我講她一位朋友閉關的事情（2015年7月16日）：「她吧，從東北來，大老遠的，她們那裡沒這樣的寺院嘛，第一次來閉關，你看吧，第一次閉關，有很多不適應，過程真的艱難，但是她吧，一直堅持著，念佛啊念佛啊，眼看著就到了第九天，馬上就成功了，可是就在第九天傍晚，她的兒子給她打了一個電話來，這下好了，被師父看見了，這一下就全泡湯了，閉關失敗。她自己也說，這就是業障現前，她兒子在北京工作，很少給她打電話，偏偏早不打晚不打，就在出關前一天打，你說是不是業障嘛。」在這個事例中，是否使用手機成了判斷修行活動能否成功的關鍵性因素。

我曾參加過一次閉關者的分享會，其中有一個女孩說自己在閉關的時候，非常想念父母，於是打了電話回家，在電話裡對著母親哭了一場，負責管理閉關的僧人批評了這種行為，說這是犯了「情執」，打電話，不僅違反了閉關的規定，失去了閉關的功德，還引得母親傷心，很不孝順，「閉關就是讓你學會，放下萬緣，學著放下」，這出家人說道。在閉關的過程當中，一個基本的條件就是不論閉關多久，10天或者20天，都必須把手機關閉，以絕「外緣」，

很明顯，手機是能通外緣的危險存在。

　　山東信眾LM第一次參加24小時經行時，很緊張，她鼓勵自己說：「這是阿彌陀佛在練習我們，是演習，這個作業不經常做，最後的考試（指臨終時）怎麼考得過！」然後拿起手機用力地關了機，慎重地說：「萬緣放下，練習放下，走一步，我們就靠近西方極樂世界一步。」她認為「放下」的第一步就是關掉手機。

　　以上的這些事例，是手機在寺內生存狀態的表現之一，顯然被寺院組織和虔誠者所警惕，是「外緣」的代名詞。

（二）作為「魔」的手機

　　有很多修行人在說到手機時，會說「手機就是個魔」，還有人說「手機是共業」或「手機不是個好東西」，這三種對手機的評價在意思上相近，都對手機持貶斥的態度。

　　大安法師是持這種觀點的代表，他的意見無疑會影響許多虔誠的修行者們。大安法師在公開講經的時候，有好幾次都提到手機的事，並且說「我從來不用手機」。有一次有佛教徒在網上留言問他念佛修行人該如何使用手機的問題，大安法師說修行人手上拿著手機任意使用時，卻沒有意識到這其實是魔王給的東西，瞬間就能跟整個世界的資訊接觸，人的心無法保持清淨，手機不是好東西，雖然有時候能獲取一些資訊，但危害性更大，所以修行人應該少用手機。大安法師不用手機也不用電腦，但是他會看很多的書和報紙，作為教團的核心人物，他的行為模式是普通信徒難以複製的，但他的意見無疑對信仰群體具有引導性。據筆者瞭解，他的秘書會負責剪輯挑選一些重大的社會新聞給他看，也負責購買他開出來的書單，筆者以為大安法師不過是不親自使用手機這種媒介罷了，或者說不受這些資訊的影響，可能有更強的自製力和更專業的判斷能力來保持修行的狀態。

　　有一次我去找R居士請教佛畫的事，我問他如何看待手機，他說（2014年8月5日）：「手機是人類造下的業，刺激人的貪嗔癡。」我說：「您看法師講法的時候也常常會說到一些社會新聞，他要是不上網怎麼會知道呢？」R說：「法師從來不上網，都是他的侍者給他看的，高僧們一輩子不上網，也知道眾生的業力，問題都明擺著呢，阿彌陀佛一輩子不看報紙，難道他沒有智慧嗎？智慧是從內心來的，不是外在的。」過了一會兒，他又說：「手機啊，這是共業，也不是一個人的事，現在是末法時代，手機就是一個魔啊，本來只是一個工具而已，但是負面的東西太多了，你看電視（機），本來沒什麼好壞，但是裡面盡是廣告，都是殺盜淫。不過做起來太難了，說起來倒是容易（笑）。」R居士修行非常努力，不僅做到了過午不食，也還從不睡午覺，他說愛睡覺是被睡魔纏住了的表現。

　　湖南來的信徒GM是流通處的義工，2014年8月筆者也在流通處做義工，筆者空閒時常常找人聊天，GM有些不滿，有一次他很認真的對我說：「像你這樣整天找人聊天對修行是沒有好處的，修行是修出來的，不是聊出來的。」有的時候，他也願意回答我的一些問題，但大部分的時候不太願意說。他有一個手機，只用來打電話和發短信，主要是他的工作需要用手機，因為要與外地的流通點聯繫，不過每天下班之後，他就把手機隨意地丟在辦公桌上，然後把大門鎖了離開，並不隨身攜帶，他看見別的人低頭玩手機，就常感慨說：「唉，現代人哪，不知道是你玩手機，還是手機玩你。」

　　JMY居士是東北人，依持修行了兩三年，她在寺東的村子裡租了房子住，2014年8月的時候我常去她的出租屋裡和她聊天。她每天來寺裡來做功課，不做功課時主要的活動就是看書或者看光碟，看書主要在寺內的小圖書館和流通處兩個地方，除了這兩處，附近方圓幾十里的地方沒有其他開放的閱讀點，而看光碟就只能在她的

出租屋內了。我在她的出租房裡看到有筆記本電腦、手機和一個迷你IPAD，上面都有Apple品牌的標誌，並且款式都是最新的，我很驚奇，就算是在寺外這也算得上是比較高端的備置了，我沒有在寺裡別的人那裡見過這麼齊全的設備。不過這些東西都是嶄新的，外面包裹的塑膠膜都沒有拆開，JMY居士說是家裡人寄來的，想討她歡心，目的是想要誘惑她回家，她說「他們以為我會喜歡這些」，一會兒又說：「我是不可能再回到世間了，他們還說最近買了一個農場，建了個小別墅，寫的我的名字，以為這樣我就回去了，這些都是假的，世間的一切都是假的，都是幻相。」JMY也用手機，但是只是那種最普通的，偶爾用來打電話和收發短信，常處於關閉狀態。她的電腦也沒法上網，房間沒有網線，JMY說如果聯網的話一年只要多交300塊錢，倒是很便宜，但她並不打算裝網線，因為那樣就不能專心念佛了。她的DVD播放機幾乎整天開著，裡面的光碟循環往復地播放，我去找她時，她多半都在看光碟。下面有一段和她的聊天記錄（2014年9月16日）：

> 我：J菩薩，我看您這裡有電腦，您還寫東西嗎（以前給我看過她寫的學佛心得）。
>
> J：我在世間的時候，會看電腦。在這裡呢，主要是通過書籍，一是圖書館的書，我在世俗的時候就愛看書，這邊圖書館的書，另外呢，居士們從全國各地寄來的，家裡不用的，我呀，經常去流通處翻去，電腦基本上沒有用。我主要是看光碟，看書。
>
> 我：聽經嗎？
>
> J：聽，這個功課我在世間做了很多。
>
> 我：哦，在這邊呢，主要是看書。那您修行很純哪，又不上網。
>
> J：網路啊，五花八門，我有個姐們還說，咋不上微信哪，

我說我怕受不了誘惑，我愛聽李雙江的歌兒，我特別愛
聽他們幾個的歌兒。

我：那您可以在手機裡下載聽。

J：不聽了，現在不行了，我念佛啊，就不聽了，授八關齋
戒也反對這些的，唱歌跳舞都不行，是這樣的。

我：您是真修行，有些人念完了佛就上網去了。

J：上網吧，得看他在幹什麼，學習呢，還行，如果像我以
前在世俗那樣，一邊學佛呢，一邊聽歌，看電視劇，不
行。

我：去流通處看啥書呢

J：我吧，就愛找書，有時候找到一兩本，量不大的那種，
哎喲，很受用啊。你看那本《空山足音》，有意思極
了，我現在吧，念佛是念出一點感覺出來了，用師父的
話說，就是念出法喜出來了，我看經書吧，也是這種感
覺，看到會心的地方，那就有一股電流從頭頂直下，擋
也擋不住的。

　　像許多修行人一樣，JMY也認為多用手機，對修行會帶來不好
的影響。

　　D居士也有手機，但平常都關著，只是偶爾打開看看QQ，說他
的母親有時會在上面留言，我問他為何不每天開著，他說「手機會
阻擋氣脈」，這應該是他對手機會擾亂平靜心境的另一種表達方
式。

　　有福是從湖北來的佛教徒，60多歲，與筆者很是投緣，最近幾
年，準確地說是自從她第一次來東林寺之後，她就每年抽時間來這
裡做一個月左右的義工，因此認識了很多僧人和在家信徒。有一天
她在寺裡遇見了一位相識的出家人，兩人就聊了一會兒天，不知怎
麼就聊到了手機的問題，那時有福剛好和我同租寺外的房子，晚上

回來她就跟我講起了這件事，她說（2015年7月24日）：「這段時間是結夏安居時期嘛，每天誦很多經，也比較忙，所以呢我就還沒跟他打電話說我來了，7點多鐘的時候流通處開門了哈，他就去那裡找資料，正好我進去，他在那兒座著，他說誒你來了，我說對了，所以我們就聊了一會兒，他就說呢，我勸你啊，不要用手機，他說呢那個手機啊不是個好東西，上面亂七八糟的什麼東西都有，他說呢修行人嘛就應該一心一意地修行，要那手機幹嘛呢，它又不能幫你了脫生死，又不能叫你成佛，你要它幹什麼，完了他還給我舉了個例子，他說原來有一個師父，廣東有一個居士，等於說是這個居士回去了呢給他打電話，那時候呢他有事，也不知道是做功課呢還是幹嘛，反正是沒有接，沒有接呢後來這個居士又打了一次電話，還是沒接上，第三次的時候呢，他看到了這個居士打了兩次電話來了，他就給這個居士回了個電話，沒想到這個居士發脾氣了，他就跟我講，你看我在寺裡條件這麼好，一個月拿幾千塊錢，完了以後衣服每年都發，背心啊毛巾啊都發，吃的也不要錢，衣服也不要錢，住的也不要錢，包括這些日用品，基本上全部都是發的，都不要錢，他說你說我一個月拿幾千塊錢呢幹啥用呢，我都捐了，你看那個菩薩（居士），我又不需要你供養，你看我拿個手機，我有事沒有接，他還發脾氣了，這還引起了我的煩惱，這個電話一打，心都跑到外界去了，你怎麼能夠淨下心來修行呢，他說呢根本就不應該用這個手機，要給我媽媽打電話，就用最簡單的手機，能夠聽，能夠接，能夠發個短信就行了，要那麼多功能幹什麼，所以要這個電話幹什麼呢，我看他電話打來了，我還操心呢，是不是有什麼事啊什麼的，他說你看能有利於修行嗎，一點都不利於修行，他還發脾氣了，還把心給搞亂了，這互聯網啊，什麼東西都有，亂七八糟的，把人都給教壞了，幹嘛要這個手機，我就結緣給了別人了。他說我妹妹來參加夏令營了，我都叫她把你手機給我結緣去

了。」我於是問有福：「法師講經的時候，也常常引用一些網路流行語，你看前不久馬來西亞飛機失聯，法師也從因果的角度去分析講解了，如果法師沒有看新聞的話，沒有上網的話，他怎麼知道呢，說明法師也在上網啊！」，她回答說：「法師上網沒有關係，法師跟我們凡夫是不一樣的，他不是普通人，是菩薩乘願再來啊，他們是有足夠定力不受誘惑的。」又說：「前兩年有個女孩子，要出家，非要我陪她去LX寺跟師父說，在那裡出家，現在出家了，我前兩天去LX還看見她呢，真莊嚴哪，她就從來不用手機，真修行人是不會用手機的。」在有福和她的僧人朋友看來，是否使用手機，是可以用來衡量和評價修行是否虔誠的標準之一，他們認為虔誠的人應當一心修行，應該主動抵制這種能與外界聯繫，會帶來「世間事」的手機，以免被其影響了修行者所追求的精神清靜的境界。

出家已有10年的僧人HZ說他在兩年前購買了智能手機，他也下載了微信，但從來都不發朋友圈，微信主要是需要時用來發資訊，因為比發短信更省錢，偶爾會與一些相熟的在家信徒聯繫，和家人聯繫並不多。和家人關係鬆散或者疏離，是修行人比較普遍的情況，在不少修行人脫離世俗生活的原因當中，家庭矛盾或者沒有家庭是非常主要的因素之一。HZ認為多用手機不是一個出家人該做的事：「總是用手機不好，一個出家人老拿著手機算什麼呢……我平時空閒的時候主要是看書，一般在衛生間的時候看手機，看看新聞什麼的，你看佛經啊什麼的那肯定是不能帶進衛生間嘛。」我明白他的意思，因為佛經是「聖物」，不能進入「污穢」之地，而手機在他看來顯然是「俗物」之列，因此帶進衛生間並沒有觸範禁忌。我又問他電話打得多嗎，他說（2015年7月16日）：「我很少給人留電話，人越多，牽掛的就多，有事就發個短信，直接打電話會影響別人，我們的房間一間挨著一間，電話也會影響別人。我

從不上網聊天什麼的，以前也跟人討論，總是爭辯，很煩，就不去了，出家以前用電話，那時電話多啊，以前是越多越好啊，現在是越少越好，我的QQ好友也只有7、8個，我們不像你們，我們隨時可能遷單，或者自己想走，東西是越少越好，所以一般不買電腦，不像你們，有個家，治辦的東西是越多越好，像我們在這裡，洗衣機什麼的，都是寺裡的東西。我們自己就是一個包。隨時做好走的打算，不知道哪天就走了呢，鐵打的寺院，流水的僧嘛，我們沒有（全寺）通訊錄，有事直接上房間去找，不像你們，下了班各自回家，有事就要打電話。我不發朋友圈，發出了東西來，就會老記著，想著看有沒有人來評論，發的越多，牽掛就越多，很麻煩，心裡不淨。」

　　在這位出家人眼裡，手機與世俗生活緊密相連，用得多了，就會影響修行。手機裡面世俗的內容決定其物質本身的屬性也是世俗的，所以他一般在衛生間裡看手機，這很有意思，但有一次我問ZH居士是否也這樣，他一口否定了，說：「如果你手機裡下載了很多佛經，那也不能帶進衛生間嘛。」我說那是不是就無所謂了，不用去管了，他說修行人就不該用手機，我說為什麼呢？他說：「對修行沒有好處啊，手機一上網就可以接觸到任何資訊，這對一個修行人肯定會產生負面的影響。」實際上我觀察到ZH每天晚上9點以後，常常會更新朋友圈，但常常是發佈一些佛教理論。但他依然認為修行人不該多用手機，「手機不是好東西」，這是寺內比較普遍的觀點。

（三）作為「結緣」和「供養」品的手機

　　筆者發現有些修行人的手機並不是自己出資購買的，而是別人「結緣」或「供養」而得來的。

　　「結緣」是佛教常用語，就是用一種東西（大多時候是有形

物質）來贈與別人，從而與以前沒有關聯的對方建立起一種關係。「佛度有緣人」這句話中的「有緣人」就是與神佛建立起了關係的那種人。「緣」可以簡單的理解為雙方的一種關係狀態，有不同的性質，如「善緣」、「惡緣」等等，這「緣」是可以創造、強化或者隔絕的，所以佛教中又有「隨緣」、「攀緣」或「絕緣」，以及「廣結善緣」等說法。《佛教大辭典》中對「結緣」的解釋是這樣的：結緣，佛教用語，即交結緣分，一般指與佛法結緣，為將來得度創造條件，《法華文句記》卷二下：「結謂結緣，立機之始；緣即緣助，能成其終，則為未來修得三德之先萌也。」[101] 這就是所謂的「未成佛道，先結人緣。」在現實的信仰生活中，結緣的意義顯然是被進行拓展化理解了的，變得非常寬泛，不僅經常被用來表示兩個人之間創立關係的開始或延續，也常常成為信徒贈送物品時的托詞，這比辭典中的與「佛法結緣」的意義要寬廣得多。在信徒看來，任何為別人帶來利益的行為都具有「結緣」的功能，尤其是在寺院為別人提供服務，因為相信寺裡修行的人將來成佛的概率更大，如果為這些人服務，就相當提前投資結下了「緣」。結緣的方式很多，其中最為明顯的一種就是贈送某種東西給某人。而「供養」是指佛教徒供奉給佛菩薩或者僧人一些基本生活物品。《佛教大辭典》中說傳統供奉的物品主要有六種，分別是花、塗香、水、燒香、飲食和明燈，[102] 如果是供養僧人時，也包括衣服飲食臥具湯藥等。無論是結緣還是供養，都是通過與佛、法、僧或以之有關聯的人、事之間建立起一種聯繫，是一種信仰上的實踐或者投資行為，在社會功能上來說，則有利於彼此關係和諧，有利於宗教群體內部團結。

101　任繼愈主編，《佛教大辭典》（南京：江蘇古籍出版社，2002），頁975。

102　同注101，頁799。

　　不知何時，手機也成了這「結緣」或「供養」中的物品之一，前文也提到，筆者不曾見過手機作為供品供佛，但作為「供僧」的物品卻是可見的。出家人DL有一部看上去非常不錯的手機，他常常隨身帶著，有一回我稱讚他的手機很好看，他立刻說是北京的一位居士供養給他的，並不是自己購買的，這在他看來似乎有質的不同。但這種狀況顯然是在傳統的信仰社會中不曾出現的情形，因為任何一本佛經裡都不曾直接說明手機是否可以成為供養品或結緣品。但有一些基本的佛教觀點可以用來解釋這種行為是否可行，佛教徒討論一件事是否可行，常用一個詞語「如法」來評判，對於供養手機是否「如法」，大家的意見並不相同，但都認為供養者的發心很重要，如果發心不好則是不可取的。出家人DM說：「我認識的人當中就有一些人的手機是信眾供養的。」我問DM：「許多人都認為手機是個不好的東西，怎麼能供養呢？」他回答說：「還是看發心，如果發心好就可以供養。」

　　HB是南京來的26歲的俗家信徒，我認識他的時候，他已經在寺裡住了兩年。他說他在大學學習的專業是環境設計，他總是微笑的樣子，對人友善，不愛說話，總是很認真地幹活，常常一個人拉著一大板車的書運到大門口的貨車上去，汗流浹背也不喊別人來幫忙。他每天都去做功課，當他知道我要寫論文的時候，他跟我討論文科論文的研究方法，他說：「論文的寫法，一種是演繹式的，一種是歸納式的。」我曾問他一些個人經歷，他只笑了笑沒有說話。在我的再三要求之下，他留了電話號碼給我，他的手機就放在公共的辦公室抽屜裡。不久我中途離開的時候，打算請他和幾位義工一起在素食餐館吃個飯，但他的電話一直打不通，我只好在他值班的時候去找他，我問他電話為何一直不通，他說他已經把手機結緣給別人了，我很吃驚，我說如果有人找你怎麼辦呢，他說：「不會有什麼人找我。」我說：「那你爸媽找你怎麼辦？」他笑了笑，沒有

說話。他空閒的時候，常常一個人坐在那裡默默地抄經。不久後，我再去寺裡，聽說他已經剃度了，我於是沒有再見到他。把手機結緣出去代表他下定決心要在修行上更向前一步，脫離手機算是一個標誌，表示要斬斷「外緣」，事後想起來我有點後悔聽到HB結緣掉手機時的反應，正確的做法不應該是吃驚，而是應該像別人一樣讚歎他，並且隨喜他的功德。

麥克盧漢認為電子媒介的廣泛使用，使我們每個人都捲入到了別人的事務當中去，滿足了我們「管閒事」的心理，雖然每天遠方發生的事對我們的日常生活並沒有多大影響，但這種瞭解「閒事」正是人們與世界保持聯繫的方式，從而找到自己存在的感覺。[103]不過，世俗中人追求的這種「存在感」卻正是作為一個修行人需要努力驅除和克服的，修行人反覆練習的就是將「自我」放下，從人世的繁雜中解脫出來，追求不在此時此世的境界，因而，遮蔽手機就等同於遮蔽這些事不關己的「閒事」一樣。這些被主人放棄的手機並沒有被拋棄，而是作為一種結緣物品贈給了別人，也有人出於信仰而將手機作為供養品送給出家人，這對於擁有的人而言，與自己購買的意義又有所不同，因為供養是一種「恭敬」的行為。但這可以看作是手機這種「世俗」屬性明顯的媒介形式在信仰空間中被進行意義改造後重新接納的一種結果和方式。但即使是這樣，使用的人也非常注意用的時機和場合，可見這種改造影響的程度比較小。

第二節　數位媒介何以是「魔」

「魔」是佛教徒對不符合佛教教義或者對佛教信仰能產生破

---

103 馬歇爾‧麥克盧漢著，何道寬譯，《理解媒介：論人的延伸》（北京：商務印書館，2011），頁380–410。

壞作用的一切力量的總稱,是一種形象化的描述。那為什麼數位媒介(智能手機或網路)會被他們看作是「魔」呢?這種態度的形成除了受到宗教導師個人觀念的影響之外,還應該有一些普遍能被體會和感知的理由,我們可以從更為深廣些的層面上來分析,尤其是這些媒介的功能特點和這個群體的文化特徵及其生存意義之間的關係。兩者之間存在的矛盾和張力,可能是人們態度形成的主要原因。

(一) 數位媒介與修行生活的天然矛盾

有學者說,「每本書與其特定的內容形成了一個獨立的有形物體」,[104] 意思是一本書和這本書的內容形成的是一個封閉的獨立系統,這個系統是可以與其他資訊相隔絕的。但移動媒介的特點不是這樣,不僅成千上萬條訊息可以用一個接收器來接收,而且本身的特徵並不因為訊息特徵的變化而改變,[105] 它的內容不是單一的,且資訊具有開放性的特點,其攜帶的資訊以人接觸的方式也不同,例如印刷媒介技術,雖然一本佛經與一本小說的技術可能相同,但很容易做到在佛經中不夾雜世俗生活的內容,也可以做到不在封底上印上一個廣告,即很容易在內容和形式上與一本小說完全區別開來,生產者可以對其進行控制,消費者也可以迅速判定其是神聖還是世俗的屬性,若不去翻開它閱讀,它的內容不會主動跳出來顯現,人的主動性可以在一定程度上成功控制是否與這些媒介接觸。

但數位媒介的資訊系統通常是開放而共享的,它所攜帶的資訊常常主動跳出來與人接觸,觀看者常常不僅不能很好地掌控它

---

104 約書亞‧梅羅維茨著,肖志軍譯,《消失的地域》(北京:清華大學出版社,2002),頁75。

105 同注104。

們，反而會被它們所控制和影響。例如同樣的佛教內容分別呈現
在書籍、光碟和網路中的時候，前兩者的內容構成可以輕易做到沒
有世俗內容的參與，而在網路頁面上，情況就複雜得多。例如筆者
打開東林寺的博客，可以看到頁面正中顯示的是文章標題，頁面最
上方有白色的水墨蓮花，非常清雅，文章的開端先是一幅畫，畫中
有一位身著僧服的出家人，這些顯然是博客主人精心製作的，用意
明顯。但除此之外，另有不少內容是博客主人不能控制的，就在
剛才同一個博客的網頁上，除了有博客文章和畫面，左邊還有淘
寶網推薦的女式拖鞋圖示，標注了價格和款式，再往下是一張照
片，標題是「女子地鐵熟睡遭人戲耍」，再下面還有「街拍北京街
頭美女」，除了這些鑲嵌在網頁周邊各種吸人眼球的標題之外，
頁面上還有一些浮動的廣告，例如從左邊開始不斷上下飄移的是
「好利網」的註冊廣告，有「註冊即送體驗金4999元」等字樣，下
方橫排的飄移文字是「唯品會，涉趣搶名品，1.5折起」的廣告在
閃爍……這些內容無疑給這個頁面的神聖性帶來了破壞，神俗交織
的內容對非教徒沒有什麼影響，對初入佛教的人也可能影響不明
顯，但對在寺中生活多年的人來說，這樣的內容會讓他們感覺非常
不適，在他們看來，這甚至是一種傷害。世俗的內容不僅會干擾、
打擊或者消解破壞空間的神聖性，甚至產生誘惑。正是因為網路數
位媒介內容的不可完全掌控性，其攜帶的資訊會主動與人接觸，使
得修行者會承擔更多的風險。書籍可以按內容來進行分類，分為佛
教書籍或俗世書籍，而數位媒介卻非常不好分類，沒有「佛教手
機」或「佛教電腦」之分，虔誠的信徒為了避免這種有可能損害
自己信仰成果的因素，最好的方法是直接選擇遠離，從而避免接
觸，躲避危害。或許正是因為這一點，近年來出現了供佛教徒專用
的「App」，我在XH居士的手機上就發現了一些這樣的軟體，例如
「佛教日曆」、「佛教音樂」等等，R居士主要是進行壁畫創作，

所以他的手機上有「佛教圖片」、「念佛記數機」等軟體，各種娛樂消費類的App，如「淘寶」之類的軟體則在他們的手機上很少看到。佛教軟體的出現，也可算得上是一種技術上的折衷選擇，在神聖交織的空間中隔離出一個空間，使其專屬神聖，如同在真實的物理空間中圈出一塊地建成寺院一樣，宗教的生存在真實與虛擬的空間竟然如此高度一致。正是出於需要對虛擬空間資訊性質的掌控，東林寺內的一些義工正在開發專屬東林寺的App，希望利用技術在一定程度上改變這種聖俗資訊混雜纏繞的狀況，製造更為純粹的虛擬神聖空間。

（二）關係的世俗性

任何通訊設備，包括手機，其最基本的功能是實現遠距離聯絡，使相隔遙遠的人不受時空的限制互通資訊。隨著技術的進步，智能手機在功能上與多媒體電腦越來越相似，可以實現無線網路的聯通，可以自由下載安裝第三方軟體，可以突出使用者的個性特徵。由於體積小便於攜帶，它在某些方面甚至優於電腦的使用體驗，具有更大的吸引力，因此被傳媒界稱為「第五媒體」。可以說只要有一部智能手機在手，就能與整個世界相聯。

然而這種功能，卻似乎並不是修行人最需要的，佛教徒當然也處於各種關係當中，但在這些關係當中，最重要的並不是人與人或人與社會的關係，而是人與神佛的關係。對於人神關係之外的關係建設，修行人普遍沒有太大的願望，缺乏主動性和積極性。

筆者瞭解到，居住在寺院裡的大多數人，無論是出家人還是居士，他們大多有著創傷性經歷，在他們決定過修行生活之前，往往都遇到了重大的世俗生活危機，這些危機使得他們與世俗社會矛盾重重，矛盾程度越深，拋棄或與之決裂的決心就越大，當他們與宗教相遇時，宗教思想往往能對這些遭遇提供一種比較有邏輯的解

釋，於是從前的這些經歷就常常成為他們決定皈依宗教的重要因素。即使沒有成為出家人，寺裡的俗眾也很少願意或者盡量避免回到世俗生活中去，他們中有很多人輾轉在不同的寺院作義工，這已經成為部分居士的生存方式。像D居士這樣的教徒，儘管受過高等教育，外語水準也很高，在社會中尋找到一個維持生活的工作並不會太難，但他不願意回到社會上去，如果離開了東林寺，他最有可能的仍是去往別的寺院，而在來東林寺之前，他分別在湖北和山東的寺院居住過，他除了與母親和一兩個修行的朋友偶爾聯繫之外，其他的社會關係基本凋零，他開玩笑說他最為親密的夥伴是宿舍裡的兩隻蟑螂。這些依寺而居的俗家信徒，無論是普通義工還是技術性的工作人員，他們在寺院居住久了之後，思維方式和行為方式都決定了他們重回社會比較困難，他們前進的路途基本只有兩種，一是下定決心儘快出家，另一種是堅定認為自己要走修行的道理，即將來總有一天會出家，儘管出家可能是將來很久以後的事，又或者一直都無法下定最後的決心，但即使這樣，他們也要盡可能地住在寺院裡。這當中當然也有回到社會上的例子，但負責與信徒群體聯絡的G居士說，這樣的例子極少，除非遇到另一個靈魂的救贖者，重新喚起他們世俗生活的勇氣和熱情，但這樣幸運的人太少了。

　　X居士在2016年因為工作上的疏忽而離開了東林寺，但他沒有回到社會上去找一份新工作，而是去了五臺山另一個寺院，儘管他以前是學金融管理的，做過操盤手，算有一定的專業技能。同筆者曾一起做助學慈善的兩位居士，在她們來東林寺之前是在湖北的某所寺院裡做了兩年的義工。絕大部分的居士都希望能在自己喜歡的寺院一直生活或者出家，上了年紀的老義工們更是如此，年輕一點的人，有可能離開，但大多只是換了寺院而已，在不同的寺院之間往來，尋找著一個可以長久地過著修行生活的地方。真正會回到社會的，常常是那些沒有被修行生活「改造」成功的「搭便車者」，

他們無利可圖時，便會離開，但有意思的是，他們轉來轉去，也總只是在教徒群體內廝混，只是目的不一樣，若被人識破了便換一個地方換一群人，即俗稱的「佛油子」。筆者也曾在東林寺內遇過一些這樣的人，在此就不詳述他們的故事了。

真誠的信仰者們，他們的現實物理世界是以寺院為中心的。在寺院生活，當然也需要一些世俗關係建設，但其中最為重要的，仍不是人與人之間，更不是與外界的關係，而是他們作為個體與神佛的聯繫，這是所有關係中第一重要的關係，他們相信這種關係會深刻影響或決定著其他所有的關係。舉例來說，如果信仰虔誠，按照教義要求來做，那麼會有「佛力加持」，期待中的世俗關係也會改良；如果與神佛的關係做得不好，有鬆懈或欺瞞，則現實中就會遭遇不好的事，這是受到因果或神界懲罰的表現。

在寺院生活的時間越長，他們就越會呈現排斥世俗交往的趨勢。觀察他們的社交平臺，可以發現聯絡人的數量普遍都較少。出家人HZ說：「我們一般聯繫的人不多，都是修行人，跟世間人也沒什麼可聊的，就算是同修，也不會說太多，因為大家都按自己的方式修行，只有一起去做事的時候才聯繫，聯繫多就亂了心，不好。」許多修行人跟我說，人世間的各種關係，都是因「緣」而生，所謂父母子女之間都是緣，都是累世輪回的結果，也就是說這些人還是沒有脫離輪回，還是苦，因為要受到情感和責任的羈絆，沒有子女和家庭拖累的人，才是有福報的人，尤其是能出家的人，都是前世修得好的緣故，若不能出家，能住在寺院也是很有福報的表現，修行人就是要放棄一切，才有希望修行成功，才能脫離六道輪回。因此在他們看來頻繁的與他人聯繫對雙方都沒有好處。做義工占據的時間其實並不多，人們將餘下的時間用來修行念佛，而不是去聊天和進行交際活動，有時候看著他們站在那裡，好像無所事事的樣子，但你若和他們搭話，他有可能不會理會，因為可能在默

默念佛，而這準備去閒聊的人則是無形中造了「業」，因為打擾了別人修行。所以不要貿然去找人聊天，這是我在碰壁多次後得出的經驗。但要做到完全不受眼前所見所聽影響，實在是太難，那麼去尋找不受干擾的環境就是一個明智的選擇了，想辦法把外在因素滅絕或者驅除，閉關就是這其中的一種方式，一個人待十幾天，不與外界聯繫，練習掌控自己的身體和意念，有的人念佛時常常閉上眼睛，怕看見了東西，亂了對自己身心的控制，JMY居士念佛時從來都是微閉著眼，她說：「我不打開眼睛，我念佛的時候，只要眼一開，就看得見吧，你看吧，這個人哪，嘖，有點矮，那個人吧，怎麼那樣，這一看，分別心就上來了，乾脆就不看，省事了。」

　　當瞭解了他們的關係態度和追求之後，就非常容易理解為什麼他們對手機的態度是矛盾的。最主要的原因在於手機勾連的資訊和建立起來的關係，常常是世俗性的和不可掌控的關係，與修行者所認可和嚮往的空間具有完全不同的性質。修行者終極的追求是往生極樂世界，人們一天之中一年之中絕大部分的時間都用在這個目標上面，修行的全部意義就是通過念佛來建立「人—神」之間的關係，雖然這關係建立的好壞沒有客觀的標準。無論是親自念佛，還是聽機子念佛，或者看著視頻，這些時空都是一種神聖空間或類神聖空間，在那個時空當中，神佛光臨人世，人與神可能產生交流，所有的宗教媒介都在為這個目的而服務。

　　而新的數位媒介，卻在走向相反的方向，尤其是小小的手機，它不受時間空間的約束，任何場合可能就突然響了起來，對修行人努力建立起來的通神狀態絕對是一種讓人懊惱的破壞力量。修行人每天練習修行，其實就是練習控制自己的身心，但反過來卻可能被手機那頭的消息或人所牽引，這實在不是他們的願望，這種對「人神」關係產生干擾的可能性，是它們被排斥在佛殿和所有儀式場合之外的主要原因。修行人與手機的關係越緊密，就意味著與神域的

關係越鬆散，因為加強了他們與社會、與世俗、與「凡夫」或其他種種事物之間的聯繫。雖然也有人熱衷於在手機上做一些佛教思想的傳播，但這樣的實踐雖然也具有宗教意義，卻被認為比不上「念佛」更有功德，所以即使是那些每天都用手機和電腦來參與弘法的居士們，他們的工作也被理解為一種自我犧牲，在工作之餘，他們仍積極進行念佛活動。H居士說：「我每天上微信主要是為了工作，回來在宿舍裡我很少上那個，在家的時間也常常上網，在這裡改了不少。」出家人GM表達了他對手機性質的看法：「微信QQ好友越多，越難清淨，你也許每天都念佛拜佛，但聊這聊那，心就跟外界建立了雜緣，有緣自然會來找你，如果是異性，那更加麻煩，精進並不是你念佛拜佛就好，你每天少些外緣，心不往外攀緣，即使你不在念佛，也是在精進，因為你不攀緣了，業就少了，很多煩惱都是自己找的，特別是我們年輕人，我自己也是深有體會，外緣少了，心也自然清淨，如果你平時功課完成得很好，做完功課馬上拿起手機去搞外緣去了，就是自找麻煩，那要是能成就，就奇怪了，人緣多，因果多，因果多，就煩惱多，那在修行上或者世間法上，障礙都很多，這樣的人，一輩子不會有什麼成就。你可以天天保持功課，可以天天助人為樂，但卻放不下手中的手機，那就白作功課了，標準的修行人應是寂寞的享受者。」

可見修行者排斥手機的深層原因，不是排斥一種工具，而是排斥這種工具所建立的關係與空間性質，用手機進行社交或者上網，都是一種向外的世俗聯繫，在這樣的關係與空間裡，「神」常常缺失，或者說神性減弱了，即使是與神佛有關的內容，也常常是神俗交織，對修行者的狀態造成了影響，也許計畫上網是為了看佛經，然而可能無法控制而去聽了一首流行歌曲，因此人們覺得最好的方法就是隔離這個源頭，從而將之描述為「魔」。

第三節　「微道場」裡的修行

上文提到，手機會強化各種「外緣」，而修行卻是要「斷緣」，兩者似乎有著不可調和的矛盾，因此不少人都認為手機是「魔」，或者只保留其最基本的通訊功能。但筆者仍然觀察到東林寺裡有一部分修行人，他們經常用手機，還建立了微信群或者QQ群，那麼他們的信仰是不是就一定弱化了或者變得更加世俗了呢？他們如何在這種看似矛盾的行為中維持自己的修行實踐呢？

（一）「世俗」的相對性

L居士常常用手機。筆者問他：「很多法師都說不要用手機不要用電腦，可是他們的講法又全部通過手機、電腦發佈出來，這個不是矛盾嗎？」L說（2014年7月28日）：「法師的意思是不要用手機去看不好的東西，重點是在這裡，不要理解錯了。你看菜刀，它還能切菜啊，有的人就拿他去殺人，法師講的可能是讓你少用這些，因為負面的東西太多。但是你如果是學佛法，那就有好處了。」有一次我在微信上問他一位佛教徒該如何面對手機，他發語音說：「手機和網路只是一種工具，沒什麼好壞，如果總是在網上聊天，娛樂，就會亂了心性，對修行沒有什麼好處的，如果用它來學佛，反倒是個好工具。」

僧人HL在寺裡承擔一些具體的工作，說到社會上大部分人認為出家人使用高檔手機影響形象時有些不同意，他說（2015年8月2日）：「從出家人的角度來看，你看我，要是不用手機（他把手機拿了過來，我看見是一個比較有名的手機品牌），我的這些事情怎麼辦？這些事情它得有人處理啊，其實在出家人看來，是沒有什麼分別的，你看法師出去，住五星酒店，吃高檔飯菜，他也覺得挺好，要是去普通的飯館，吃簡單的菜，他也一樣覺得挺好。沒有什

麼，都是隨緣來的，可以吃高級的，也可以和乞丐一起吃，從世俗人這個層面吧，出家人都已經出家了，離開家拋棄家人愛人，不能用個好點的手機就去嫉妒，讓你出家你出不出嘛，要對出家人寬容一點。」

　　ZH居士從佛教理義上出發談了他對修行人使用手機這個問題的看法，他說（2015年8月4日）：「不管哪種看法，用也好，不用也好，每個人都是對的，從他們的知覺角度出發來看，他們所認為的全部是對的。但是不要被現象迷惑了，要有正確的知見，要回到教義上來，看佛陀的教導，會影響修行的是什麼？是心，不在於外界的物質條件，你如果不用手機，但是你天天貪著一個其他的東西，跟你執著手機是一樣的，關鍵是看你用這個手機用來做什麼的，有的人就很單純，每天用來聽一遍《金剛經》，你說是好的還是壞的呢，別人看來你是個手機控，天天塞個耳機，但我天天聽著金剛經，聽得法喜充滿，在別人看來你又被手機控制了，但我是用來修行的，不是用來玩其他的東西，我在看的時候，我的心是在西方極樂世界，我得到了解脫，我得到了安撫，這就是好事，對不對？這個時候，他就是個增上緣，所以真正的不在於手機這個物質條件本身，不在於這個。不在於工具，在於我們的心。不要去執著於這個用或不用的本身。」

　　從以上這些修行人的態度可以看出，修行者對新媒介世俗性的認識觀念是相對的。媒介內容和媒介行為的目標是判斷的標準，而不是媒介本身。雖然大部分訪談者都認為手機或網路是「魔」，但也有一些人會比較冷靜地分析問題。而這兩種態度表達的側重點不同，是與其信仰階層和實踐方式相連的。我們下文接著觀察。

（二）媒介行為的差異與共性成因

　　修行者在手機這種移動媒介的實踐上，表現為兩種趨勢，一種

是不用或儘量少用，認為會對修行生活產生破壞作用，而另一種則認為可以利用它的功能來促進修行。這是他們在觀念和行為上的差異，看似矛盾，但卻有內在的統一性。用或者不用的目的都是為了有利於自我（修行）。如果瞭解修行者在信仰實踐上的差異，就能很好地理解他們在媒介行為上的差異，同時也可以更好地把握該群體的特點。

　　佛教內部對教徒群體已經有一套分類的規則，主要以是否參與信仰身份轉變的儀式為標準，將佛教徒分為出家眾和在家眾兩個大類，內部又各有更細的分類。從佛教外部的研究來看，有不少學者認為（例如葛兆光2002）在中國的佛教信仰傳統當中，存在兩種趨勢，一種是民俗型的信仰，一種是學理型的信仰。筆者認為雖然東林寺的信徒群體在一定程度上超越了民間佛教的信仰層級，在信仰的目標上普遍具有以彼岸為目的比較超越性的認識，也基本脫離了民間宗教信仰中的功利性特徵，但「民俗型」與「學理型」這兩種取向的分野依然存在，主要表現為實踐方式上，因為淨土宗的實踐方式簡單易行，對於一部分信徒來說，他們願意選擇教導的那樣，即偏重實際修行，以念佛號為主，追求念誦佛號時的感覺和狀態，並不強烈追求佛教理義上的瞭解與多寡；而有的人卻偏重於佛理的瞭解，把佛學當作一種人生的指導精神或者知識來瞭解。但信仰狀態不是靜止不變的，而且兩者之間也沒有清晰、固定的界線，為了能說明的更為清楚，我選擇用一個線型圖來表示這種信仰追求的差異所在：我們在直線上取三個點，來表示信仰群體內部大致的特徵，以B為中點，左邊頂端為A，代表重視念佛修行的信仰者；右邊頂端為C，代表重視佛理教義的信仰者。無論是出家人還是在家人，在實際的信仰生活中都存在各自的側重點。越向A的方向就越重視實踐修行，這一類人，念佛是他們宗教生活的重心，他們年紀普遍偏大，教育文化水準普遍偏低，甚至有些是文盲，在教義上的

瞭解主要是聽一些非常通俗易懂的講經的音訊視頻，很少主動去接受更多的教義，佛理上的追求並不明顯，他們修行目標明確，希望在「念佛」這樣的行為中找到與神溝通的狀態，並不熱衷於探索學習教義，這一類教徒以中老年女性信徒為代表。C向的方向代表重佛理的這一部分人，越偏向C就越會把佛教理義當作一種知識來瞭解，但並不一定會伴隨強烈的實踐（如念佛）行為，他們不排斥使用任何媒介，出於對佛學知識的瞭解，他們會從各個媒介渠道出發去獲取宗教知識。例如TA居士在寺內工作，熱愛學習宗教知識，當他回家（離寺5公里）之後，並不吃素，也不排斥喝酒，他之所以選擇在寺內工作，是認為寺院的慈善比社會慈善機構的工作更純粹，他主要是把佛教當作哲學思想來瞭解，並不排斥其他宗教，他同時還看不少儒家和道教的書籍，TA居士這種類型的信仰者相對很少，算得上是C類頂端的那一類人，不能代表東林寺龐大信仰群的整體特點，他們與宗教組織分離的可能性很大。

　　ZH居士的淨土信仰非常堅定，對極樂世界深信不疑，他不止是每天勤念佛，同時也積極進行理論學習，各種媒介都是他學習的渠道，他說：「網路普及之前我主要是看書籍和視頻，網路普及後我在正規的佛教網站上學習，手機普及後就書籍、網路、手機三種形式結合學習。」他認為在手機上可以以最快的速度看到法師最新的視頻，但這樣的話就減少了讀經的時間，他還認為「聽法師講法自然有好處，但自己誦讀佛經卻是直接與佛對話，兩者在加持力方面有區別。」我覺得這有點像我們平常所說的第一手資料和第二手資料之間的區別，這種看法在訪談者當中比較少出現，帶有獨立思考的意味。在ZH居士看來，理論學習重於修行實踐，認為：「學好經教有利於老實念佛，不然，為了念而念，不知道為何而念，不知道怎麼念，那也是散亂的，妄念紛飛，反而不好，一定要先學經教。」

　　東林寺大力提倡念佛，在這種環境之下，類似TA居士這樣以知識為取向的信仰者，無論是俗家信眾或出家人，其實都處在變化之中，兩年以後，我發現TA居士參加念佛的次數和時間都比我剛認識他時加強了許多，但他仍然強調說一定要誦讀經典，不能光念佛。這種兩者兼顧的取向是寺中大部分修行人的狀態，只是各有側重。有的人原來只知道求神拜佛，經過寺院生活的薰陶渲染有了學習佛理的意識；另有一部分人，原來特別重視佛理的學習，但被寺院生活規訓之後，加強了修行實踐。雖然大部分人都認為自己是兩者兼顧，但差異在於「顧及」的程度和深淺，有的人學佛理只限於學習東林寺宣導的，而有的人可能一邊瞭解其他宗派的知識，會更廣泛地閱讀淨土之外的佛教典籍。

　　XH居士是東林寺忠誠的信徒之一，她的虔誠是許多人的榜樣。但她卻常用手機，於是我在微信上（2016年2月22日）問她法師說過不要用手機，那修行人天天用手機是不是不如法呢？她回覆說：「阿彌陀佛，師兄好，這個問題呢，讓我想起佛陀時代金錢的開示，佛陀也講過，金錢就是毒蛇，對吧？但是，佛在有些典故，也說過，就是怎麼使用這個金錢，我覺得如果說善用，把它用對了，用在對的地方，心裡不持礙的話，那肯定這個金錢就發揮了它的作用，對吧？就不是毒蛇，比如說我們把這個金錢施捨出去，成就別人，對己孤獨長者來說，那肯定就不是毒蛇，我覺得這個手機問題也是如此。如果在裡面進行『黃、賭、毒』的活動，手機就是毒蛇，如果我們把被稱為魔的這個手機，用來學佛，傳遞的都是『佛言祖語』，用它來學佛言祖語，那我覺得我們等於，就是像己孤獨長者一樣，把金錢用對了地方。」在XH居士看來，手機這種「不好」的媒介是可以經過改造的，這與XH居士對信仰知識的瞭解（如己孤獨長者）以及對自己的信仰自信有關，XH受到高等教育，能融合佛經與自己個人的思考。但這種類型的信仰者不是全

部，甚至不是大多數，許多的信仰者只是聽「師父」的話，「師父」說的就絕對服從。可見，教育背景、信仰身份以及思維習慣的不同都能影響信徒對媒介的認識與行為。

當然，還有一種重要因素會影響到人們的行為，就是寺院環境所產生的約束和支配力量。有少部分居士，自身能力出眾，社會資源豐富，對教團的發展有重要的作用，他們在寺院生活中就擁有一定的自由度。而寺裡大部分在家信眾都處於被支配地位，行為處事都非常謹慎小心，畢竟寺院生活等級分明，出家人可以管束居士，但居士卻不能反過來約束出家人，出家人可以弘法，「白衣」則不可，所以訪談中也有出家人坦然地表示如果弘法就應該適量地上網，才能瞭解社會，才能更好地弘法，而居士的任務是好好念佛自我修行，就應該避免外來干擾的力量影響。在這個空間裡，身份不同，信仰的階層不同，對外來世俗力量的抗拒能力也被認為各不相同。以上種種因素，都會影響人們的媒介行為，也是形成各自媒介行為差異的原因。

由此，可以說對待最新的外來移動媒介形式，信仰者並沒有完全高度統一的看法和媒介行為。有人認為智能手機是魔，應當遠離，但同時也存在相反的行為和態度，後者認為可以用來學習佛法，要善加利用，這看起來非常矛盾。但實際上如果仔細考察，可以發現這兩種行為有內在統一性。

下面我們來看看「用」手機的修行人是如何使用的。移動媒介的功能主要有三類：一是資訊娛樂的功能，可以上綜合網站、進行搜尋引擎、看新聞、看電影、電視、購物等；二是社交平臺的功能，可以下載各種社交App，例如QQ、微信等；三是自媒體功能，使用者個人可以成為媒介發佈的主體，例如發微博、發照片在朋友圈等等。我們可以從這三個方面來觀察修行者的使用情況。

當人們選擇到寺裡過與外界相對隔絕的修行生活之後，不論

是哪一種身份，總體而言他們的社會交際圈都會在一定程度上被重建，原來生活中的社會交往人際圈子普遍會縮小甚至為零，更真實的情況是進寺院之前社會關係就遭到了一定程度的破壞或者出現了危機。例如G居士，他下載了微信和QQ，但不是用來與朋友聯繫的，他的主要工作是聯繫在家信徒，發佈消息。G居士與家人的關係比較僵化，尤其是與父親的關係，這也是促使他來到寺院生活的主要原因之一，但他說修行幾年之後在心裡也已經逐漸原諒了父親，但即使如此，他也很少回家，在寺裡六年來只回過一次家，跟他關係比較好的人有兩位，一位以前在東林寺修行，現在在廣東一家寺院，G居士近幾年來每年春節都去那個寺院和這位僧人朋友一起度過，另一位也是出家人，在湖北一個鄉村寺院裡做主持，這幾本上就是G居士目前比較緊密的社會關係了，這兩位朋友都是G來寺院之後認識結交的修行人。

　　年輕的女信徒小Z的手機一年中的大部分時間處於關機狀態，平常與她交往較多的是Y居士，她把Y居士的電話號碼留給了她爸、媽和姑姑三個人，以便聯絡，如果有什麼事打來電話，Y居士會轉告給她，但事實上，半年當中只有她媽媽來過兩次電話催她回家，再也沒有其他人找過她。

　　僧人DS說他的QQ空間裡最多的時候有5位「好友」，主要是家人和同修，平時無事不聯繫。ZH居士的QQ空間裡只有三位「好友」，好友申請處於關閉狀態。

　　小桃說自從她到寺院生活以後，大學同學再也沒人跟她保持聯繫了，她的父親早當她已經死了，只有她母親偶爾打電話給她，也只是催她回家。Z居士，手機白天基本上是處於關機狀態，他說只偶爾打個電話向父母報個平安。這種情況比較常見，信徒，尤其是依寺修行的俗家信徒，他們的世俗交際圈子普遍都呈收縮的狀態，最後常常只留下父母和為數不多的親人，但有時也因為彼此之間已

經矛盾多年，開口也不知道表達什麼，於是這部分的情感聯絡也並不頻繁。但是如果他們積極一點，新的交際圈子會圍繞著信仰重新建立一些，人們會因為修行而認識很多天南海北的「同修」，然而認識的人雖然更多了，也只是交際的數量有所增長，交際的深度卻並不會就此必然增加，除非其主要目的是為了交際，排遣孤獨，像一些不常住寺院的老年信徒中就有這樣的類型，他們信仰的目的之一就是為了尋找一種方式來拓展退休後的社交圈子，這樣的教徒一般不會在寺院居住太久，因為寺院的環境和觀念都不支持這種行為，他們多半以來參加短期活動為主，同時兼會友。

對信仰方式和宗教組織的認同會成為交際圈子重新建立的重要因素，同一個宗派或追隨同一種修行方式的教徒都容易彼此認同。但佛教思想主張不「攀緣」以及避免「情執」的觀念，使得人們的關係普遍呈現鬆散而淺淡的特點，共同的話題也多半總是圍繞著「佛」或者「修行」進行。觀察他們的微信圈，可以發現在世俗生活和情感方面，他們是一個「沉默」的共同體。如果有修行人熱衷於開拓交際圈，就可能陷入「攀緣」的評價，他們自己也會認為這對自己的信仰未來沒有好處，當然「搭便車者」除外。

再來看看他們在其他方面對手機的應用。社會群體在手機上購物或者進行休閒娛樂活動，例如看電影電視劇之類的，是再尋常不過了。但在寺院裡比較少見，看電視劇是極少數人的行為，如果打算長住，這種行為就很危險，筆者也見過有義工在寺外散步時用手機看電視劇，這一般都是暑假跟隨大人入寺做短期義工的年輕人，假期結束他們多數就回到原來的生活中去了。也有一些人會在網上購物，主要是購買佛教用具，因為網購相對便宜。但僧人群體購物行為相對較少，出家人DS說他從來不在網上購物，物質方面有寺院在管，所以自己不用操心，他每天大約會上網一小時的時間，主要是關注佛教新聞和社會新聞。愛好音樂的信徒可能會下載一些應

用App，例如佛教音樂。

　　從這些方面的考察可以看出，「用」的總體特點是主動放棄世俗性的媒介或者放棄媒介的世俗性功能，將媒介的世俗性內容進行改造，例如手機的音樂功能用來聽佛教歌曲，視頻功能用來看法師講經等等。在功能上呈現「弱」其世俗性而「強」其神聖性的特點。我們認為這是手機媒介文化與寺內「本地」文化碰撞和妥協的結果和表現。可以說，他們在「用」手機這個媒介時，仍然具有自己的群體邊界，這個邊界恰恰更能體現他們作為修行者的身份。

（三）靈性監督體系的影響

　　使用移動媒介具有一定的私密性，完全可以看作是個體的行為。但即使是這樣，修行者們也不會輕易在媒介中去作一些在我們看來正常的事情，這是因為在佛教徒的觀念中，存在著無形的監督體系。宗教把世界分成了「神聖」與「世俗」兩類，佛教徒對生活中的一切都有評判，在理論上凡是和「財、色、名、食、睡」和「黃、賭、毒」相關的都是不可觸碰的，[106] 在生活中奉行很多準則，如「眾善奉行，諸惡莫作」、「不妄言」、「因果自負」等等，這「善」和「惡」的評判者，以及全知全能的監控力量就是神靈——無所不在的佛菩薩，這種力量不受空間種類的約束，即便是虛擬空間，也認為一樣有效，因為相信神靈是萬能的。

　　虔誠的修行人認為不能因為是在網上，就可以口出惡言或者說假話。雖然空間是虛擬的，但人在那時刻的想法和念頭是真實的，不良的「起心動念」一樣會犯下「因果」，這就給自己將來的生活或者修行製造了潛在的危險。這使得那些真誠的教徒不會像普通的網民或手機用戶那樣隨心所欲、不能無節制的釋放在日常生活

---

106 信徒常用語，用來指代社會上不符合佛教教義的現象以及世俗生活當中值得批判的價值與追求。

中被社會規範壓抑的自我。小桃說她在初進東林寺時，仍常在網上與人聊天，大事小事都要拍照發到社交平臺上去，但後來慢慢就變少了。差不多兩年後，她在QQ平臺上發佈了一個「聲明」，大意是說她自己修行不夠，有時候在裡面很有怨氣，這是造了「口業」而不自知，因此向大家懺悔，從此後她的QQ空間很長時間沒有再更新。2016年我在網上找她，給她留言，過了好幾天她才回覆說她現在一個月才上一次平臺看一看，主要是把她師父（此時她已在雲南出家）的講課錄音發到平臺上供人學習，別的資訊就發得相對很少。

其實從某種程度上來說，佛教徒對虛擬空間的概念並不陌生，佛經中常常運用諸如「虛空」這樣的詞彙，只是此虛空非彼虛空，不少佛教徒相信電報、網路、手機這些發明早就出現在佛的預言當中，這些物質或技術的出現不過是進一步證明了佛的智慧和全知全能，因此不要去做企圖欺騙佛的言行。對於佛教徒而言，沒有地方可以藏匿其虛擬人格，當心情不愉快時或者遇到難題時，只有不斷地去懺悔，或者相信這都是自己累世造「業」的顯現，所以沒有理由去怨恨或者仇視，也不寄希望於在現實的虛擬空間裡去實現真實空間的補償，因為現實的虛擬世界仍是不完美的，他們相信真正完美的世界是在修行成功之後。

除了靈性的監督力量之外，宗教群體生活當中人們也會互相監督。居士之間，出家人與在家人之間，都有顯性或者隱形的監督力量。宗教組織希望展現良好的社會大眾期待的宗教形象，而作為修行個體而言，也必須考慮現實的問題，對自己要求鬆散就有可能違反戒律，讓自己名譽受損，或者失去在寺裡居住和修行的資格，而在別的地方尋找到一個相同條件的寺院未必是件易事，這些現實問題，使得依寺修行者不得不考慮。再者，修行者的可用於自我支配的時間比較少，大部分的時間用於群體修行。這種種的監督力量，

無論來自靈界還是現實的力量，都使得人們必須對自己的媒介行為要特別在意。

也需要提及一部分「搭便車」的人，畢竟他們也是一個真實的存在。東林寺烏托邦式的集體生活，幾乎不設門檻的居住資格，使得不少陷入困境的人暫時可以有個居住之所，當中有些人並不是為了「修行」而來到寺內，對佛法也沒有強烈的追求與渴望，他們只是因為佛寺的「慈悲」而來，他們會依照東林寺的管理條例去做義工，但有的人會偷偷去寺外喝酒，也有的人偷偷在辦公室裡打遊戲，這些都是冒險的行為，即使不相信會被神佛懲罰，但如果被宗教組織發現或者產生不良的影響時，他們會被遷單，如果影響惡劣，將被拉入黑名單。所以這種越軌行為必須要相當的保密才可以。當然，在這一部分人中，也有一些人可能會成長為非常虔誠的佛教徒，也有一部分人會回到社會中去。如果沒有真誠的信仰作為前提條件，他們並不能「享受」在寺內的這種生活，每天有許多功課，每餐素食，不能看電視，時髦和個性在這裡無法引起注意或共鳴。如果只是為了簡單的生存而長居於此，顯然並不是那麼愉快的。只有那些真誠的修行人才可能將這種生活看作是難得的並去珍惜和享受的。

（四）從「微道場」看佛教徒的媒介改良性實踐

通過考察，發現「用」手機的很多修行人主要是在用「微信」。在這個社交平臺上接收或者傳播佛教知識和信息，還有一個突出的運用方式就是在微信念佛。

「微信」出現於2011年，它的主要特點是提供即時通訊的免費服務（收取少量網路流量費），可以傳送文字、圖片、語音、視頻，並支援單人、多人語音對講，這使得手機在一定程度上變成了對講機，並具有社交外掛程式「搖一搖」、「朋友圈」等功能，是

當前我國大陸地區最主要的社交工具之一。在筆者對東林寺教徒訪
談的人當中，16位工作人員中有12人開通了社交平臺；19位長期義
工中有7人開通了社交平臺；11位僧人當中（大部分擔任職務）有
5人開通了微信或者QQ等社交平臺。筆者選取了三位居士和兩位僧
人，來瞭解他們的微信使用情況。（以2015年2月為例）：

內容 姓名	東林寺類	泛佛教類	生活類
R居士	17	8	15 （書畫類）
XH居士	20	8	7 （風景類）
Z居士	70	45	10 （養生保健）
僧人DL	6	2	7 （僧人生活）
僧人HL	9	5	6 （佛教音樂）

可以看出，宗教組織和信仰方面的資訊是他們在社交平臺上關
注的主要內容，其中以東林寺的資訊為主，日常生活類也與信仰有
關，社交平臺是他們塑造身份和表達認同的工具。而他們自己的個
人資訊很少出現，以群體資訊為主。

其中比較特別的或者說是一種新的應用方式應該是在微信裡
念佛了。方法一般是建立微信群，創設一個類似佛殿一樣群體共念
的空間，為身處不同環境中的信徒提供一種真實修行空間的替代場
所，筆者將之稱為「微道場」。下面來考察「微道場」的主要形式
和特點，並進一步瞭解這種媒介實踐與修行人身份之間的關係。

筆者利用熟悉的佛教徒之間「滾雪球」的方式加入了不少佛教
微信群，其中也有東林寺之外的群，筆者觀察了大約50個佛教微信
群一年多的時間，發現建立「微道場」或「空中念佛堂」已經成為
不少宗教組織傳播和培養教徒的重要方式，各寺的微道場管理和目
標也各不相同，本章只選擇幾個案例從媒介的角度討論這種信仰實

踐的共同特點，其它的暫不作深入分析。

　　「蓮樓三千」是筆者加入時間較長的一個微信念佛群，是東林寺XH居士在2014年組織建立的，前文我們介紹過她，是一位非常虔誠的居士，她說這個群的名字來源於印光大師的作品，[107] 2015年這個群的人數約有70位，成員幾乎都有在東林寺居住和修行的經驗，基本可以看作是同一個信仰共同體中的成員，成員彼此之間可能並不相識，但都認同東林寺的信仰主張，使得這個微信群非常穩定，筆者觀察到2019年，仍沒有發現有人退群，其中大多數人居住在寺外，也有一些人遠在海外，有幾位則長居寺內。我問XH為何建這個群，她說（2016年2月26日）：「我在寺裡能念佛，是吧？那在寺外的呢，他們就沒有這個念佛的環境，是吧？如果我們在微信中建一個群，不就可以產生一個群修的作用嗎？這樣大家每天都往上報數的話，對不在寺院的人呢，是一個很好的督促作用，因為別人都在念佛嘛，而自己不念，就會產生羞愧之心哪，大家相互鼓勵呢，嗯，也就能找到那種『修行』的狀態，處在那個狀態當中，那就即使不在寺院，效果上也可能一樣，都是念佛嘛。雖然我自己在寺院，但是能帶動更多的人，也是一種功德，修行不應該只管自己，還要利他。法師叫我們要好好學習印光法師，我們一群人在一起學，效果就會更好。這也是印光法師提倡的『群修』，法師在《文鈔》裡也說過了的。」

　　該微信群每天的活動內容和程式基本按這樣的程式：清晨五、六點的時候，是「發願」，有幾個人專門負責帶領成員發願，每個人跟貼發佈以下的文字：各位師兄早上好（微笑表情），我們一起來發願開始新的一天吧（愛心表情）：願充滿虛空之有情父母脫離六趣痛苦之因，往生極樂世界，圓滿成就佛果廣利眾生，而開啟

---

107 印光法師：西元1861年–1940年，陝西郃陽人，創辦弘法社，有居士將其思想集匯編著成《印光法師文鈔》，被認為是蓮宗第十三代祖師。

今天念佛及其他善行。第二步就是成員不定時跟貼子，上報自己當天的念佛數量，每個念了的人依次複製前面的數字並在後面加上自己一天的念佛數量，到晚上9點以前，就有專門的成員統計念佛總數並做「回向」，以2016年2月27日的「回向」為例：南無阿彌陀佛，蓮樓三千念佛小組昨日念佛：255800聲佛號，（合掌表情）累計念佛數：一億一千零五十六萬九千八百六十聲佛號，讚歎各位師兄！（合掌）回向：願將過去所積累的善法功德，現在正在積累的善法功德，未來將要積累的善法功德，與諸佛菩薩、歷代祖師的無漏的善法功德聚集在一起，為一切有情遠離痛苦及痛苦之因，圓滿成就佛果，廣利眾生而回向！願生西方淨土中，上品蓮花為父母，花開見佛悟無生，不退菩薩為伴侶！南無阿彌陀佛（三個合掌表情）。有時候，也將功德「回向」給某個需要的個體，例如有位居士家裡的貓因為年紀太大了，快要去世了，貓臨終的時候，這位居士便請大家將當日念佛的功德「回向」給她的貓，祈禱這貓可以脫離六道輪回往生到極樂世界。在「發願」與「回向」中間的時間裡，不時有人會分享一些教義的學習，摘錄某些語錄或文章。有的群則會有一個固定的「共修」時間，即大家都在群裡以語音形式念佛並跟貼，常常是晚上7點到9點之間。

　　如果將這個「微道場」與現實中的修習儀式進行對比，可以看到兩者的主要內容和程式是一樣的。這些負責每天發佈「發願」、「回向」的志願成員，職責類似於儀式現場的維那師，引導儀式的節奏，創造了一個類似佛殿共修的空間。

　　R居士組建的微信群叫做「凌霄緣」，人數較少，成員之間相互比較熟悉，主要內容是學習教義，常常在群裡轉發東林寺微信中的文章，也有一些人轉發其他法師的文章，但基本上不會轉化其他淨土宗派的文章，只轉化東林寺的。相似的群很多，都是東林寺的信徒自發組織的，以個體的媒介行為來對寺院組織層面的媒介行為

進行推波助瀾，這種行為和其他的實踐形式一樣具有宗教意義，同時也強化了個體的信仰，維繫了成員之間的關係以及對信仰群體的認同，當然也在一定程度上擴展了成員之間的交際。

根據筆者長時間對「微道場」的觀察和參與，認為當前常見的佛教微信群主要有三類，第一類是泛佛教群，世俗特徵明顯。人們主要在群裡分享類似佛教或者佛教化了的生活觀念，如行善、素食或者孝順父母之類的，成員之間存在明顯的世俗社交行為和目的，如有的人在裡面做微商，推薦自家生產的佛教用品，有的人熱衷於在群裡展示個人才藝，以博得欣賞或交到朋友等等，這種群通常沒有條例清晰的群規，相對自由和鬆散，進群或退群都比較隨意，可以看作是一種以佛教信仰為名義的側重於社會交際和休閒意義的群。

第二種是以微道場為渠道培養、規訓信仰群體的群，這是當前某些寺院的主要模式，雖然東林寺教團或個人都沒有大規模採用這種形式，但在微道場方面卻有一些實踐上的共性。因此在這裡一併分析，以便能更清晰地瞭解其特點。

就筆者追蹤的這些算得上是「微道場」的微信群（不包括第一類），在使用上都盡力模仿真實的信仰空間，對成員進行一種類似宗教環境的體驗與規訓，因此群規和成員的言語都以是否符合佛教的教義或該寺院的佛教主張為原則。類如有一次，有一個新成員被人介紹進了某個微信群，像任何一個普通的微信群一樣，有別的成員在群裡發了一張動態圖，表示歡迎，是一張爆竹在「啪啪」作響的微信動態圖，這是很平常的事情。然而很快「群主」就來提醒說這種行為會驚擾到虛空中的眾生，希望下次不要再造業。一般微信群中流行的「發紅包」、「搶紅包」之類的活動，也極少在這些群中出現，偶爾有一次，會立刻被告知這是不「如法」的行為。任何世俗生活的內容或個人生活場景的內容，都不允許出現在群裡，

發佈者都會受到提醒和規勸，會有一些人不能忍受群裡的規矩而退群，也有一些人會因為「犯群規」而被「請走」，管理者的措施一般是先進行耐心勸說後再「隨緣」，認為退群者皆是因緣不夠成熟，因而對其去留也不必執著。他們努力在網路中生產和維護神聖的空間與邊界。

第三類則是與真實的修行場景最為相似的微信群，是被高度「神聖」化的虛擬空間，成員明顯受過寺院信仰生活的成功規訓，排斥在群中進行世俗化的追求行為。如果我們將後兩種「微道場」與真實的寺院修行場域進行對比，可以發現「微道場」有如下特點：

首先，是對真實信仰空間的神聖性進行模擬生產和部分複製。表現在規範群體成員之間的言語表達、行為方式等方面，無論是在群內進行稱呼、問候、發表言論或者是轉發資訊，使用的都是寺院生活中慣用的宗教話語。如果有出家人加入其中發言，非出家人則會在群中行禮，只不過是將現實中的動作換成文字或是動態的頂禮圖片來傳遞態度，身份的差異同樣被凸顯。此外，在微道場裡的主要活動也和現實的修行儀軌大體保持一致。這是在形式上的模擬。

其次，虛擬空間裡的宗教實踐被相信是真實有效的。雖然這「道場」存在網路裡，參與者也各自隱形，多半只聽其聲不見其人。但信徒並不認為空間的虛擬性會影響到信仰的靈驗性，我曾對這種「微道場」的效果感到好奇，於是就加了其中一些人的微信並提問：「阿彌陀佛，菩薩您好，請問這樣在手機裡念佛和回向真的管用嗎？」對方回信說（2016年3月25日，訪談者微信名為善月，為該念佛群群主）：「師兄你好，這樣念佛很有用，很多師兄都感應到，發生在念佛群的事例太多，比如有位師兄腿部痛很長時間，治療很長時間都不好，這位老菩薩每次見到我都要我拉她入群，我一直都沒有將她加入群念佛，原因我考慮到她年齡大，再加上要照

顧孫兒。後來有一次，她又遇見我，這次一定要我將她加入群，才可以給我走，我就把她拉入念佛群，又過3天，又遇見她，她高興得不得了，她對我說：你們念佛群很殊勝，我跟著你們這樣念佛，腿部不痛，現在她的孫子到念佛時間就告訴她念佛時間到了。有很多事例我就不一一例舉（月經不調、難產、生意、家庭、往生者，做手術），你自己可以嘗試每天堅持跟著我們一起念佛。你會感覺到念佛前和念佛後的變化不可思議。」

　　小潔給我講她的親身經歷，小潔是個21歲的女孩，家在天津，她在浙江某個大學讀書，2015年8月到東林寺參加活動，說是她媽媽幫她報的名，我問她信不信佛，她說有時候信，有時候不信，她給我講了一件她認為很「神奇」的事，小潔覺得自己的學習成績並不是很好，但高考卻發揮得不錯，她感覺考試那幾天頭腦特別清醒，做題非常順利，連她自己都覺得奇怪，後來才知道是因為她媽媽組織了一些佛教徒在手機裡為她念佛，並且把功德都回向給了她的緣故，這是一件讓小潔覺得佛可「信」的事。小潔的故事也許有多種解釋，但卻能告訴我們，在佛教徒看來，他們相信在手機裡念佛也一樣會產生「神奇」的作用。

　　第三，虛擬道場是真實信仰空間的延伸與替代，並能對真實空間中的某些不足進行修補。手機比電腦更便於攜帶和操作，在使用上更具有個人特徵和私密性，一個家庭有時可能會共用一部電腦，也可能共用一部電話，但多人共用一部手機的情形基本不存在了，現今幾乎每個人都有屬於自己個體的手機，裡面都是自己認識的人，但不一定是家裡成員們認識的人，每個人都在手機裡存著一個專屬自我的社交圈。一個正在做家務的家庭主婦，當她在晚上8點想要進「微道場」進行念佛共修的話，她可以在自己家裡尋找一個稍微安靜一點的地方，打開手機進入微信群，開始對著話筒念佛，或者自己念完了之後將總數報到微信群裡，在念佛開始之前或者結

束之後，她還可能同其他某些成員單獨聊上幾句。「蓮樓三千」裡面有一位女性信眾，每天都會念佛一萬聲，她並不住在寺內，我想瞭解她如何實現這個目標，於是就在微信裡訪問了她（2016年3月20日）：

我：阿彌陀佛，師兄是否在東林寺？（合掌表情）

她：暫時沒在，在杭州。現在是遠程護持。（笑臉表情）

我：師兄，請問您每天是怎麼念佛的？每天一萬多聲，是否能分享一些經驗呢？（合掌表情）

她：啊，慚愧慚愧。有時專念，有時散念，有時邊拜邊念，有時打坐念，有時經行念，有時掐珠，有時不掐珠。有時默念，有時唱念，沒有定法，重要是要念得歡喜。（呲牙笑臉表情）希望師兄法喜充滿。（笑臉表情、合掌阿彌陀佛表情）

我：（笑臉表情、鮮花表情和合掌阿彌陀佛表情）一天當中，是不是隨時隨地都可以念，工作休息時間，做家務間隙，有沒有什麼禁忌之類的？

她：沒有禁忌，唯獨是在衛生間、床上等處時，須默念。其他一切時中，一切處，皆可出聲或默念。（笑臉表情、合掌阿彌陀佛表情）

在寺院之外，佛教徒主要的活動空間是家庭和工作的環境，人們在這些空間的行為必須要符合世俗的評價標準。但是媒介卻可以在這些世俗領域當中開闢出另一片性質的時空，供他們與其他遠方的信徒一起進入「群修」的狀態。這時候，世俗的空間性質就被改變了，被神聖空間進行了入侵和分隔，生產了一個新的空間，並在其中建構了類似儀式現場的時空。念佛者完全可能身在「此」處，而心卻在「彼」處。

虛擬空間還可以將參與主體的某些資訊進行隱藏，例如性別，

一個住在寺外的修行人如果對自己是「女眾」的身份不夠坦然的話，微信可以幫助她輕易地遮掩這一點，她可以選擇一些中性的頭像和網名參與群中。而在真實的寺院裡，做到這一點有一些難度，即使女信徒們將頭髮剃得很短。佛教中性別的觀念，使得不少女信徒厭惡自己的女性身體，並在男性信徒面前有自卑感，在寺院生活中這一點表現明顯，雖然寺中修行的女信徒總數遠超男性信徒，她們卻處於比較低級的狀態。不過在虛擬的空間裡，被隱藏的性別差異，在一定程度上可以部分地消除現實當中女信徒的自卑。借助媒介構建的這種虛擬的神聖空間可以看作是真實信仰空間的替代和延伸，兩者構建的方式和途徑有很大的差異，真實的儀式會有各種象徵符號以及人聲、器樂的參與，但虛擬空間主要依靠語言和視覺符號，參與過程在手機屏幕上是線性的秩序結構，而不是真實的三維空間。但人們在虛擬空間裡需要遵守真實空間裡的規則，包括行為、禮儀等，同時虛擬空間特有的「虛擬性」也在一定程度上彌補了現實空間中某些不足。

　　有研究者認為，現代媒介虛擬空間的人際交往因為缺乏約束，社會的監督體系無法在虛擬空間中發揮同等的作用，例如道德評價標準，因而會引發人際交往的失範行為，甚至可能會產生大量不道德的行為。[108] 這種描述對佛教徒在虛擬空間中的表現可能不是完全適用，至少不是他們群體的主要特徵。真誠的信仰者會受到靈性監督系統的約束，虛擬空間中的過錯一樣會受到神界的懲罰。有信徒說：「因果報應，真實不虛，不分網上網下，佛哪裡不知道嘛。」當然，這種態度受信仰程度的強弱影響，但對虔誠信徒來說，虛擬空間並不能安置虛擬人格，最好的方法是不要犯錯，因為監督系統全知全能。這種新的實踐方式可以加強群體的信仰，因為

---

108 王歡、祝陽，〈人際溝通視閾下的微信傳播解讀〉，《現代情報》，第7
　　期（2013.7），頁24-27。

他們在真實的空間和網路的虛擬空間中都有了屬於神聖的領地，就像在真實的物理空間中生產神聖空間一樣，虛擬的世界裡也在不斷生產著「神聖領土」。

第四節　信仰的流動

在第三章中我們仔細考察了作為宗教組織的東林寺如何進行媒介生產以及這種生產的功能及意義衍生。現在，我們可以把目光從寺內移開，把視野擴展一些，嘗試從更廣闊的層面上來瞭解媒介對當代信仰群體的影響。

東林寺是一個相對獨立的宗教團體，同時它也是整個佛教領域內的一個組成分子。東林寺強大的媒介能力和豐富的資源都是普通的小寺院無法比擬的。但如果目光更遠更廣一些，就可以發現在當前整個佛教信仰領域內具有同樣媒介生產能力的宗教組織就不只有東林寺了，也正是這樣，所以可以在東林寺內見到不少別處寺院流通進來的宗教數位媒介產品，主要是書籍和光碟。這些產品之間的關係非常值得注意。如果不深入瞭解，也許不會覺得它們有什麼區別。但稍微深入觀察一下，就會發現，各地的寺院在思想的繼承和具體的實踐方面，因受各種因素的影響，存在著或大或小的差異，這些差異一般不會大到討論是不是佛教範圍的問題，但一定會到達足夠區別宗教組織的地步，這些產品會一起進入信徒選擇的範疇，也會在各個寺院之間交流往來。不同的佛教組織都希望吸引更多的佛教徒，同時也希望自己的組織能越來越壯大。這種關係有些微妙。一般來說，宗教組織會對外來的宗教資訊進行一定的掌控措施，但若涉及到佛教內部，則一般主要限定在「正」、「偽」的區分上面。如果只是媒介實物的流通，實際上控制不會有太大的難度，只要不進入寺院即可。但由於虛擬空間的出現，網路流通的管

控是有難度的，這就為外來不同觀念或有差異的力量入侵以及作為後果的信仰流動帶來了可能性。寺院的圍牆在當今的媒介時代已經無法起到隔絕的作用了，這使得信仰者們在自己的信仰方面有了更多的選擇以及整合資源的可能性了，信仰者可以根據自己個人的情況來選擇、組裝適合自己的信仰思想和方式，在一定程度上實現了信仰的「個性化」。

筆者以為這是當代媒介環境促成了這種新的信仰情況出現，使得無「圍牆」寺院的時代更為明顯，即信仰的流動會更為頻繁也更有可能實現。有學者說：「如今物質圍成的空間不再像過去那麼重要，因為資訊可以跨越圍牆，到達遙遠的地方。這樣，一個人生活的地方與他的知識或經歷越來越不相關」，[109] 對於信仰，也是如此。

（一）無「圍牆」的寺院

寺院多半都有圍牆，圍牆可以保護，可以隔離，可以進行空間的生產，可以形成一定的文化場域。但現代媒介可以穿越圍牆，打破圍牆產生的阻隔作用，使得宗教知識的獲取來源變得不再唯一。這使得居住在寺院裡的信仰者有了這種可能，即可以根據個人特點來選擇組合自己所需要的宗教知識，信仰實踐也有可能更加個性化了。下面我們以個案為例來對修行者的媒介實踐作一個補充性的敘述，藉以瞭解媒介時代信仰方式的多樣性。

我訪談的對象是 JMY（以下簡稱 J）居士，是一位女性，我們前文也提到過她，她老家在東北，在北京工作居住多年，50來歲，家境優越，她面容清麗，體態輕盈，氣質很是優雅，我在黑壓壓一片穿著海青的念佛人群中首先就注意到了她。我問她是不是曾經學

---

109 約書亞‧梅羅維茨著，肖志軍譯，《消失的地域》（北京：清華大學出版社，2002），頁2。

過藝術，比如舞蹈之類的，雖然我們此前並不相識，但這個話題讓她很歡喜，她說年輕的時候特別喜歡唱歌跳舞。J曾在東林寺內住了兩年，後來搬到寺外住，於是我常常去拜訪她，見得面多了，就逐漸熟悉起來。

　　J告訴我她大學的專業是哲學，一直在機關裡工作，幾年前因為在隔壁鄰居家看到大安法師的光碟，覺得很好，在家學習了一段時間後，於兩年前離開家來到東林寺專門修行，做了一段時間義工後就搬到了寺外居住，她覺得自己在這裡再修行兩年可能才能獨修，那時她將回到東北老家去修行，這是她2014年的想法。我問她為何不在寺內居住，她就跟我講了她在東林寺的曲折遭遇。J的修行決心很大，她說她絕對不可能再回到世俗生活中去，她跟我說這話的時候，眼裡有依稀的淚光。我沒有直接問過她為什麼決心這麼大，但從她零星的不經意的講述中，以及寺裡其他人的說法，大約可以猜測到這位女性有著不太幸運的婚姻生活，她的丈夫身居要職，但常年在國外，唯一的兒子也去了國外，她說一生中最快樂的時光是養育兒子的那10年，現在最大的目標就是修行成功，以脫離六道輪回。像J居士這樣對現世生活不再有熱情的女性信徒其實並不少，能夠多年依寺修行的在信仰虔誠度方面都不太值得懷疑。但J居士是筆者遇見的少有的女信徒，敢於發表自己的觀點並努力去改變的。J居士並不認同女性在佛教信仰群中就該低人一等，她說寺裡有些人行為很粗魯，非常不文明，這會對佛教和修行人產生極大的破壞作用。也許是因為J受過高等教育的緣故，也許是因為她曾在世俗社會中過著比較優越的生活，使她很難忍受，但她始終沒有離開，她說東林寺是個難得的好寺院，每個修行人都有責任去創造好的修行條件，抱著這樣的想法，她開始與寺內居士管理部門和人員進行溝通，並且投訴到僧團中去，這種「抗爭」行為在寺裡極為少見，尤其是女性教徒，所以她一度與其他人，所括出家人、

居士、義工，都有了許多的矛盾。矛盾激發的時候，她不僅被遷單（趕走），甚至不被允許進入寺內修行念佛。我曾看到她的名字在掛單的黑名單當中。這個「鬥爭」花了她將近一年的時間，但最終她勝利了，她不僅獲得了一些支持，被大家重新接受了，還交到了一些朋友，對於結果她非常滿意，說現在不文明的事確實少了一些。J的抗爭過程我不打算在此詳述，但有一點能確定的是，在她的故事中，手機發揮了巨大的作用，如果沒有手機，她的「抗爭」將非常難以展開，因為作為女性，她不便單獨去找管理層的僧人，又很難請到別的居士同去，她說：「別人（居士）不願意，不是啥好事，得罪人的事這是。」但是手機卻幫上了大忙，消除了時空和性別的障礙，她用手機發資訊，陳述理由，發表看法，獲得了理解和接受。這時，手機成為了一個「弱者」的武器。

　　但有趣的是，她在平常生活中卻很少用手機，她有功能多樣的最新式的智能手機，卻棄之不用，只用一個最普通的手機。在處理世俗關係方面，她選擇把手機當作「武器」；而在修行生活時，她更多地是使用容易掌控的媒介，如DVD播放機，她說手機雖然可以隨時搜索視頻，但一不小心就會做了別的事，比如聽歌，她主動遠離那些具有潛在破壞作用的媒介。

　　J每次見到我，都很熱情，說願意跟讀書人交往。她租住在一個三層樓民居的第一層，有一個大廚房和一個大廳，二樓和三樓也分別租住著兩位年紀較大的女信徒。J房間裡的陳設非常簡單，只有一張床和一張桌子，但是佛教書籍和光碟數量卻不少，桌子中間擺放著一個DVD播放機，占據了桌子大半空間。她常常整天播放著光碟，J說她大約10年前就開始看佛教的書籍和光碟，一邊工作，一邊瞭解佛教，也並不瞭解宗派之間的差異，她說那時候她對於信仰總是猶豫，搖擺不定，有很多的疑問，她認為自己最開始是帶著做研究的心態來瞭解佛教的，10年以後，她決定真正修行。

　　2013年我每次去找Ｊ，她都要跟我講很多她學習東林寺光碟的體會，以及她修行的一些感想，她非常感謝這個寺院，認為這些人和思想拯救了她，讓她找到了新的生命意義。不過到了2015年，我發現她學習的範圍更加廣泛起來了，在她的談話當中，提到的法師名字越來越多了。下面是我和她的一段談話記錄，按照東林寺的習慣，也為了表示尊重，我稱呼她為「Ｊ菩薩」。[110]

　　　　Ｊ：來東林寺之前，在家裡，斷斷續續地連著照顧家庭啊，世俗的那些事情啊，孩子什麼的，有十年的功夫，看書和光碟，慢慢地哈，就覺得自己不搖擺了，能夠站到佛教這邊來想問題了，最開始，看著光碟就是佛教觀點，撂下光碟就世俗觀念，搖擺了很久的。在世俗是做一些基本的閱讀，墊底，我就是來寺院之後，接觸到的ＪＱ法師和ＪＪ法師（非東林寺），確實知道這是兩個大家，如果在世俗，可能要再摸索一段（時間）也未必能知道。

　　　　我：您是怎麼知道他們的呢？

　　　　Ｊ：來這兒之後呢，ＸＫ法師（東林寺）告訴我的，說ＪＪ法師講的非常好。我就開始看ＪＪ法師的，完了呢，裱畫的Ｗ師兄說ＪＱ法師講的好，我就找著來看。

　　　　我：流通處有沒有這些光碟？

　　　　Ｊ：流通處呢，要碰，現在呢在網上調也方便，他們有MP3，但我認為最開始聽呢，最好是有影像的好，現場感強，文字這些也出來了，你要如果聽熟了之後，再聽MP3，播經機啊，可能還好。現場感很重要。

　　　　我：您看光碟的時候和看書的感覺一樣不？

　　　　Ｊ：很享受的，那種感覺，這就是我為什麼放棄這世俗（的

生活），我看世俗的書那麼多年，沒有這種體驗。首先是道理上的，什麼人生啊，六道輪迴啊，男女啊，這些來歷啊，福報啊，這些啊講得很有道理，同時還伴隨著一種愉快體驗。

我：這很重要。

J：這非常重要啊，哎呀，我尋思這些跟世間學問很不一樣的，啊，世間的書啊什麼的，光碟，沒有這種感覺，嗯，就是這樣的。

我：是不是有的東西不可以看？像JK法師的。

J：啊對，他們是那樣說，我也覺得JK法師講的太長了，不必要看他的，太長了，翻來覆去的，我覺著像背書一樣，弘法我覺著要更個性化，像JQ法師，甚至你都覺著哈他一半像學者那種哈，從文化角度來說宗教，那就非常好，非常好。

我：您兩年前跟我說過很多大安法師的理念。

J：大安法師啊，在道場裡頭，從來沒有像別的法師那樣哈，居高臨下的那樣跟你說話呀。風度非常好。我最感恩這個道場的就是說「實修」這一塊兒，找到了感覺，另外呢，他就告訴你念佛的時候是一種什麼樣的心態，我原來的時候沒有念過佛，說什麼瀕臨滅頂之災，求救者的心態，哎，這個對我幫助特別大，接著，就死亡觀想啊，就是我覺著把自己放在這麼低的一個姿態來念佛，另外呢，在理論上來說，說收穫很大的就是說「認識你自己」是我在這裡完成的。我原來雖然懂了一點佛教的道理，但是「我執」非常重，就把這個身體當自己，把自己的一些觀念都固守的很厲害，來這之後呢，法師們就提出「破我執」，「修忍辱」，這是一個全新的概念哪，這個理論的基礎得從新認識你自己啊，認識

你自己，像他們受菩薩戒的時候。（中間很長一段時間講她對菩薩戒的認識）

我：聽起來很神奇。

J：神奇！非常神奇的，把心打掉那種散亂的呵，眼耳鼻舌身意往外跑的這個心打掉，打掉這個妄想心，JJ法師説這個叫妄心，把它往回收，所謂的真心啊自性啊佛性啊，就指那顆空的心，安靜下來呀，那顆空靈狀態的心，什麼都不著的那個，像大海呢不起波浪的那個心，平面的那個心，它有無量的歡喜，所以就可以做這種實驗哪，你把自己當作一種實驗哪，從科學的角度呵慢慢引導大家，禪修的角度找找感覺之後，慢慢再轉向淨土宗，這樣好些。

我：我也是覺得，如果什麼都不瞭解，突然來念佛，很難堅持下去，還有西方極樂世界。

J：什麼佛呀，或者徹底的今生看破放下啊，哎呀媽呀，跟不活了似的，尤其年輕人，怎麼能念出這種感覺來呢，你看我呢，生活都苦盡了，苦難讓你有一點看破放下的這種基礎，另外，就是你自己要老了，像我們這個年齡，白頭髮越來越多，你一看就知道，這個身體把握不住，這不是真實的你，真實的你他應該是能自主的，永恆不變的呀，所以道場就説這不是真我，我們最有價值的就是我們的佛性，真我，它有永恆的價值，所以女眾不能過分的呵有身見。

我：身見？

J：身見呢就是指把身體當成我了，媽呀，這傢伙就是又燙頭，又化妝，過分地衣裝，這些都是女眾身見重，再穿上高跟鞋，啊，把身體當作自己了，實際上説這是你自己靈魂住的一個房子。它早晚要破滅的，包括呵我自己

的心理感受，都不能把它當作自己，就是說這是一個假我，是個肥皂泡，最後要破滅，就是這個，認識自己呵，恩，這一點上來講，我覺得是臺灣法師那個盤說得非常好。他就說修行人要與自己保持距離。我覺得這話說得極好。

我：這怎麼保持呢？

J：今生，無論這個心和身，都是你前世的因，你要再隨著它起貪起嗔，你如果不做這個還債想啊，再隨著他起貪愛嗔恨，來生又再輪回，所以金剛經要修行的人是要有那樣一顆心，超越這些外境，這個外境也包括你自己的一些呵身心，就是把你自己當作他，不能死抱著自己不放，那天我聽那個JQ法師講那個十二因緣，講有情眾生，就是生命，進入輪回這個過程，他就講，你逆著他來，逆著他來，就是修行，不生，不就沒這些事了嗎，你從不生那裡截斷它，他講呵，首先對境的時候，要不產生愛，取、有，不接觸，修行人眼睛都不亂看哪，耳朵都不能亂聽啊，這些只要一接觸，你心裡肯定有反應，貪、愛、嗔這些東西呵，所以包括念佛的時候，我也跟他們說，把眼睛關上，把周邊的一切都當作不存在。

我：怪不得你念佛的時候會閉上眼睛。

J：念佛的時候，就像JJ法師說的，我自己也是這樣想，周圍的人一個也不認識，滿堂的人，就我自己跟佛，你要認識了（他們），不是這個好，就是那個壞，心動，這個穿的怎麼樣，那個長得怎麼樣，我覺得要把這個六根管住，就是你跟佛，就是這樣一個狀態。要解決的就是這麼一個問題，而且解決了臨終的問題，那你就提前把自己，我已經死了，它要解決的就是這段的問題，你要

不這樣想，你就非常難離現實的煩惱，他就是要解決生死死生的這個問題，哎呀，這都是自己不斷打妄想啊，翻來覆去的，跟自己啊。

我：聽您講這些感覺很好，許多人只說多念佛。

J：以什麼樣的心來念佛，這個很重要。JL法師講，什麼樣的一顆心來念佛號，結果不一樣，有的人成佛了，有的人上天了，有人還下地獄去了。所以這個心才是極重要的，調心啊，它是最重要的。

我：有的人說只要念佛就好，別的不講。

J：不是這樣的，道場那個小女孩也說，什麼都不用看，就是念佛，你有那個善根嗎，念佛能執到位嗎，我說這話可不能亂說，大安法師都沒這樣說過，我堅決反對這樣，人家HL法師都說，聽經聞法是一輩子的功課，你一顆煩惱心，妄想心，念佛能成嗎，能念出效果嗎，那咋能啥也不看呢，另外各個高僧大德啊，都是治病的，你可能病的挺重的，他這副藥可能不起作用，你這個毛病在另外一個法師那裡估計能夠起作用，那個話你一下就聽到心理去了，這個煩惱啊，妄想啊，可能就解決了，這不挺好嗎。我姐姐可能有這個善根，聽一個法師就可以了，我可不行，我不停地在調心，看高僧大德的那些開示。我們家人說這個碩士博士聯讀，希望我能去走世間的路，我為什麼呢一接觸到佛教，（就）什麼也不想做了，就根本不想走世間這條路了，因為我發現讀佛教的書和光碟就有我說的這種非常舒服的感覺，那種感覺是讀世間書沒有的，我高度認可他所說的那些道理，境界啊，哎呀，我當時我就說，我找到了，好像把自己給找著了，就有感覺了，假設咱們把這個做個專業的話，我一直在世間晃晃蕩蕩的，既不是名、利啊，好像什麼

都不追，其實我發現我在職業狀態一點找不到感覺，也不想追錢，也不想追名，反正就在那兒，我沒有動力，一學佛，就有感覺了，非常愉快。

我們這段聊天的時間是2015年，J已經在東林寺修行兩三年的時間了，在她的敘述當中反覆多次提到的近期兩位對她修行影響很深的法師，都不是東林寺裡的，他們的講法光碟在東林寺流通處不能看到。從聊天中可以看出，她對這兩位外地法師的思想非常熟悉也非常贊同，我仔細觀察她桌子上的光碟，基本上都不是東林寺生產的，這和兩年前的情況很不相同。J說她感覺自己的修行越來越有進步，因為她顯著的進步，前兩年排斥她的一些法師和居士也都開始認可她了，念佛堂的師父甚至點名表揚了她的進步。J認為在自己的進步當中，有兩個條件，一個是東林寺提供的「群修」條件，另一個是她提到的那些光碟中的指導思想，共同促進了她的進步，可以說她是從不同的地方來吸取資源，為自己的信仰服務，她欣賞比較有個性的弘法方式。J說她喜歡看書，但我觀察實際上她更喜歡看光碟，她與我聊天的過程中很少提到佛經中的原文，但她對光碟內容卻非常熟悉，常常脫口而出複述了其中的原話。她雖然生活在這個小村裡，仿佛與世隔絕，但對於她在乎的信仰的資訊，卻完全沒有被這個小山谷困圍。她從網路、別的寺院或者別的修行人那裡去獲取不同僧人的講解光碟，根據自己的需要，將不同的思想和實踐進行整合，形成適合她自己的信仰方式。在J居士的媒介實踐當中，突出的特點是利用各種媒介來為自己的修行服務，並將可能干擾信仰生活的媒介排斥在外。

因為媒介的發達，促進了整個宗教界資訊的快捷流通，帶來了宗教思想市場的繁榮，使得人們在思想的融合方面有了更多的可能。在中國的宗教信仰中，一直有著宗教寬容的傳統，在佛教信仰

中，素來也有「禪淨雙修」的傳統。人們可以同時接觸幾種宗派思想，將信仰思想資源進行整合，共為我用，從而給信仰者帶來更大的利益。但這種狀況也已經有所改變，不同的寺院依靠自己的宗教產品與教徒之間的聯繫越來越緊密，培養本宗教組織的信徒意識也越來越強。豐富發達的宗教媒介產品，帶來了信仰市場的繁榮，同時也帶來了挑戰和威脅，既然媒介產品可以將人們牽引進來，也就有可能將其牽引出去，於是就會造成對該宗教組織認同上的偏移或分離的情形。

（二）信仰的「個性」化

在東林寺的宗教生活中，「念佛」修行實踐活動被提高到最重要的位置，是最為突顯的特徵，人們為它忙碌，各種措施為它服務，隨處可見的標語和細節都彰顯「念佛」在這個空間中的地位和意義。然而當我在寺裡住了一年之後，卻發現有些人並不熱愛念佛，這讓我相當驚奇。當我問起的時候，他們開始總是稍微有些不好意思，接著又很坦然地說：「我是個另類」，好幾個人都認為自己是這個群體中的「另類」。從邏輯上來說，一個群體中的「另類」數量不會太多，太多就會改變群體的性質；另外還必須要有一些條件來行使遮蔽功能，使這「另類」表現得不會太突兀。承認自己是「另類」的成員是少數幾位義工和工作人員。他們不像其他人，在義工或工作之餘，還努力念佛修行。他們最初也念佛，但後來卻念得少了或者不念了，這種轉變也許有很多原因，但其中一定會與他們對信仰的認識轉變有關，在這轉變中，可以發現媒介是一個重要的影響因素，下面以ZHL居士為例來進行瞭解。

到2015年夏天，ZHL已經在東林寺住了三年，他算是別人眼裡的長期義工，但他基本不去念佛。ZHL家在湖北，三年前因為種種原因使他決定離開家住到寺院裡去，他說：「你看人生什麼靠得住

呢，友情、愛情、家庭都靠不住，只有能看透本物的本質，才不會迷失本性，人本來就是有神通的，都是被五欲六塵蒙蔽了。」獲得神通，是他最初的修行目標，他比較了多家寺院最後選擇了東林寺。不過慢慢地他發現自己起來越不喜歡念佛，而且也逐漸地不認為自己不去念佛是錯誤的，我問他是不是不認同這個宗派，他說：「這裡像一個大公司，有利有弊，總的來說利更多，因為讓更多的人知道了佛法，但實際上，對不同的人應該用不同的方法，而不是這樣推銷，弄得大家都是一樣的。我對淨土法門沒什麼認同不認同的，走的路不一樣，你看那些來念佛的都是老太太，她們不過是求個心理寄託吧。」當然，他並不會隨意對別人表達他的想法，除了很熟悉的幾個人。他和義工有福關係很好，有福每天辛勤地念佛，他就勸有福說：「念佛？有幾個人能念佛往生啊？別傻了。」我問他為什麼說念佛不能往生，他說：「古代往生的人多，現代人不多，因為現代人條件太好，牽掛的東西多，現代社會什麼都資訊化，你看手機，隨便就能聯繫，沒古代的距離感，人沒有距離感，就容易結下因緣，有因緣就很難放下。放不下什麼來世就會跟著什麼跑。」他經常評價漢地佛教整體水準不高，夢想著能去西藏出家，他的微信頭像是一個藏傳佛教紅衫黃帽的僧人形象，這表達了他的願望。

他在流通處做了很長時間的義工，常常會收到別的寺院達流通過來的「法寶」，數量一般不多，這是寺院之間表達友好往來的方式，ZHL的工作特點使他更有可能接觸到不同的東西。有一次收到了一本關於泰國佛教的書，他看了非常歡喜，於是到處尋找與之相關的書籍和資料，並想辦法加入了一些南傳佛教的學習群，每天在網上學習，在群裡與別人討論，於是他看的有關泰國佛教的書和資料就越來越多，如阿姜查（泰國著名羅漢）的作品，有幾個和他關係不錯的信徒也開始看這些書，每次得到新的資料或書籍，都讓

他很開心。他常常在QQ空間裡分享一些語錄，或者發表他學習的感悟心得。有一次他發了這樣一段話：「真理是無路可尋的，你不能透過任何宗教或法門而達到它，……如果你瞭解了這點，你就會發現信仰根本無法組織化，如果你這麼做，真理就變成了僵死的教條……我不願意屬於任何宗教組織，我堅持主張沒有任何宗教組織能引領人們見到真理，如果為了這個目的而成立人為組織，必定造成人們的依賴、軟弱和束縛，既阻礙他們的成長，也使他們殘缺不全，個人的特色一被抹殺，便無法見到那無限的真理了。——克裡希那穆提。」他自己在這條資訊下面發表評論說這些話簡直說到他的心裡去了。我問他這些話在哪裡看到的，他在QQ中回答說：「我偶然在W師兄那裡看到了阿姜查的書，就去網上查阿姜查，然後就看到了跟阿姜查齊名的人物，其中就有克裡希那穆提，我當時好奇這個人就查，一查，他的言論一看我就特別同意，就一直記得，因為就像我說的，真理只有少數人能探尋。他的觀點超越了宗教和科學。他的語錄讓我豁然開朗，和我的感覺很像，他的思想給了我好多新思路。」ZHL的QQ中只有幾個好友，偶爾也會討論一下他分享的教義，我問ZHL是否會在東林寺裡與別人討論，他說：「不會，別的人未必明白，這條路只有少部分人能走。」我問他在寺裡如何展開修行，他說他是一個旁觀者，可能在他所處的環境中，能接受和認同他的想法的人並不多，ZHL自己也意識到了這一點，也不願與身處的環境發生矛盾，於是他也常對一些關係淺的佛教徒說「你要多念佛」，只有對幾個他認為關係不錯的人，他才發表他自己內心真實的想法。

　　ZHL幾年前去過一次西藏，從此西藏就成了他一個夢，他常常計畫去藏地，可是路費不夠，

　　有一次他決定去五臺山出家，有一個老義工聽說了之後就「結緣」了1000塊錢給他，於是他就去了山西，然而大約過了一個多月

他又回來了，說不太適應那裡的環境，這讓那贈送路費的老義工感到很生氣，因為他的返回使得老義工的投資落了空，他只好趕緊想辦法籌集了1000塊錢還給了那老義工。從山西回來，我發現他的普通手機換成了智能手機，並且還開了微信，他微微有點不好意思，又一再跟我強調說他用手機是看佛教的視頻，並且推薦了一些視頻給我看，後來我發現其實他是因為換了義工工作，沒有電腦上網，只好換了手機。三年多來，ZHL多次計畫離開東林寺，但總沒有徹底離開過。2015年春節他回了老家過年，回去就和眾多「俗人」接觸了，這使他感到特別不舒服，於是頻頻在微信上表達這種感受，最後決定還是要儘快走上更加徹底的修行道路，於是在2016年年初，他又回到了東林寺。2019年他在微信上發了一段話：如果你信了佛，那是極好的，如果你入了佛教，那是不好的。我問他這段話是什麼意思，他說這是在別處轉來的話，跟他的觀點是一樣的，我又問他要在寺裡待多久，他說「我只是路過東林寺」。

　　因為媒介的發達，ZHL可以接觸到了關於佛教的不同思想，他比較認同泰國從林佛教的思想，同時又仰慕藏傳佛教的修行方式，而出於現實生存的需要，他又選擇待在東林寺做義工，所以ZHL與其他堅定念佛的人不一樣，但他認為這是最符合他自己的一種修行方式，他不同於東林寺大部分的修行人，但他從來不否定自己是一個修行人，他在手機上建了一個小小的群，這似乎是他修行的真正空間，進入網上論壇，和一些「志同道合」的人在一起討論，在這樣的空間中他同樣可以獲得一種信仰上的存在感和滿足感。這是屬於ZHL的個人化的信仰方式，其中發達的媒介是個性化成立的重要條件。

　　我們從中可以看到的是，媒介在人們的信仰思想流動或變遷當中起到了一個重要的推動作用。現代媒介強大的滲透能力，使得寺院這樣的環境也不可能完全成為真空，人們也許並不是故意去接

觸那些「異端」思想，但它們會主動與人接觸。這甚至也不是「異端」思想主體者的行為，而是媒介的推動，媒介會創造機會使其攜帶的資訊與人相遇，只要接觸一個，相關的其它資訊就會大批出現，於是人們就會「身不由己」地接觸到了更多。媒介的普及，網路的覆蓋，使得信徒有機會「背叛」某一種信仰或某個宗教組織。這是現代媒介推動產生的信仰偏移，促成了現代信仰的市場流動。

小　結

在東林寺的修行人生活中，除了能共享寺院生產的媒介產品之外，人們也擁有一些屬於個體的私人性的媒介工具。修行者對不同的媒介有不同的態度和實踐方式。在對傳統宗教性的媒介和寺院生產的大眾媒介方面，他們的態度是恭敬而神聖的，這是修行者媒介實踐的中的第一個共性。

但新型的寺外來的數位媒介因為沒有突顯的宗教性，導致佛教徒們對它的態度呈現複雜的特徵。其中占很大比重的態度是將具有上網功能的移動媒介歸為「世俗媒介」的類別，這可以看作是一種主流的態度。因為他們所攜帶的資訊的性質種類無法輕易裁定，因其神性不純不唯一，且具有無法掌控的干擾性，又因其指向強化世俗關係的功能，因而在某些場合成為寺院組織進行抵制和排斥的對象。

但在這種看似比較一致的態度之下，不同的信仰者在進行這類媒介實踐時也存在顯著的差異，在主流觀念之外，也有一些修行人運用移動媒介來進行修行實踐，對移動媒介的功能和意義進行性質改造，強化智能手機在勾連神域、創造神聖空間方面的功能。例如將手機鈴聲設置成佛號聲，將手機屏保圖案置成佛菩薩聖像等行為來對內容進行掌控。在其社交平臺中也可以看出，他們與非信徒

關注的話題和興趣點也不太相同。因此修行者媒介行為的差異沒有本質上的不同，而只是一種「看上去的不同」，仍然以服務信仰或強化信仰為指向和目標。這是差異中的共性，即佛教徒在使用「世俗媒介」時，呈現「弱」其世俗性而「強」其神聖性的特點，為這個群體的數位媒介運用塑造了一種群體邊界，能與同樣使用媒介的非信徒群體區別開來。現代移動媒介的入侵，並沒有消解或者模糊「修行者」與「世間人」的邊界，事實表明，作為信徒的特徵，在信徒個體的媒介實踐中也同樣存在，甚至可以成為他們塑造身份更好的一種載體形式。

修行者的媒介態度和媒介行為都深受佛教文化的影響，不同的媒介在修行者的世界裡有不同的待遇，在信仰空間中留存下來的非本土媒介，都具有被改造或者重新賦予意義的過程，這是外來媒介文化與半固化的佛教文化之間「博弈」的結果，也是宗教生活規訓和人們媒介觀重構後的表現。宗教生活在對信仰行為進行規訓的同時，也對信仰者的媒介使用慣習和態度進行重構或強化。當資訊內容無法被掌控的移動媒介進入「本地」時，首先遇到的是被排斥和被區分，這是對外來世俗文化的必然反應，當兩者進行了磨合之後，外來媒介被進行了「本土」文化的改造之後，於是被重新接納或接受。如將手機結緣給別人，這是一種排斥的體現；手機被作為供養品，這是一種知識意義上的轉換和改造後的新的接納形式。包括在虛擬空間中的媒介實踐，都可以看作是宗教文化對媒介的改造結果，通過對虛擬空間的開拓和搶佔，將空間性質進行改變後再接受。

總的說來，修行者在媒介的態度、使用以及媒介觀方面，是「理性」的，無論其在行為上表現為「用」或與「不用」，都是以有利於自己的信仰為出發點和目標的。不論媒介形式是新是舊，是傳統還是最新式的，都以「自利」於個體信仰為標準，各種不同的

媒介形式在這個特殊的空間被賦予了不同的意義和地位,各個不同的信仰者根據自身的需求,來「理性」的決定自己的媒介實踐。

「當一個新的因素加入到某個舊環境時,我們所得到的並不是舊環境和新因素的簡單相加,而是一個全新環境……但是新環境總是勝於各個部分之和。」[111] 和這位學者的觀點一樣,我們認為被現代媒介深入滲透的寺院不再等同於以前傳統的寺院,應當被看作是一種全新的信仰生活空間,各種各樣的媒介種群參與宗教生活,聲音、圖像、視頻和文字等媒介一起對信仰者進行信仰的規訓、塑造,以及對彼岸的想像,同時也培養著信仰者形成新的媒介觀念和使用慣習。

寺院作為一個宗教組織,對寺外的世界會積極開發利用幾乎所有的媒介形式;但對寺內的群體卻宣導少用或者不用數位移動媒介,因此在寺內的生活中,數位媒介不像在世俗社會中那樣地位強勢。雖然它們對個體也有一些功能,但使用時常常需要注意場合與時機,而印刷媒介和音像電子媒介卻顯得非常活躍。這說明寺外和寺內的群體在預設中是不同的,寺內是「修行者」,奔跑在去往極樂世界的路上,寺外的人則沒有這樣明確的群體身份性質,他們是寺院追求「結緣」的對象,因而在媒介的使用方面,宗教組織引導者的思路表現為明顯的內外有別。但無論是對內還是對外,都是一種處理的策略,都是對媒介時代的一種反應方式。

從信仰者的個體精神層面上來說,媒介的發達造成了無圍牆信仰時代的到來。生產各種媒介形式的「法寶」,是當前各宗教組織的共同行為,很多組織都在利用媒介技術宣揚自己的主張,以獲取更多的信徒市場,因此信仰者就會有更多的機會接觸到不同的宗教思想。我國大陸佛教寺院之間基本上是互不歸屬的關係,為了佛

---

111 約書亞·梅羅維茨著,肖志軍譯,《消失的地域》(北京:清華大學出版社,2002),頁16。

教的興盛，彼此需要合作；而為了鞏固各自的信仰群，又存在競爭的關係。這種情形也體現在媒介產品的來往和流通當中，即在流通中會有交流，但也會在一定程度上對相關的媒介產品進行攔截，然而書籍、光碟可以控制，但網路上的流通卻難以限制，尤其是在各種移動終端媒介中。宗教組織對媒介的利用，整體上促進了本教的發展，同時也有利於信仰者的思想資源整合，信徒可以根據自身的情況進行廣泛吸收取捨，找到更加個性化的信仰和實踐方式。這種無圍牆的媒介產品滲透，也有可能造成信仰者與當前宗教組織的分離，當他們通過不同的媒介，接觸了不同的思想之後，有可能成為當前宗教組織的「叛逆者」，認同就會慢慢消解或者淡化，人們可能會偏移該組織設計好的信仰路線，甚至是分道揚鑣。

　　因此可以說，在當代信仰生活中，無論是信仰的強化、融合，還是信仰的分離或流動，媒介都在其中產生中牽引、勾連或者推拉的作用。

結論與討論

　　從上個世紀30年代廣播技術出現以後，社會開始媒介化，媒介已經構成了當前人類生存的主要環境之一，我們像魚生活在媒介的海洋裡。脫離媒介去討論當今任何文化現象，都是不完整的。同時，不同的群體在使用媒介時並不完全一致，相同的媒介在不同的文化時空中，會呈現不同的實踐特點。

　　在社會大眾眼裡，佛教寺院是「紅塵之外」的空間，似乎應該是現代新型媒介的「禁區」。在那些受到大眾詬病的新聞中，總是會提及修行人配置高檔手機或電腦的情況，這在普通人身上極尋常的事情，放在一個修行人身上，往往會引起社會廣泛的討論和比較普遍的批評，有時候還會成為佛教負面形象的代表，正說明這種情形不符合社會大眾對佛教信仰群體的想像，其中暗含著一種判斷就是，熱衷於使用這些媒介的修行人，其信仰的虔誠度可能就不高。但事實到底如何呢？我們需要深入瞭解，才能獲得一種局內人的認識和理解。

　　當今社會的佛教徒，特別是漢傳佛教地區，大部分人都有世俗生活的經歷，有一個從非教徒到教徒的轉換過程，在這個過程中，對個體而言包含著一個文化上的解構與重構的過程。大乘佛教雖然主張自利利他，行菩薩道，積極入世，筆者以為這可以被理解

為一種外向的面對世俗社會的雙贏策略。但若從其修行的內向目的來看，尤其如果具體到淨土宗，「出世」性和超越性才是其最根本的特點，淨土修行者普遍認為人生無常所以本質上是痛苦的，現實世界是「五欲濁世」，只有依靠修行才能脫離輪迴，所以教義中會不斷地宣揚人生之「苦」，而極力渲染極樂世界之「美」，讓修行者生起嚮往之情。對於這樣的群體，他們是如何理解且去面對當代媒介技術及產品，媒介在這樣特定的時空中，又會有怎樣特別的呈現，這是筆者嘗試回答的問題。

寺院作為佛教群體的主要活動空間，行使信徒與神界溝通的中介功能，神聖性也即宗教性是其最根本的屬性，但作為一個無法隱身的社會子系統，必然要與寺外的世俗世界發生關係，無論是宗教組織還是信仰者個體，都具有「神聖性」與「世俗性」的雙重屬性。本文在這樣一個認識基礎之上，結合對東林寺教團及修行者個體兩個層面上的媒介實踐的田野資料考察，作如下的總結和討論。

第一節　當代寺院中的媒介文化

通過對東林寺中媒介種類的考察，根據媒介的表現形式、與信仰關係的遠近以及功能屬性等因素出發，筆者認為在當代佛教信仰空間中，主要有以下媒介種群參與構建宗教群體的日常生活。第一類是傳統宗教媒介，用於彰顯宗教文化，行使溝通神界的功能，宗教屬性為其先天屬性，表現為「神聖化」了的具體物質或宗教藝術形式，具有歷史傳承性，如法器、佛像等，其中優秀代表就是各種宗教藝術品，在審美的愉悅中傳遞著宗教精神；第二類是寺院自主生產的行使對外傳播宗教功能的媒介，是現代技術與宗教文化相結合的產物，如念佛機、講經光碟等；第三類是移動數位媒介，如智能手機，與信仰或宗教並沒有必然的聯繫。這三種媒介在表現形式

和功能方面都不一樣，但它們共同生存在這樣一個特別的時空裡，彼此之間就產生了相互的關係，形成了信仰空間中的媒介環境。

在寺院的文化空間中，這三類媒介的生存形式可以用一個倒金字塔式的結構來類比，從下到上的地位依次從高到低。地位最高且最基礎的媒介形式是傳統的宗教象徵媒介或符號媒介，通過訴諸視覺、聽覺等形式構成並生產空間的神聖性，負責塑造強烈的宗教氛圍，是宗教文化的外在表現和載體，是任何一個空間成為佛教場所必須具備的媒介形式，它們具有最穩固的神聖性，與寺院的功能和意義相輔相生，因此在某種程度上可以看作是佛教信仰空間中的原生媒介。這類媒介擁有豐富的宗教內涵，具有歷史傳承性，其意義內涵可能會隨著時代的變遷有緩慢的變化，但它們的物質形式會在較長的時間內以比較穩固的形式存在。這一類媒介具有形象上特徵明顯，而在宗教內涵上則比較隱密的特點。如果用麥克盧漢的「冷、熱」媒介來分類，這一類媒介可以被分成「冷」媒介類型，也即傳達的資訊不具有主動性，需要接收者去主動尋求或體會。這一點也可以用來解釋為什麼有的人常常去寺院拜佛，卻可能對佛像的宗教意義並不瞭解。也正是因為這一點，在討論媒介的時候，有時候會忽略這一類媒介的存在，但沒有了它們，空間的神聖性就無法生產和構建。同時，需要意識到，這種媒介具有再生性，其內容內涵或外在形式，常常會成為新生媒介的表現內容，成為新媒介在信仰空間中賴以生存的宗教性的來源。

相比第一種資訊隱密的媒介，運用現代電子技術與宗教文化相結合而生產的媒介在資訊的傳遞方面主動得多，這一類媒介是東林寺裡力量最為強大也最受歡迎的媒介形式。它們通常由宗教組織自主生產，內容明確，意義明確，功能明確。這類媒介會主動與人接觸，傳遞的資訊可以共享，是許多教徒獲得教理教義知識的主要來源，也是宗教組織教化信徒的主要方式之一。在意義的表達和資

訊的傳遞上，它們繼承並超越了前一類媒介，意義表達上更為清晰明確，傳遞的過程更為迅速。例如一尊佛像，當其立在佛堂中的時候，人們或者會仰視或者學會了怎麼樣去跪拜它，但並不一定清楚它所代表的意義，而在播經機裡，這個佛像所代表的宗教含義會被清楚明白地講解出來，並通過各種音訊視頻形式使其迅速地傳播出去。又例如佛號，人們通過在佛殿上念誦佛號與神溝通，而當這佛號被錄製在「佛號機」裡並將其流通出去時，其溝通強化的不只是個體與神佛之間的關係，還培養和加強了信仰者個體與宗教組織之間的關係。因此，新媒介的內容有一部分來自傳統媒介，將傳統媒介所具有的中介功能進行了拓展，這兩類媒介之間存在著合作與繼承的關係，是一種文化上的再生產和再媒介化。它們與同類世俗媒介形式類似，但在內容上區別明顯，出現的場合也有所不同。寺院生產了這些媒介產品，滿足了信仰者群體的需要，不僅用新的形式保留和傳播了宗教文化，也在一定程度上抵禦了同類媒介中世俗文化的入侵。這類產品的出現，改變了現代信仰者的教育和學習方式，滿足了不同特點信仰者的需求，且突破了時空的限制。是宗教文化利用和改造當代媒介技術的產物。

　　第三類處於倒塔形結構的最底端，地位最輕，是純粹的外來媒介，其功能與宗教生活沒有必然的關聯，正是因為這一點，普通大眾大多不認可出家的修行人使用此類高檔產品，因其宗教性質不突顯。在大眾的認知中，使用了這些產品，宗教群體的邊界就被模糊了，這造成了社會大眾的想像焦慮，由此帶來接受上的困難。這種認識也深刻影響了教徒對自我的媒介行為認知。相對前兩種媒介來說，第三種媒介提供的資訊是全球化的共享性的，常呈現聖俗交織的資訊狀態，與修行者的信仰目標距離最為遙遠，這使得修行者對它們的態度非常複雜。修行群體，從宗教組織到信仰個體，都存在一個較為普遍的共識是這種媒介並不有利於宗教，其主要的功能是

強化世俗關係，這會與信仰空間的目標指向產生衝突，因而具有破壞性和威脅性。它改變了信仰空間媒介生態環境比較單一的狀況，但具有宗教性是媒介種類在這個空間中存在的必備屬性，因此世俗性特徵明顯的媒介要生存，就必須經過改造的過程。修行群體從內容和意義兩方面對其進行改造，使之能被納入到信仰體系中，從而為其爭取到了一定的生存空間。

這可以用來理解為何在數位媒介中有大量宗教內容的存在，這是宗教信仰者們「搶佔」虛擬媒介空間的結果。古往今來，宗教從來不會對媒介技術被動地接受，他們在反利用媒介成果時顯現出了諸多的智慧。

第二節　寺院與新媒介或「本地」文化與「外來」文化

對於類似東林寺這樣的宗教團體來說，其影響力早已超出了所在地的地理範圍，宗教社群不再等同於地域社群，地緣也不再是成員歸屬的唯一原因，這時，就需要一種力量來成為地域認同的替代品，這種替代品往往是宗教核心人物的卡裡斯馬號召力，這種號召力要如何傳遞出去，創造與信徒群體的接觸機會就顯得特別重要。筆者以為在這過程中，東林寺利用現代媒介技術自主生產的媒介產品，在牽引信徒、強化認同以及維繫信仰成員的忠誠度方面發揮了重要作用。

該教團在寺內實行「媒介在場」的制度，運用現代媒介技術，對宗教文化和修行生活進行媒介化重現，其生產的產品種類幾乎涵蓋了當代社會所有的媒介形式和渠道，大大提高了遠方信仰者與之「相遇」的可能性。在技術的使用方面，呈現了鮮明的媒介融合的特點，它所生產的全部媒介產品內容都被綜合到網路東林寺中，實現了不同媒介在功能上的融合和內容上的互補與疊加。空間距離的

影響被抽離，資訊發布者與接受者迅速對接，教團宣導的宗教思想和理想，及教團群體的宗教生活和形式，都在最快的速度和最廣的層面上被進行了傳播。因為對媒介技術綜合性的應用，宗教導師的感召力得以在最廣的範圍內產生影響，其宣導的宗教理念和方法被最大限度地知曉和接受，同時持續的產品流通和連續的資訊共享為信仰群體建構了一個有序的，有意義的信仰世界。

這種在媒介的生產與流通中進行的持續的資訊傳遞和更新，不只是宗教知識和理念單方面傳送的過程，也是信仰個體與群體進行互動的過程，形成了一種更為廣泛的意義生產。在這過程中，宗教組織通過多種媒介技術和在多樣形式的媒介產品中進行自我形象及意義的建構和表達，而參與的人，包括各種形式的參與，直接的，間接的，或者伴隨著對產品的生產消費過程產生的許多附加行為，如對宗教人物的崇拜，對寺院生活的嚮往等等，不同地域的群體和力量，各種不同層級不同資源的信仰者個體或組織，以及他們的信仰實踐都被整合在媒介的生產和消費過程中。媒介生產像一條線，把群體和個體，把組織和個人，把信仰和實踐，全部串連在了一起，首尾相連，運動不止。各種資源的整合，使宗教組織實現了媒介生產的主體化，我們認為這種主體化是由信仰共同體的全體成員共同參與完成的。這種生產是當代宗教群體面對社會媒介化作出的一種適應性策略，是一種對技術力量的反應方式。

在這種媒介生產和消費的模式中，物質和精神的交換（或者說是跨地域的佈施與供養）以及附加行為的宗教意義賦予，為寺、內外及組織、成員之間提供了新的互動模式，改變了傳統的關聯方式和相處方式，促進了教徒從個體信仰者到信仰共同體成員的身份轉換，為寺內寺外的交往創造了新的空間，使宗教認同獲得了新的途徑和方法。在這過程中，出現了一些極為成功的宗教媒介形式，如DVD光碟，筆者以為這是現代宗教組織對於媒介技術應用成功的典

範之一，光碟綜合了聲音、畫面，強化了現場感，同時，還可以在其中實現宗教元素的添加和世俗元素的過濾，例如通過編輯技術，可以在講法視頻中增加一些佛樂當作背景、或增加一些宗教象徵性元素，如視頻中出現的潔淨的池水和無瑕的蓮花，使視覺畫面更為生動和豐富，宗教氛圍也被烘托得更為濃烈，觀看者的宗教情感也更易被喚起。同時還可以將一些意外的或者可能有損神聖性的元素過濾或去除。技術上的運用，既可以完整地保留、拓展或增強內容的神聖性，卻又可以做到不受非神聖性因素的干擾。

「新的傳媒方式乃是（集體）自我表現的有力方式，足以使文化重新充滿生命力。」[112] 這些媒介技術的應用不僅可以更高效地保存和傳播宗教知識，成為抵抗世俗文化入侵並與世俗價值觀相抗衡的思想陣地，也成為內外部的交流工具。這種策略在某種程度上表現為一定的對抗性，可以改變被「他者」進行書寫和呈現的傳統既定格局，多方位地運用現代技術，完成宗教文化的再現與自我形象的塑造與表達。其生產、流通和消費的過程本身就產生積極的關係建構意義，可以將其視為一種世俗關係的處理技術，用這種方式創設寺內外的關係空間，並通過持續性的生產來保持和維繫。從中我們可以看到宗教組織在當代社會生存的模式與經驗歷程。

同時我們也發現，寺院內和寺院外的教徒的媒介實踐被不同的態度所對待。對寺內出現的媒介及使用會進行控制和過濾，而對寺外所有的媒體世界則是盡其所能的滲透。這看似矛盾的深層原因，不過是將寺內外看作不同性質的空間。空間性質決定著人們對媒介的態度以及該媒介種群在這個空間中的「待遇」及生存情況。「聖」、「俗」兩元對立的思維深刻地影響了修行者個體對媒介的認知和行為。於是我們發現修行人對不同的媒介有不一樣的態

---

112 薩拉・迪基，〈人類學及其對大眾傳媒研究的貢獻〉，《國際社會科學（中文版）》，第3期（1998.9）。

度，不同的媒介在寺內的遭遇也並不相同。寺院自主生產的「本土媒介」，是「神聖」的媒介，享受崇高的地位；而外來的媒介，則普遍認為是危險的，是「世俗類」的低級媒介。評價媒介的標準不是根據媒介的形式和出現的歷史順序，而是該媒介所攜帶的資訊的文化性質。因而新媒介在寺內會受到限制、過濾和規約。形成這種媒介觀和媒介行為的深層原因是半固化的佛教文化與由新媒介攜帶來的外來文化之間衝突的體現。數位媒介（主要是智能手機）進入這個空間，在這「地方性」的知識系統中，與本地文化進行碰撞之後，產生了新的知識意義，例如大多數人都認為手機影響修行，放棄或儘量少去接觸，但手機卻也可以作為結緣品和供養品被送出去或接收回來，這是外來媒介在當地文化系統中被進行意義改造後的重新接納的方式。可見人們從來不是媒介環境的被動接受者，每個文化群體，在對待媒介時都會有該群體的行為特點。

　　絕大多數教徒都不可能絕對與「世間」隔絕，且有很多教徒屬於在家修行者，這使得「世俗」性質的媒介不能完全被放棄，並使得人們在面對新型的移動媒介，尤其是手機時，產生了思想與行為似乎矛盾的情形，雖然信徒們普遍認變手機不是好東西，但又有修行者頻繁地使用它，觀念和行為看起來不一致。這和他們的修行側重點有關。有一些人，比較重視念佛實踐，他們對外來媒介的使用率很低，並持排斥態度，認為手機是「魔」或者「業力」的顯現，他們排斥新媒介，並不是排斥這種工具或者技術，而是排斥其具有強化世俗關係的功能。而另一些信徒，則比較重視對教義教理的學習和瞭解，他們就更多地使用新型媒介，以滿足獲取更多資訊的要求，但第二類人在寺院長時間的生活薰陶中，也逐漸重視實修，但又具有追求佛理的慣習，因而他們採取了一種折中主義，就是既使用外來新媒介，但又不使用其世俗的功能，通過改造使其功能服務於信仰，例如利用交際平臺建立「微道場」等等，具有「弱」其世

俗性、「強」其神聖性的媒介行為特點。這同中有異、又異中有同的複雜情形，正是宗教文化與媒介及媒介攜帶的文化之間的衝突和調試的表現。

總的說來，媒介與寺院組織或者修行者個體的互動，具有以下的意義：

第一，宗教組織利用媒介技術，整合信仰資源，完成媒介生產主體化的轉變，從而有了自我表達和意義建構的渠道，意志不必由他者進行轉述，有了成為媒介表現主體的機會。這對宗教組織在當代的生存和發展都具有重要的意義。

第二，改變了傳統寺院的生存模式和社會交往模式，增進了信仰個體對信仰群體的情感，強化了信仰認同。信仰群體的佈施或供養，是寺院生存所需物質的主要來源，寺院用來與之進行交換的是弘法或法佈施行為，即向信徒傳送佛教義理，主要表現為精神上的給與。法佈施與供養之間形成一種精神與物質的交換循環。坦白來說，寺院要生存，才能弘法，同時只有弘法做得好，才能有更多物資，兩者互為條件。東林寺進行媒介的生產和流通，使信徒與寺院間實現了跨地域的「法佈施」和「供養」模式。寺外的人不必親自到寺院也能隨時隨地「供養」和接受「法」。可以說當代東林寺是由真實的寺院空間與媒介中的寺院形象共同建構起來的，而媒介中的寺院形象又是由許多信仰者個體的媒介實踐共同參與完成的，在這過程中，東林寺成為信仰共同體共享的「東林寺」，是一個新的不完全等同於物理的或者虛擬的空間。

第三，催生了新的信仰空間和信仰實踐方式。宗教團體的媒介化追求帶動催生了媒介時代特有的信仰實踐方式。例如「線上護持」，通過貢獻媒介技術來實現供養，通過建立虛擬道場來實踐信仰中「自利利他」的思想。寺院作為與神界溝通的中介，傳統的模式是「信徒——物理空間（寺院）——彼岸」，而在現代媒介參

與下，則形成了「信徒——媒介（如光碟）——彼岸」這樣一種模式。大量的宗教電子產品，使得神聖空間的生產變得相對容易，例如信仰者在觀看宗教視頻時，他們的行為具有類宗教儀式意義，是一種「視神」或者「被神視」的行為，彼時的時間與空間都進入神聖的「閾限」時空，由此，信仰的空間得以拓展，神聖的時間得以延長，借助於電子媒介，信仰的空間和時間都超越了真實的宗教空間，在世俗的時空中進行了擴張。「神聖」時空通過電子媒介鑲嵌進了信仰者的世俗生活中，對空間進行切割，改變了原本空間的世俗性質，這是全新的神聖空間生產的模式。

　　佛教徒去到寺院，一般有以下三個目的，一是禮佛，即拜佛，向佛表示崇敬和讚美之意，這目的在任何一家寺院都可實現；二是修行，能與更多的信徒一起修行，寺院的環境可以起到約束、監督和促進作用，前提是寺院提供共修的條件；三是「培福報」，佛教認為寺院是眾生的福田，為寺院提供各種人力、物力和財力的幫助，都是與佛結緣，都會有宗教意義上的回報。在當代，這三個目的，都可以在空中寺院中實現，「微道場」中的成員每天都在做禮佛的行為，用各種形式的表情和動態圖像來拜佛、贊佛和供養佛，人們認為禮佛心誠最重要，任何形式都會有效果。修行更是「微道場」的主要活動，至於做「功德」，微道場中也有許多「護法」，對微道場進行管理，維護秩序，使人們的言行符合規定，或者統計念佛人數和聲數，發佈佛教學習資料，都是護法的行為，其中有些行為是傳統念中認為在家信徒沒有資格從事的活動，但現在也逐漸被改變，在這樣的實踐中，部分在家信徒的身份等級被隱密地提高了，由此獲得了更多的信仰信心和自豪感。

　　在傳統的年代裡，在家信仰者需要在家中開闢一個空間作為佛堂，借助於佛像、香、花等物質來模擬一種類似寺院的場景，條件好的，是專闢一室，條件不夠的，也要有一個小小的桌子或角落，

即使佛像很小很粗糙，也是必需品，因為只有這樣才能生產神聖空間。而在電子媒體時代，人們可以不必這樣，只要打開手機屏幕，這一切就能出現在眼前。打開手機，念佛者看到的不再是眼前的真實場景，而手機中的場景，正使TA的情感和思想在與另一個世界「聯網」，他們雖身在「此」地，而精神卻在「彼」地。他們在微信的屏幕上，接受到的是來自神域的資訊、音聲和畫面，使得眼前本來真實的世俗場景反被弱化了，資訊使得頭腦中的現實場景發生了改變。「微道場」中的寺院，沒有圍牆，但宗教氛圍和功能卻一致，並在某種程度上更具有鼓勵性。這也是為什麼寺院內和寺院外的人，對於手機等媒介的態度有很大的不同。因為寺院的環境和儀式，足夠生產場域的神聖性，而在世俗的世界裡卻需要利用媒介的資訊來消除不同地域的場景差異，來模仿或營造一種類似神聖的場景。

　　現代媒介滲透在寺院的日常生活中，參與著神聖空間的構建。寺裡各種不同層級的修行者也生活在由多種媒介組成的環境裡，他們主動或被動地使用各種媒介，電子產品促使更多的人選擇了從傳統誦經的方式轉變為以視聽為主的學習方式。例如在手機裡念佛的群體，他們把每天在寺裡功課念的佛號聲，報數到手裡機，與寺外各地不同的信徒一起來做「回向」儀式，真實空間與虛擬空間相融合，並對真實空間產生巨大的影響力，通過對世俗空間（真實的和虛擬的）的「滲透」與「入侵」來實現對真實的空間進行隔離和營造。媒介是進行信仰「牽引」的工具，也是用來「強化」信仰的方式，當然，同樣是造成信仰流動和偏移的重要原因之一。

　　佛教常常說「佛法難聞」，這用在過去只靠紙張緩慢傳播的媒介年代裡是合適的，現在的社會，「難聞」的狀態可能已被打破，各種媒介相互合作，手指之間，世界盡在眼前。「聽經聞法」的途徑被大大拓展，各種宗教資料有如汗牛充棟，「難」可能是指

人們在意願上、主觀上是否接受的問題。在書寫時代，要得到一張佛像或一本佛經確實是難，上層社會才有可能，因為首先需要閱讀能力，文盲就沒有機會，但是現在，想要任何佛教資料都不是困難的事，任何層面的信仰群體都能找到適合自己的方式。不同佛教組織生產的大量媒介產品進行廣泛的流通，促進了宗教思想市場的繁榮，提高了信仰者的整體水準，使越來越多的佛教徒有機會脫離民間佛教的狀態，獲得制度性宗教啟蒙的可能。這是時代給予宗教的機遇，但同時也給宗教組織帶來了風險和潛在的威脅，導致在一定程度上無圍牆信仰時代的來臨以及信仰的偏移和流動。

第三節　討論：信仰空間的媒介化

佛教是一種活的傳統，擁有令人驚歎的適應能力。通過對大量田野資料的分析，筆者認為，類似東林寺這樣的大型佛教教團已經在某種程度上呈現了媒介化的生存特點，表現在宗教組織媒介化、宗教團體領導人影響力的媒介化和信仰實踐媒介化等方面。

（一）宗教團體的媒介化

前文我們詳細討論過宗教組織對媒介的利用，他們如何進行資源的整合使自我成為媒介生產的主體，方式是使媒介生產的每個環節都富有宗教意義，並通過媒介產品的生產和消費來創設和維持寺內外的群體關係，形成良好的循環系統，向外流通媒介產品，向內獲得豐富的資源，包括人力、物力和智力的支持。在寺內與寺外的群體之間，由媒介的流轉形成了一種新的空間，在這空間中，各個不同身份不同地域的信仰者們形成一個信仰的共同體，以東林寺為中心的有著強烈的認同感和歸屬感的超地域的共同體。宗教團體主動對媒介技術的融合使用，使得原來許多需要面對面依靠人

力才能完成的宗教事物，轉化為人和媒介的關係，或者直接由媒介進行代替。例如任繼愈主編的《佛教大辭典》中有對「侍者」一詞的解釋，其中說：據《百丈清規》卷四，有燒香侍者（住持上堂說法、做法事時，為之燒香，記錄法語等），[113] 可見傳統的記錄講經的工作是由侍者通過筆紙來記錄完成的。但如今，在東林寺內這樣的工作完全由媒體設備自動記錄，再由具有專業背景知識的義工居士團隊來完成後期製作，再傳至各種媒介當中。這樣極強的媒體意識，幾乎同步了寺內所有的公共生活，各種場景，各個群體，都有可能出現在媒介當中，不只是重要的人，普通信徒也常有機會出現在網站新聞圖片裡，令寺外的人不必親臨現場就能瞭解寺中的一切，這種「近距離」的相見對於維護整個團體作用巨大。

而在周邊的一些小寺院，由於缺乏生產條件，只能通過主持的私人手機發佈寺內的一些資訊，資訊度有限，參與的人員也非常有限，影響程度自然也非常有限。

（二）宗教團體領導人影響力的媒介化

相關文獻表明，佛教對講法的僧人有比較高的要求，不是每個出家人都能獲得這種資格，其中就有對表達能力、宗教知識以及僧人形象等方面的的要求。而東林寺的大安法師擁有龐大的弟子群，深受東林寺的信徒愛戴。筆者以為，有兩方面的原因。第一，是其擁有的卡裡斯瑪的號召能力，這種能力並不完全由先天因素決定，可以在他的個人經歷中發現形成的原因。大安法師曾是一名教授，研讀哲學多年，學者出身的他在邏輯思維、語言表達以及授課技巧方面無疑會超越普通的出家人。筆者觀察到，大安法師在講讀佛經時，對佛教專業術語的運用和表達把握都非常得當，邏輯上特別清

---

113 任繼愈主編，《佛教大辭典》（南京：江蘇古籍出版社，2002），頁799。

晰，而這些術語通常是夾雜在非常平實的日常話語中表達出來的，並常常輔助於一些通俗的例子或故事來對某個概念進行解釋，這種深入淺出的風格，即便是文盲也容易聽懂。筆者也聽過另外一些算是當前比較有影響的法師的講經光碟，其中有的人喜歡將大段的佛經原文背誦出來，但並不會進行逐句講解；還有的人則是運用純粹生活化的口語表達而避免運用佛教概念。大安法師的講經風格受到歡迎，因為聽的人熟悉了之後也可以運用一些自己已經理解了的佛教概念或語言，這對佛教徒的信仰自信和身份塑造都有明顯的促進作用，他們有能力在語言使用方面與世俗群體相區別，這讓他們有一種自豪感和獲得感。舉一個例子，有一次，有一個假比丘尼到女居士樓來化緣，很快被識破，有一個義工發起火來，大聲呵斥才將那人趕走了，這與這位義工平時表現出來的恭謙風格很不相同，我很奇怪，旁邊一個老義工笑著對我說：這叫顯「憤怒相」，聽了她的解釋後，[114] 我表達了對她的讚賞之意，老義工特別高興，說是因為天天聽講經機學會的。當然，還有一點不能不提及的是，大安法師的宗教情懷也讓不少人感動。

大安法師當然是東林寺教團的核心人物，影響了一大批佛教徒。但筆者以為，這種感召力的傳送和信仰凝聚力的鞏固有很大一部分應該歸功於媒介力量。

對普通教徒而言，即使與大安法師同住一寺之內，也並沒有多少機會與他單獨面對面交流，主要還是從媒介裡聽他講述，而對寺外的信仰者而言，這位宗教導師，更是主要存在於各種媒介的音訊和視頻裡。有趣的是，大安法師在主觀上並不願意被電子媒介所干擾，但他的思想和觀點卻是教團媒介產品表現的主體。完全有理由猜測，如果沒有電子媒介的複製和批量生產技術，只靠口頭傳播和

---

114 老者解釋說：顯相，是菩薩度化眾生的方式，憤怒相表面是憤怒，但內心仍是慈悲，只是用來阻止惡行，以免墮入因果的一種方法。

印刷技術的傳送，東林寺的教團規模可能不會如此龐大。前文提到過，雖然東林寺也生產精美的書籍，但最受歡迎的還是音訊和視頻產品，在獲得信仰群體追隨的過程中，現代電子媒介和網路媒介的力量實在功不可沒。東林寺以大安法師的名義開設了博客、微信、微博等，雖然他沒有親自去管理運營，但他的觀點和理念卻被吸納進媒介的邏輯和空間，變成一種媒介化的存在卻是不爭的事實。通過媒介產品的傳播，在信徒與宗教領導人之間（同時與宗教組織之間）建立了一種關聯。當宗教領導人與媒介結合，不斷地持續地出現在媒介當中時，不僅在傳遞宗教思想、觀念，同時也彰顯了一個教團的文化資本，媒介的力量參與構建宗教領導人的權威身份，且不斷地鞏固和延續傳遞，並產生波及力量影響著被影響者的其他關係，例如認同一個宗教組織的信徒之間可能會增進彼此的好感，與認同其他宗教組織的群體區別開來。

卡裡斯瑪的力量往往是在與接受者的互動當中形成的。在印刷技術為主導的媒介時代，宗教文化也可以被較大規模的生產、保存和傳播，但這個階段，講解者是「隱身」的，閱讀者需要通過文字來想像。但在電子媒介時代，講解者可以「現聲」，也可以「現身」，當他們通過各種媒介「說話」時，他們自身也會發生變化。在印刷的書籍當中，人們不知道他長什麼樣，聲音是什麼樣的，口頭表達是不是清楚等等，除非有機會站在他面前。但當他出現在視頻中時，除了講的內容，還有表情和神態，以及他的整體的形象都會給觀看者帶來影響或者是不可名狀的感染力量，有的人甚至會產生「神聖體驗」。當人們接受了之後，就會在心理層面自動對所接受的對象進行想像、解釋和創造，卡裡斯瑪的力量由此得到深入與強化。

還可以舉東林寺上個世紀另一位教團核心人物為例來說明媒介的力量。YG法師在東林寺的復興歷史當中，做出過巨大的貢獻，

如今寺裡的許多活動，有不少其實都是YG法師的創造性的成果，但他的時代沒有電子媒介技術，因此幾乎沒有與他有關的音訊視頻資料被留下，只有為數不多的幾張黑白的照片，後來的信徒，沒有機會見到他的影像和瞭解他的宗教理念，也沒有辦法聽到他的聲音，外地的信徒對他更是知之甚少。G居士給我看了YG法師舉行的第一屆佛教體驗活動照片，只有30多個人，其中大部分是出家人，而現在的活動參與者連續幾年都在600人以上，比20多年前翻了20倍，有時候網上報名者甚至超過1000人，在這當中，媒介的參與不能不說是一個重要的促進力量。

　　媒介是塑造神聖和權威的一個重要原因，如果一個宗教組織沒有進入媒介視野和領域，極可能會逐漸邊緣化，就不能進入宗教主流市場，而不出現在媒介裡的宗教導師，自然也無法得到更多的關注和瞭解以及認同和追隨。

（三）信仰實踐方式的媒介化

　　信仰田野現場告訴我們，不只是寺院和教團在一定程度上呈現了媒介化的趨勢，對於個體的信仰實踐而言，也有媒介化的趨勢。在信仰者的宗教生活當中，同樣圍繞著各種媒介，多種媒介力量綜合在一起參與他們的信仰實踐方式。在媒介中進行佛教理義的學習，是當代佛教徒普遍的行為，這種行為具有宗教儀式功能和意義。又比如寺內與寺外的人一起在社交平臺上創設「微道場」，進行群體修行，這更是新式的實踐形式。

　　研究者認為「媒介化社會的一個重要特徵，就是媒介影響力對社會的全方位滲透，在真實世界之外，媒介營造出一個虛擬的無限擴張的媒介世界，人們通過媒介來獲取對於世界的認知，甚至依據

從媒介獲取的資訊來指導現實生活。」[115] 如果借用這種概念來描述類似東林寺這樣的宗教組織和信仰群體的特點，我們認為他們已經在一定的程度上具有「媒介化」的特徵，雖然寺裡也存在一些不識字的義工，他們主要的實踐方式是念佛，但這一部分群體人數不多，並且都已高齡化。隨著時光的流逝，年輕一代的信徒更願意挖掘媒介在信仰方面的價值。

　　筆者以為，宗教組織只有進入當代媒介世界，才有機會進入信徒的選擇視野範圍，如果宗教團體自願放棄在媒介網路中的一席之地，相當於放棄在現代世界裡的生存發展機會。東林寺與LX寺，同樣歷史悠久，地理條件更無區別，幾乎就是比鄰而居，但其發展態勢，卻有如天地之別。究其原因在於LX寺主動選擇放棄進入媒介世界，因而也就失去了進入超地域信仰群體視野的機會。LX寺擁有的全部現代媒介設備，只是一部電話和幾部私人手機，LX寺80多歲的住持評價鄰居東林寺說：「他們就是搞了那個什麼網，弄得全世界都知道了。」我說：「您這兒為什麼不弄網？」她說：「我們比丘尼道場嘛，就自己好好修行就可以了。」因為教內的性別觀念，LX寺沒有弘法的追求，也自然沒有大批的信徒和供養，基本上只等待佈施，與信徒的關係主要是依靠傳統的人際媒介來增進或維繫情感聯繫。有一次恰巧是農曆新年期間，我去LX寺閒逛，在廚房裡正和住持聊天的時候，正巧有兩個附近村裡的女人送了幾包菜以及過年的紅包來給老尼師，她們看起來相識了多年，關係非常親近，在她們聊天的時候，村裡的女人還偶爾開一下住持的玩笑，老尼師也並不生氣，走的時候有個女人還擁抱了住持一下，從她們的交往形式中，完全看不出她們身份上的等級差異，這在東林寺的公共場合是絕對不會出現的場景。住持問我為什麼要來廟裡

115　孟建、趙元珂，〈媒介融合：粘聚並造就新型的媒介化社會〉，《國際新聞界》，第7期（2006.7），頁24–27。

過年，問我的家人哪裡去了，我隨口回答說：他們去玩了。於是主持非常同情我，認為我是無家可歸所以才在春節期間到寺裡來，並叫我搬到她這裡來住，我感謝了她的慈悲，因為LX寺並不接受外人來投宿。但如果我是真的如她所猜想，那麼此後我和LX寺的關係必定要親近更多。從中也可以看出，LX寺與信仰群體的關係維繫是非常傳統的，主要是隨機和偶然的「緣分」。

距離東林寺約6公里之外還有一個LW寺，寺院規模較小，沒有網站，也沒有這方面的技術人員，主要的弘法手段是依靠人際傳播，唯一與現代媒介相關的工具是住持法師的個人手機，他在QQ空間時常與信徒們進行交流，常在QQ上的信徒人數也較少，他幾乎可以親自回覆每個人。東林寺的信徒散佈在全國各地，甚至國外，但LX寺和LW的信徒，主要來源是附近的村鎮居民，區域性非常明顯，另外有小部分外地的信徒則可以看作是從東林寺游離而來的，或者只願與「二僧師父」（比丘尼）親近的女性信徒。有教徒往來東林寺多年，卻不曾踏足LX寺一次，也許是因為LX寺常常關掩著的大門把外來者擋住了，媒介本可以將圍牆內的神秘顯現出來，但顯然LX寺放棄了這個機會。

寺院對現代媒介的不同態度會直接影響著他們的存在方式，也從更大的層面上影響著他們的宗教理想以及佛教在當代的發展，「對於互聯網時代的傳媒形式，佛教界是不能忽略不管的，因為不作為、不應對的宗教團體將會被排除在這個『現實世界』的正常秩序之外，從而被徹底塗汙和邊緣。」[116] 這段話也許能說明一些佛教界人士對於新媒介空間的態度。

筆者認為可以在一定程度上說東林寺已經實現了媒介化，且這種媒介化是非常必要的，雖然媒介的路徑各有不同，但宗教或宗

---

116 明賢法師，〈當虛擬開始規定現實〉，新浪佛學文章。
　　http://www.360doc.com/content/15/0128/19/2946276_444531434.shtml

教組織想要在現代社會中尋得一席之地，媒介化是不得不選擇的路途。其他研究者的田野可以為我們提供一些反方向的案例，例如在鄉村信仰群體中，因為世俗大眾媒介的普及和介入，宗教的影響力被削弱，又由於宗教組織缺乏應對力量，信徒的宗教意識和感情都日益淡化。[117] 可見，現代媒介會對宗教組織的管理和權威帶來一種威脅，在這過程中，只有宗教組織和信仰群體率先一步先占據媒介中的一席之地，才能有更大的發展空間，媒介也促使了不同層級的宗教組織之間重新「洗牌」。

　　對於真正的修行人來說，「一切唯心造」，心中若無俗事，身邊便無紅塵，《金剛經》中說：「不取於相。如如不動。何以故。一切有為法。如夢幻泡影。如露亦如電。應作如是觀。」經書也好，手機也罷，神聖也好，世俗也罷，都是「緣起性空」，一切都只是因「因」而「緣」結，當因緣消逝，一切又歸於「空」的狀態，因而不必執著，從佛法的角度來說，似乎竟沒有討論的必要了。然而「無」中也會有「妙有」，作為一種社會現象，我們能從信仰的田野當中看到現代新的媒介技術如何融入到不同的文化背景群體中去，也可以看到宗教如何適應新情況層出不窮的發展中的社會，可以觀察到不同文化系統之間的碰撞、交織和調適，也看到了傳統的宗教文化在媒介時代變遷的蹤跡，這，仍不失為一件有意義的事。如果我們越過這片黃色圍牆，觀察其他社會群體，也許能發現更多樣的媒介策略在不同的群體中上演，目的各不相同，但方式和路徑卻有可能相似，神聖空間的經驗也可能成為世俗空間的觀照，這或許是本書的另一個意義所在。

117　馬驍，〈大眾媒介與天主教徒信仰實踐研究〉，（昆明：雲南師大碩士學位論文，2017）。

參 考 文 獻

一、譯著（按作者姓氏首字母排序）

[1] 阿爾溫·托夫勒著，朱志焱等譯，《第三次浪潮》，北京：三聯書店，1984。

[2] 亞瑟·伯格著，李德剛等譯，《媒介分析技巧》，北京：清華大學出版社，2011。

[3] 布萊恩·拉金著，陳靜靜譯，《信號與噪音》，北京：商務印書館，2014。

[4] 鮑伊著，金澤等譯，《宗教人類學導論》，北京：中國人民大學出版社，2004。

[5] 大衛·莫利著，史安斌譯，《電視、受眾與文化研究》，北京：新華出版社，2005。

[6] 大衛·莫利等著，司豔譯，《認同的空間：全球媒介、電子世界景觀與文化邊界》，南京：南京大學出版社，2001。

[7] 費·金斯伯格等編，丁惠民譯，《媒體世界》，北京：商務印書館，2015。

[8] 哈裡斯著，李培茱等譯，《文化人類學》，上海：東方出版社，1988。

[9] 克勞斯·布魯恩·延森著，劉君譯，《媒介融合》，上海：

復旦大學出版社，2015。

[10] 柯利弗德・格爾茲著，王海龍譯，《地方性知識》，北京：中央編譯出版社，2000。

[11] 柯克・詹森著，展明輝等譯，《電視與鄉村社會變遷：對印度兩村莊的民族志調查》，北京：中國人民大學出版社，2005。

[12] 羅伯特・C・蒙克等著，朱代強等譯，《宗教意義探索》，成都：四川人民出版社，2011。

[13] 羅德尼・斯達克，羅傑爾・芬克著，楊鳳崗譯，《信仰的法則：宗教解釋之人的方面》，北京：中國人民大學出版社，2004。

[14] 拉塞爾・雅各比著，洪潔譯，《最後的知識分子》，南京：江蘇人民出版社，2002。

[15] 馬克思・韋伯著，簡惠美譯，《韋伯作品集》，桂林：廣西師範大學出版社，2004。

[16] 馬凌諾夫斯基著，梁永佳等譯，《西太平洋上的航海者》，北京：華夏出版社，2002。

[17] 馬歇爾・麥克盧漢著，何道寬譯，《理解媒介》，北京：商務印書館，2000。

[18] 蜜雪兒・福柯著，劉北成等譯，《規訓與懲罰》，北京：三聯出版社，2002。

[19] 曼紐爾・卡斯特著，夏鑄九等譯，《網路社會的崛起》，北京：社會科學文獻出版社，2003。

[20] 尼葛・洛龐帝著，胡泳等譯，《數位化生存》，海口：海南出版社，1996。

[21] 彼得・貝格爾著，高師寧譯，《神聖的帷幕》，上海：上海人民出版社，1991。

[22] 葛正民著，張華譯，《為權利祈禱》，南京：江蘇人民出版社，2005。

[23] 芮沃壽著，常蕾譯，《中國歷史中的佛教》，北京：北京大學出版社，2009。

[24] 薩姆瓦等著，陳南等譯，《跨文化傳通》，北京：三聯書店，1988。

[25] 塗爾幹著，渠東等譯，《宗教生活的基本形式》，上海：上海人民出版社，1999。

[26] 許理和著，李四龍等譯，《佛教征服中國》，南京：江蘇人民出版社，1998。

[27] 約書亞‧梅羅維茨著，肖志軍譯，《消失的地域》，北京：清華大學出版社，2002。

[28] 閻雲翔著，李放春譯，《禮物的流動》，上海：上海人民出版社，2000。

[29] 約翰‧費斯克著，李彬譯，《關鍵概念：傳播與文化研究辭典》，北京：新華出版社，2004。

[30] 伊萊休‧卡茨等編，常江譯，《媒介研究經典文本解讀》，北京：北京大學出版社，2011。

[31] 詹姆斯‧W‧凱瑞著，丁未譯，《作為文化的傳播》，北京：華夏出版社，2005。

二、中文著作（按作者姓氏筆劃排序）

[1] 馬凌、蔣蕾，《媒介化社會與當代中國》，上海：復旦大學出版社，2011。

[2] 中華文化通志編委會編，《宗教與民俗佛教志》，上海：上海人民出版社，1998。

[3] 方立天，《佛教哲學》，北京：中國人民大學出版社，2006。

[4] 鄧啟耀，《媒體世界與媒介人類學》，廣州：中山大學出版社，2015。

[5] 王景琳，《中國古代寺院生活》，西安：陝西人民出版社，2002。

[6] 白化文，《漢化佛教與佛寺》，北京：北京出版社，2003。

[7] 聖凱，《中國漢傳佛教禮儀》，宗教文化出版社，2001。

[8] 李亦園，《人類的視野》，上海：上海文藝出版社，1997。

[9] 紀莉、葉曉華，《媒介與社會發展研究》，武漢：武漢大學出版社，2011。

[10] 任繼愈，《佛教大辭典》，南京：江蘇古籍出版社，2002

[11] 李勤合，《早期廬山佛教研究》，南昌：江西人民出版社，2011。

[12] 陳揚炯，《中國淨土宗通史》，南京：江蘇古籍出版社，2000。

[13] 陳兵、鄧子美，《二十世紀中國佛教》，北京：民族出版社，2000。

[14] 陳兵，《佛陀的智慧》，上海：上海古籍出版社，2006

[15] 吳飛、王學成，《傳媒・文化・社會》，濟南：山東人民出版社，2006。

[16] 邵培仁，《媒介生態學：媒介作為綠色生態的研究》，中國傳媒大學出版社，2008。

[17] 範麗珠，《宗教社會學：宗教與中國》，北京：時事出版社，2010。

[18] 金澤、陳進國，《宗教人類學（第三輯）》，北京：民族出版社，2012。

[19] 榮仕星、徐傑舜，《人類學本土化在中國》，南寧：廣西人民出版社，1998。

[20] 胡安，《宗教社會學：範式轉型與中國經驗》，社會科學文獻出版社，2013。

[21] 趙朴初，《佛教常識問答》，北京：北京出版社，2009。

[22] 張國宏，《宗教與廬山》，江西人民出版社，2008。

[23] 曹本冶，《儀式音聲研究的理論與實踐》，上海：上海音樂學院出版社，2011。

[24] 葛兆光，《古代中國社會與文化十講》，北京：華大學出版社，2002。

[25] 麻國慶，《走進他者的世界》，北京：學苑出版社，2001。

[26] 黃劍波，《地方文化與信仰共同體的生成》，北京：智慧財產權出版社，2013。

[27] 釋大安，《超越千載的追思：紀念慧遠大師誕辰1670周年》，北京：宗教文化出版社，2008。

[28] 譚偉倫，《民間佛教研究》，北京：中華書局出版社，2007。

[29] 潘桂明，《中國居士佛教史》，北京：中國社會科學出版社，2000。

[30] 魏磊，《淨土宗教程》，北京：宗教文化出版社，1998。

三、期刊論文（按作者姓氏筆劃排序）

[1] 于海波，〈論淨土宗的四大特色〉，《法音》，第8期（2009.8）。

[2] 文永輝，〈九福寺的宗教經營〉，《開放時代》，第6期（2006.12）。

[3] 王奇昌，〈從宗教社會學的視角看宗教與社會相適應〉，《世界宗教研究》，第5期（2012.10）。

[4] 盧雲峰，〈從類型學到動態研究：兼論信仰的流動〉，《社

會》，第2期（2013.4）。

[6] 龍朝明，〈東林佛號的節奏、音調分析和表現意義研究〉，《江西科技學院學報》，第3期（2014.3）。

[7] 劉琪、黃劍波，〈卡裡斯瑪理論的發展與反思〉，《世界宗教文化》，第4期（2010.8）。

[8] 李向平、何子文，〈信仰不是問題，關鍵是如何信仰〉，《社會科學家》，第4期（2010.8）。

[9] 肖堯中，〈試論網路視域中的宗教傳播：以佛教網站為例〉，《宗教學研究》，第4期（2008.12）。

[10] 張寧，〈宗教資本的再生產與宗教組織的角色創新〉，《世界宗教研究》，第5期（2012.10）。

[11] 何其敏，〈宗教認同的邊界建構與互動〉，《西北民族大學學報》，第2期（2013.4）。

[12] 趙鼎新，〈集體行動、搭便車理論與形式社會學方法〉，《社會學研究》，第1期（2006.2）。

[13] 宮哲兵，〈宗教人類學的現代轉變〉，《世界宗教研究》，第3期（2009.6）。

[14] 凌海成，〈什麼是佛教音樂：佛教音樂的界說與限定〉，《佛教文化》，第1期（1995.2）。

[15] 黃可、李波，〈當代佛教傳播的新媒體景觀〉，《現代傳播》，第2期（2011.2）。

[16] 黃劍波，〈宗教人類學的發展歷程及學科轉向〉，《廣西民族研究》，第2期（2005.6）。

[17] 黃劍波，〈何處是田野：人類學田野工作的若干反思〉，《廣西民族研究》，第3期（2007.9）。

[18] 常啟雲，〈群體傳播視野下的宗教認同〉，《文化與傳播》，第2期（2014.2）。

四、學位論文（按作者姓氏筆劃排序）

[1] 文永輝，〈神異資源：一個鄉村社區的宗教市場與宗教經營〉，廣州：中山大學博士論文，2007

[2] 紀志昌，〈兩晉佛教居士研究〉，臺北：臺灣大學中國文學研究所博士論文，2003。

[3] 李幸玲，〈廬山慧遠研究〉，臺北：國立臺灣師範大學中文研究所博論文，2001。

[4] 張小樂，〈大眾傳媒與當代宗教社會功能的實現：以臺灣高雄佛光山為例〉，上海：復旦大學碩士論文，2008。

[5] 郭建斌，〈電視下鄉：社會轉型期大眾傳媒與少數民族社區〉，上海：復旦大學博士論文，2003。

[6] 唐名輝，〈宗教組織的網路行銷研究：以玉佛禪寺為個案〉，上海：上海大學博士論文，2009。

[7] 高虹，〈佛教信仰在當代的實踐方式：以上海地區老闆佛教徒為例〉，上海：上海大學博士論文，2010。

[8] 黃少華，〈網路空間的族群認同〉，蘭州：蘭州大學博士論文，2014。

[9] 謝燕清，〈往生西方：臨江佛教居士的淨土信仰〉，南京：南京大學博士論文，2009。

·後記與鳴謝·

　　這是一場漫長的告別。從2013年的夏天到2021年的春天，將近八年的時光飛逝而過。

　　從第一天到現在，許多的人事都已改變了模樣，但在我心裡，仍有許多面孔，仿佛就在眼前，許多場景，仍清晰如昨日。

　　這本書是我第一次真正意義上的田野工作，雖然時光已經遠去，但直到多年後的今天，在又一次將所有文字都流覽幾遍之後，內心的惶恐和不安仍是明顯的，我能清醒地感受到這當中許多不夠圓滿的地方，我知道無論怎樣斟酌，都永遠不可能繞開初次田野顯現出來的幼稚和不足，這真是一種讓人無能為力的遺憾。那麼，不如就坦然面對吧，對我來說，這樣一本文字，作為人類學成年禮作業的意義是遠大於其它方面的，那就說再見吧，只有告別，才會有下一次更好的可能。

　　在這裡，最重要的，是要感謝他們。

　　首先，是我的博士生導師鄧啟耀先生，感謝鄧老師接收不同學術背景的學生學習人類學，使我有機會在新的知識風景中徜徉，老師嚴謹而又富有創意的學術風格、寬厚仁愛的為師方式是我學習的榜樣；感謝師母周凱模先生，她像慈母一樣的關愛，像

春風一樣的話語，讓學生倍感溫暖。感謝博士學習期間「馬丁堂」所有給我授課的老師，使我感受到了人類學的繽紛之美，也感謝提出寶貴意見的學位論文開題組和答辯委員會的老師們。感謝中大2012級的博士同學們，給我美好的珠江回憶。

感謝田野中的佛教徒們，那些在家的或者已經出家的修行者們，感謝他們的慷慨和善良，給我許多幫助和配合，也感謝佛法的精深，讓我的內心常常保持安寧。

感謝九江學院的李甯甯教授爲我的田野牽線搭橋，感謝敬愛的陳曉松老師一直以來的關心，感謝九江的同窗好友們對我的幫助。

感謝我的父母、愛人和孩子，爲了支持我的學業，他們付出了太多，親人的愛和鼓勵是我努力前行的理由。

感謝我單位的領導和人事處、科研處提供的經費支持。

感謝爲這本書出版設計校對的編輯老師們。

永遠銘記所有的愛與善意！

再見是爲了更好地開始，不知道下一段路會走向哪塊「田野」，但能確定的是，心中的熱愛仍在，最初的心願依然閃光，那就好好前行吧，記住前輩的話，永遠做一個興致勃勃的傻瓜，「對他人的生活狀態和社會命運進行將心比己的關注」，從豐富的他者的世界中去學習、探索和分享人類的智慧。

馮桂華

2021年初春於歌樂山下

國家圖書館出版品預行編目資料

神聖的媒介：一個佛教寺院媒介實踐的民族誌研究／
　　馮桂華著--初版--臺北市：蘭臺出版社，2021.09
　　　面；　　公分. --（人類學；1）
　　　ISBN：978-986-06430-2-2（平裝）

1.佛教 2.淨土宗 3.寺院 4.文集

220.7　　　　　　　　　　　　　　110007617

人類學 1

神聖的媒介：一個佛教寺院媒介實踐的民族誌研究

作　　者：馮桂華
主　　編：張加君
編　　輯：楊容容、沈彥伶
美　　編：凌玉琳
封面設計：凌玉琳
出 版 者：蘭臺出版社
發　　行：蘭臺出版社
地　　址：台北市中正區重慶南路1段121號8樓之14
電　　話：(02)2331-1675或(02)2331-1691
傳　　真：(02)2382-6225
E—MAIL：books5w@gmail.com或books5w@yahoo.com.tw
網路書店：http://bookstv.com.tw/
　　　　　　https://www.pcstore.com.tw/yesbooks/
　　　　　　https://shopee.tw/books5w
　　　　　　博客來網路書店、博客思網路書店
　　　　　　三民書局、金石堂書店
經　　銷：聯合發行股份有限公司
電　　話：(02) 2917-8022　　傳　真：(02) 2915-7212
劃撥戶名：蘭臺出版社　　帳號：18995335
香港代理：香港聯合零售有限公司
電　　話：(852) 2150-2100　　傳真：(852) 2356-0735
出版日期：2021年 9 月初版
定　　價：新臺幣 600 元整（平裝）
ISBN：978-986-06430-2-2